本书分别获得以下项目资助：

＊西北民族大学国家民委专项中国民族史研究创新团队项目
（编号 1001050734）

＊西北民族文献研究中心项目（编号 11100812）

＊西北民族大学创新团队"历史时期中国西北边疆治理与社会
发展研究"（编号 1110130124）学基金项目成果（12CWW028）

周松 著

龙裔

黄河流域古代历史研究

中国社会科学出版社

图书在版编目(CIP)数据

龙裔:黄河流域古代历史研究/周松著. —北京:中国社会科学
出版社,2021.9
ISBN 978 - 7 - 5203 - 9079 - 8

Ⅰ.①龙… Ⅱ.①周… Ⅲ.①黄河流域—文化史—研究
Ⅳ.①K292

中国版本图书馆 CIP 数据核字(2021)第 184147 号

出 版 人 赵剑英
责任编辑 张 湉
责任校对 姜志菊
责任印制 李寡寡

出 版 中国社会科学出版社
社 址 北京鼓楼西大街甲 158 号
邮 编 100720
网 址 http://www.csspw.cn
发 行 部 010 - 84083685
门 市 部 010 - 84029450
经 销 新华书店及其他书店

印 刷 北京君升印刷有限公司
装 订 廊坊市广阳区广增装订厂
版 次 2021 年 9 月第 1 版
印 次 2021 年 9 月第 1 次印刷

开 本 710×1000 1/16
印 张 15.25
插 页 2
字 数 212 千字
定 价 78.00 元

弁 言

　　本书所涉及的黄河流域并非现代地理学意义上的概念，她的下游包括了历史时期多次南北改道形成的黄淮海平原。黄河流域是中华民族的发源地，是孕育中国文明的温床。她位于北纬32°—42°之间，分属于暖温带、中温带和高原气候区，汇集了山岭、高原、峡谷、盆地和平原，多样化的地貌特点为区域社会经济特色的形成和发展奠定了基础。黄河流域还是连接北方荒漠草原中国和南方河网平原中国的中心，从而在历史上形成了政治主导地位，为中国保持大一统国家的历史政治特质提供了物质支撑。生活在黄河流域的中国先民在漫长的历史演进过程中，互动日渐频繁，交流日渐加深，视野日渐宽广，共同体意识日渐强化。

　　书中收入的13篇文章包括了我最早从事中国史的学习和教学科研工作的一些体认，时间跨度由秦汉下沿至明代，主要探讨了中国古代黄河流域先民们历史活动的丰富面貌，围绕中华民族共同体意识，展现了交往交流交融的基本特征，凸显了中华民族共同缔造伟大祖国的历史主题。

　　13篇文章中的11篇已公开发表，因不同刊物格式要求有异，版面有所限制，有些未能体现文章原貌。借此结集出版之机，统一了格式，增补了部分内容，算作对今后工作和思考的鞭策。

目 录

两汉时期匈奴和羌在今兰州地区的活动述论

两汉时期，中原王朝西、北边境外先后活跃过匈奴和羌两个少数民族。西汉继承了秦王朝的一统帝国，并向周边进一步扩张，将我国境内几乎所有的农耕地区都置于西汉朝廷的统治之下。特别是汉政府三征匈奴，打开了西汉通向西域的交通孔道，第一次在今甘肃全省的范围内建立了内地式的郡县制度。

从微观上看，今兰州地区首次以独立的行政区域出现金城郡，金城郡在西汉的辖区包括今兰州市区、永登县以及青海省的东北部，它与武威、张掖、酒泉、敦煌河西四郡一起割断了原来匈奴和羌的联系。金城郡既是西汉击破匈奴、拓展疆土的具体成果之一，又是西汉后期到东汉末年羌族活动的重要舞台。金城郡建立之前，在这片地方活动的民族是匈奴及被匈奴控制的羌人；金城郡建立之后，则主要是汉族和汉朝境内外的羌人。

一 两汉时期匈奴在今兰州地区的活动

（一）前206年—前121年间统治今兰州地区的匈奴族的活动

汉初刘邦曾于前205年"使诸将略地，拔陇西……缮治河上塞"①，

---

① 《汉书》卷1上《高帝纪第一上》，中华书局1962年标点本，第33页。

正式设立关陇五郡（陇西郡即其一）。同年夏，汉又"兴关中卒乘边塞"①。所谓"河上塞"应指秦始皇时扩地至今兰州附近所筑类似长城的防御工事。可知，汉高祖初年，西汉对匈奴势力在今兰州一带的活动进行了遏制。但是，公元前200年平城之战西汉失败后，因国力限制，不得不对匈奴"约和亲"，以卑辞厚礼来维持汉匈关系的稳定。西汉势力也就返回兰州以南了。总的来说，公元前206年到公元前121年近90年的时间内，匈奴人长期保持着对今兰州地区的控制。《汉书》苏林注认为皋兰山（兰州市南山）为"匈奴中山关名也"②。可是，"匈奴中"所指在今兰州一带活动的何种匈奴部族，史籍无载，我们只能从《汉书·卫青传》中找到一些蛛丝马迹。《汉书·卫青传》说霍去病出陇西郡渡河攻击匈奴的路线是"率戎士逾乌盭，讨遬濮，涉狐奴，历五王国"③，又说同年夏斩遬濮王。文中的遬濮是匈奴部族之一，遬濮王为匈奴小王。乌盭，注作山名；有人认为是水名，即乌逆水（今庄浪河)④。狐奴，《史记集解》引晋灼说，认为是水名，⑤ 当今石羊河。根据《史记》注推测乌盭山当为乌鞘岭。那么，遬濮部就是乌鞘岭与石羊河之间活动的匈奴部族。很有可能其向南活动的范围达到今兰州永登县北境的乌逆水流域。匈奴人以此为跳板，不断入侵陇西抢掠，威胁西汉西部边境。史载匈奴于公元前182—公元前169年曾三次进攻陇西郡治狄道⑥。

由于经济形态上的相似性，匈奴首领与羌人酋豪建立在游牧、半游牧经济条件下的掠夺本性，在侵扰掳掠汉地这个问题上双方是一致的，

① 《汉书》卷1上《高帝纪第一上》，中华书局1962年标点本，第38页。
② 《汉书》卷55《卫青传》，第2480页。
③ 《汉书》卷55《卫青传》，第2480页。
④ 王育民：《丝路"青海道"考》，《历史地理》1986年第4辑，上海人民出版社1986年版。
⑤ 《史记》卷111《卫将军骠骑列传第》，中华书局1959年标点本，第2930页。
⑥ 《汉书·高后纪》《汉书·文帝纪》，（前182年）"夏六月，匈奴寇狄道，攻阿阳（今静宁南）"；（前181年）"匈奴寇狄道，略二千余人"；（前169年）"夏六月，匈奴寇狄道"《汉书·高帝纪》。

因此匈奴发动的针对陇西的军事行动中恐怕不仅仅有匈奴人。只是匈奴在西汉北方民族关系中的核心地位，才使羌人显得不很突出罢了。

匈奴人过着标准的逐水草而居的游牧生活，奴隶制已在匈奴社会中产生。因此匈奴人入塞掳掠时，往往掠走大量人口。公元前184年攻陇西狄道时，就曾"掠二千余人"。羌人经济中已有了半农半牧的特点。而兰州地区多山的地形中嵌套了一连串谷地、台地，对匈羌人民和被掳到匈奴控制区的汉人从事游牧、农业经济都比较有利。

（二）两汉统治下本地区属国匈奴集团的消亡

经过近一个世纪的休养生息之后，西汉迎来了鼎盛时期。汉武帝统治时期，西汉农业生产已取得巨大成就，经济繁荣，人口增加，国力雄厚。统治者一改前任帝王们的黄老"无为"思想，积极对外扩张，以期彻底击垮雄踞漠北、威胁西汉的匈奴政权。公元前121年西汉派霍去病出陇西，过黄河，击匈奴休屠王、浑邪王二部，今兰州一带也是重要战场之一。《汉书》说霍去病回师时"合短兵"与匈奴鏖战于皋兰山下，取得重大胜利，使匈奴政权在河西的统治全面瓦解。

同年秋天，霍去病渡河监督降汉的匈奴休屠、浑邪二王部众四万人入境。汉武帝下诏在西北缘边五郡设立了五个属国安置匈奴降众。当时金城郡尚未建立，五属国都尉之一的"满福"都尉就设在陇西郡后为天水郡的勇士县（今兰州榆中县金崖）境内。看来大约有八千匈奴人留在今兰州境内。西汉中央由典属国（后归大鸿胪）一职统一管理属国事务。匈奴人在属国中保持自己原有社会组织、生产生活方式。部分匈奴人被征招为国家的骑兵"属国骑"，与其他政府军共同参加战争。匈奴首领被西汉授予封号、官爵、领地，也在属国及中央政府中任职。

为确保属国制度，防备北方匈奴南下，汉武帝又两次大规模将内地汉人迁往沿边刚得到的地区，其中包括今兰州一带。勇士县满福城的属国匈奴人数较少（不超过八千人），并且与东汉时内迁的南匈奴联系不多，不得不生活在数万汉人包围的环境中。这部分匈奴丧失了他们自由迁移的大草原，被限制在较为固定的区域内，受周围农耕汉人的影响和浸染，慢慢改变着自己的生产生活方式。但与羌人不同，匈奴是典型的游牧民族，经济基础决定了其自身具有很强的攻击性和流动性。他们被击败前进入汉地是为了军事掠夺，降汉以后入居内地的适应性显然要比羌人逊色。《汉书·地理志》记载，勇士县境有汉朝"牧苑"，据此我们可以推测勇士县属国匈奴在相当长的时间内还维持着其畜牧经济的特点。但是，这少量匈奴人的活动范围毕竟大大缩小，他们在以后的金城地区民族关系中已退居次要地位了。至于这些匈奴人的发展结局没有直接材料说明，可是有一点很明确，即东汉末年他们已经基本融入羌汉民族之中了。

至于满福城的属国都尉一职，一直保留到西汉末年。《汉书》曾提道："出（张）放为天水属国都尉。永始、元延间（前16—前9），比年日蚀，故久不还放。"① 天水属国都尉不见《后汉书》记载，大约是西汉末到新莽时，因战乱而废弃不用。这从一个侧面可以说明，东汉时今兰州地区已不存在明显的属国匈奴集团，所以，东汉也就不再重置天水属国了。

（三）东汉今兰州地区的"赀虏"

根据《魏略·西戎传》所载：东汉初建武年间，值南北匈奴分裂之际，匈奴别种"赀虏"迁移到整个凉州部内。"赀虏"原为匈奴奴婢，由匈奴、丁令、大胡，还包括羌人构成。东汉政府始终没有采取相应措施来控制"赀虏"活动。这样，"赀虏"尚保持着原有游牧经济的特点：自由迁移畜牧和抢掠定居点。他们渐渐发展到数万之众，广泛分布在河西、河套以及金城令居、广魏郡境内。② 由于"赀虏"散居面积

---

① 《汉书》卷59《张汤传》附张放，第2656页。

② 《魏略·西戎传》称："赀虏，本匈奴也。匈奴名奴婢为赀。始建武时，匈奴衰，分去其奴婢，亡匿在金城、武威、酒泉北、黑水西、河东西畜牧，逐水草钞盗。凉州部落稍多，有数万，不与东部鲜卑同也。其种非一，有大胡，有丁令，或颇与羌杂处，由本亡奴婢故也。当汉魏之际，其大人有檀柘，死后其枝大人南近在广魏、令居界，有秃瑰来数反，为凉州所杀。今有勍提，或降来，或遁去，常为西州道路患也。"（《三国志》卷30《魏书·乌丸鲜卑东夷传》裴松之注所引，中华书局1971年标点本，第859页）

大，族类不一，不可能形成强有力的统治核心，所以其影响也就很有限。"赀虏"在东汉末年活跃了一个时期，《南齐书》的作者萧子显认为他们最终融入了吐谷浑。①

二 两汉时期今兰州地区的羌人活动

（一）羌人（研种羌）的活动（公元前 3 世纪末—公元前 2 世纪中叶）

兰州正西三河（黄河、湟水、赐支河）地区是羌族最早居住的区域，也是其族落分布中心。羌人早期也是"所居无常，依随水草，地少五谷，以产牧为业"②的游牧经济。但到秦厉公时代（前476—前443）"河湟间少五谷，多禽兽，以射猎为事"的经济状况开始发生变化，"（无弋）爰剑教之田蓄"，使羌人经济中出现了农业化的因素。③

大约公元前 4 世纪秦孝公时到公元前 2 世纪中叶，羌人研种部主要活动在今河湟及兰州一带。公元前 3 世纪起，该部"种人得以蕃息"④，逐步获得发展。前面提到匈奴侵入内地的军事行动很可能就有研种羌参加。《史记·李将军列传》载李广曾说："吾尝为陇西守，羌尝反"⑤云云。那时羌人处于氏族社会渐渐解体向阶级社会迈进的过程中，部落间为争夺各自的利益而频繁冲突。匈奴"臣服诸羌"，羌人和匈奴之间不可避免地存在矛盾。就是在这种背景之下，汉景帝时（前156—前141）研种羌留何请求内属，为汉守边。于是汉政府将留何安置在狄道、安故、临洮、羌道、氐道一线驻守边境。

① "河南，匈奴种也。汉建武中，匈奴奴婢亡匿在凉州界，杂种数千人。虏名奴婢为赀。一谓之'赀虏'。"（《南齐书》卷59《河南传》，中华书局1972年标点本，第1025页。）南朝一般将吐谷浑称为河南。

② 《后汉书》卷87《西羌传》，中华书局1965年标点本，第2869页。

③ 《后汉书》卷87《西羌传》，中华书局1965年标点本，第2875页。

④ 《后汉书》卷87《西羌传》，中华书局1965年标点本，第2876页。

⑤ 《史记》卷109《李将军列传》，第2874页。

（二）先零羌的活动（公元前 2 世纪中期—公元 1 世纪中期）

研种羌内附，代之而起的羌人种落是先零羌。这支羌人从汉武帝时（前 140—前 86）到东汉光武帝时（25—58），一直活跃在金城、陇西郡内外，时间长达两个世纪。公元前 119 年河西匈奴政权垮台后，汉武帝"北却匈奴，西逐诸羌，乃渡河、湟，筑令居塞"，以"隔绝羌胡，使南北不得交关"①。汉武帝的措施给先零羌造成严重威胁。在匈奴支持下，先零羌与封养牢姐羌解仇结盟，于元鼎五年（前 112）以十万人反汉，进攻令居、安故、枹罕。先零羌的目的是想打破北起令居，南到安故的西汉边防线，占领原属罕羌侯的枹罕地区。这场战争拖延了五六年，通过此战西汉巩固了北起今永登，南到临洮一线的边境，挫败了以先零羌为代表的西羌与匈奴联合的企图。战后先零羌等归附西汉，入居金城、陇西地区，先零羌酋豪杨玉也被封为归义羌侯。元鼎年间西羌反汉失败，先零羌等放弃与匈奴夹击汉朝的传统策略，开始接受汉朝在河湟东部的统治。西汉政府占领了河湟一带羌人退出的地区，迁民实地，设置护羌校尉，初步形成了以金城地区为基础的对羌防御体系。公元前 81 年，西汉政府又在原陇西、天水、张掖三郡交界的今兰州一带建立金城郡，下辖六县。随着边境局势日趋缓和，先零羌要求从西海、盐池一带返回湟水以北故地，与汉人共同生活，并且内部再度结盟。先零羌的举动遂引起了西汉当局的注意。朝廷派往羌中的义渠安国滥杀羌人激化了矛盾，终于招致先零羌及内附羌人的反叛。元康三年（前 63）羌人在浩亹（今兰州红古区窑街一带）击败汉军，活动遍及金城郡山林间，兵临郡治允吾城下。赵充国指挥数路汉军，软硬兼施终于在公元前 60 年镇压了先零羌。战争期间，西汉政府采用赵充国的计划，在湟中大兴军屯；战后又在令居置金城属国来安置前后投降的约三万五千名先零及诸种羌人。此后西汉长期任命河西豪族（主要是辛氏家族成员）担任护羌校尉，这样才稳定了护羌校尉制度。

---

① 《后汉书》卷 87《西羌传》，第 2876 页。

总之，湟中之战结束后，西汉政府在今兰州一带既有普通行政机构（金城郡），又有专门管理西羌事务的各种特殊机构（如护羌校尉、金城属国等）。金城郡的辖区在西汉政府军事胜利之后也向西扩大了，加上在湟中新建的破羌、安夷等县，总共领有十三县。一个机构完整、纵深较广的控制西羌的行政、军事体系全面形成了。从公元前60年到王莽末年的80年中，金城郡再未出现羌汉间大规模的军事对抗，原因就是：

　　1. 西汉对羌人的控制加强了。西汉后期的护羌校尉经常由本地人担任（如辛临众、辛汤、辛通、窦融的从祖父），他们对当地情况较为熟悉，能够镇服西羌；金城郡中常驻有从事军屯的部队；多数先零羌入居金城腹地的属国。

　　2. 先零羌在战争中损失惨重，短期内难以恢复。据赵充国估计先零羌约五万人，死于战争的有一万两三千人，投降后住在金城属国的有三万五千人。先零羌丧失的人口多；降者又被安置在属国，与塞外羌隔离，难以组织较大规模的反抗。

　　3. 羌汉双方矛盾缓和。事实上，先零羌以流血牺牲为代价，达到了返回河湟故地的目的；西汉政府的镇压对部分羌人比较克制，封赏了八名降汉羌豪。于是，先零羌接受了西汉政府的管理，被封为帅众王的若零、弟泽等人和属国匈奴一样，同自己的种人居住在金城属国中。

　　王莽末年，中原战乱再起，隗嚣趁机割据陇右。王莽时在河湟极度扩张的成果连同西汉建立的对西羌的统治全面崩溃。羌人大量入居塞内，"金城属县多为所有"①"羌遂放纵，寇金城、陇西"②。隗嚣为巩固自己的割据地位，避免与羌人发生正面冲突，史书上说"更始时，先零羌封何诸种杀金城太守，据其郡，隗嚣使使赂遗封何，与其结盟，欲发其众"③，获得了羌人的好感。当光武帝统一国家的战争移上陇右

---

①　《资治通鉴》卷42，光武帝建武九年，中华书局1956年标点本，第1362页。

②　《后汉书》卷87《西羌传》，第2878页。

③　《后汉书》卷23《窦融列传第十三》，第804页。

以后，隗嚣更有意利用羌人阻挠统一。他对羌人"招怀其酋豪，遂得为用"。[①] 东汉建武年间先零羌与东汉之间的冲突，表明羌人立足于维护自身利益而为隗嚣效力。甚至隗嚣死后的建武十年（34）先零羌仍进攻金城、陇西。东汉方面，来歙、马援转战于陇西襄武县内的五溪、临洮，直到金城郡的浩亹、允吾谷、唐翼谷，彻底打败了先零羌。东汉最终迫使金城、陇西两郡的先零羌接受了自己的统治。

西汉湟中之战结束到东汉初马援平定金城、陇西两郡羌人的近百年间，入居金城、陇西的羌人在经济上取得了较大发展，特别在农业方面进步比较明显。湟中之战之前河湟一带"羌虏故田及公田，民所未垦，可二千顷以上"[②]。我们在来歙、马援两人的战报中都能看到诸如"得马牛羊万头，谷数万斛""获牛羊万余头，谷数十万斛""收其谷粮蓄产而还"之类的记载。可见羌人原有的农业水平在入居金城后，得到了继续发展。

先零羌被东汉政府打败，后又在西羌内部与烧当羌战争中失利，主要种落东迁到北地郡北部至金城郡一带的内郡。烧当羌代之而起，开始了新一轮羌汉斗争。

（三）烧当羌的活动（约56—107）

烧当羌主要活动在光武帝、明帝之交到安帝永初之前的半个多世纪中。烧当羌与前文提到的研种羌并属无弋爰剑的羌人系统，历史相当悠久。它还是两汉羌人种落中酋豪名字和传承系统唯一被完整记录下来的种落。[③]

东汉初的烧当羌已是"附落转盛，常雄诸羌"的强大部落了。自建武中元二年（57）开始，烧当羌与东汉的战争时断时续，烧当羌酋

---

① 《后汉书》卷15《李王邓来列传第五》，第588页。

② （唐）杜佑著，［日］长泽规矩也、尾崎康校，韩昇译：《通典》卷2《食货二·屯田》，上海人民出版社2008年影印本第1册，第178页。

③ 据《后汉书·西羌传》，烧当羌传承如下：

滇良—滇吾—东吾—东号—麻奴

滇岸—迷吾—迷唐

号吾

豪们也时降时叛。烧当羌在今兰州地区和东汉的战争有：

1. 公元 57 年，滇吾、滇岸兄弟大败陇西太守刘盱于允街，使得守塞诸羌相继反叛。东汉谒者张鸿也在允吾、唐谷（允吾县西）一带的战斗中死于羌人之手。公元 58 年捕虏将军马武在金城浩亹击败羌人后，战事才一度平息。

2. 建初二年（77）烧当羌迷吾在荔谷（允吾县界）大败东汉金城太守郝崇，消灭汉军两千多人，再次掀起反汉斗争。迷吾及封养种布桥等"共寇陇西、汉阳"，抢夺了牧苑马匹，烧毁亭候。史载"羌豪述〔当作迷〕吾等万余人，到襄武（今陇西）、首阳（今渭源）、平襄（今通渭西）、勇士（今榆中金崖），至抄此苑焉〔当作马〕。焚烧亭驿，即此处也（苑川）"。① 78 年被马防、耿恭镇压，东汉才能"悉复诸亭候"②。

3. 元和三年（86）烧当羌第三次反汉，这一次对东汉的震动很大。公元 87 年，前线汉军惨败，汉章帝被迫三次下诏减死罪，"诣金城戍"③。东汉的软硬兼施手段对烧当羌迷唐均未产生长久作用。

此后，羌汉战争移出今兰州一带，集中在陇西郡及金城郡塞外。东汉六易护羌校尉，调集重兵，利用烧当羌与其他羌人部落的矛盾进行分化瓦解，才在永元十三年（101）勉强取胜。东汉政府深感烧当羌力量雄厚，在西羌中有号召力，是东汉的西部边患，"自建武以来，其犯法者，常从烧当种起"④。而且，烧当羌居住的大小榆谷，土地肥美，易守难攻，靠近边塞。因此东汉当局趁战胜之机占据烧当羌得以依凭的大小榆谷地区，置金城西部都尉，广开屯田三十四部。

① （北魏）郦道元著，陈桥驿校证：《水经注校证》卷 2《河水》，中华书局 2007 年版，第 52 页。

② 《后汉书》卷 87《西羌传》，第 2881 页。

③ 《后汉书》卷 3《肃宗孝章帝纪》载："章和元年春三月，护羌校尉傅育追击叛羌，战殁。夏四月丙子，令郡国中都官系囚减死一等，诣金城戍"（第 156 页）；"（七月）死罪囚犯法在丙子赦前而后捕系者，皆减死，勿笞，诣金城戍"（第 157 页）；"九月……壬子，诏郡国中都官系囚减死罪一等，诣金城戍……"（第 158 页）

④ 《后汉书》卷 87《西羌传》，第 2885 页。

（四）三次羌人起义及其影响（107—220）

公元107—168年，西北羌人掀起了延续六十多年的大起义。引发如此大规模起义的原因在以前历次羌汉斗争中均以不同的形式表现出来。可以看出，东汉政府从中央政策到地方执行无不流露出大汉族主义的歧视思想；军队将领和地方豪强则竞相屠杀、压迫羌人。东汉人桓谭曾指出："边地遂以丘荒，至今无人，原祸所起，皆吏过尔。"① 对此范晔总结说："（对塞外羌）朝规失绥御之和，戎帅骞然诺之信。其内属者，或侄偬于豪右之手，或屈折于奴仆之勤。塞候时清，则愤怒而思祸；桴革暂动，则属鞬以鸟惊。"② 一句话，东汉政府的民族高压统治是导致羌汉战争的根本原因。

羌人起义范围东起上郡、西河，西至河湟，南到武都，北达北地，更波及益州部、三辅、河内、河西走廊全境。在西北羌人起义中，今兰州一带也多次成为战场。第一次羌人起义时，先零羌别种滇零在钟羌等部的支持下，据北地郡北部称"天子"，攻三辅，断陇道。永初三年（109），破羌城、临洮城均被羌人占领，金城郡西部、陇西郡南部全面失守。东汉政府只好把金城郡迁到襄武，放弃金城郡故地，其余陇西、安定、上郡、北地也都在内迁风潮中迁入关中。羌人占领了东汉缘边五郡退出的地区，声势浩大。直到元初二年（115）春，经护羌校尉庞参招诱，才有羌豪号多等七千人投降。庞参方能返回令居，恢复对金城郡北部的控制，打通关中到河西的道路。当年秋天，庞参带领金城郡所属羌胡兵，北上进攻零昌（滇零之子）时，在勇士县（今榆中东北）东被零昌手下汉人将领杜季贞率领的羌军击败，庞参只能退守令居。永宁二年（121）当煎种大豪饥五等攻击金城郡，饥五同种的卢忽、忍良等聚集在允街，准备响应。建光元年（121）秋，忍良攻金城诸县，在牧

---

① （汉）王符著，（清）汪继培笺，彭铎校正：《潜夫论笺校正》卷5《实边第二十四》，中华书局1985年版，第282页。

② 《后汉书》卷87《西羌传》，第2899页。

苑（今榆中县境）击败了马贤和内属先零羌的军队。而麻奴又在令居打退了武威、张掖郡兵的围剿。从公元110年起整个金城郡（包括今兰州一带）被羌人占据了至少有十年以上的时间。永建四年（129）东汉才全部恢复了内迁的边郡，也就是说在公元121—129年中，东汉才逐步夺回了包括金城郡在内的边郡，重建了缘边诸郡的秩序。战后，东汉将犀苦等人扣留于令居不予放归。

第二、第三次羌人起义也波及金城郡。延熹三年（160）"勒姐、零吾羌围允街（今永登县南）"①，被护羌校尉段颎击退。

虽然到汉灵帝建宁元年（168）东西羌起义全部失败，但长达60年的羌人反汉斗争在兰州地方史上写下了重要的一页。

第一，战争严重动摇并一度摧毁了东汉政府的地方行政体制。如金城郡迁往襄武；护羌校尉府避居张掖；汉族民众内迁；阻断陇右交通线，这一切使东汉在今兰州的统治陷于瘫痪。

第二，在包括金城郡在内的广大羌人起义区中，除了著名的先零、烧当羌以外，先后有诸如钟羌、当煎、勒姐等不下十种羌人一起结盟反汉。羌人种落间形成了前所未有的普遍联合。汉族反汉力量的介入又使联合的范围超出了民族界限。由此可见，东汉后期封建专制统治所激化的不仅只是羌汉民族矛盾，而是整个封建统治危机的周期性再现。《后汉书·西羌传》感慨道："惜哉寇敌略定矣，而汉祚亦衰焉。"②

第三，从区域政治形势来看，陇右羌汉人民的联合斗争无形中也为凉州割据军阀势力的崛起打下了基础。灵帝光和七年（184）十一月"湟中义从胡北宫伯玉与（内属）先零羌叛。以金城人边章、韩遂为军帅，攻杀护羌校尉泠徵、金城太守陈懿"③，响应黄巾军起义。公元185年，边章、韩遂的羌胡军在榆中县（今榆中金崖）击败东汉军。直到

---

① 《资治通鉴》卷54，汉桓帝延熹三年，第1757页。
② 《后汉书》卷87《西羌传》，第2901页。
③ 《后汉书》卷8《孝灵帝纪》，第350页。

东汉末年，金城一带就长期成为韩遂的势力范围了。

第四，羌汉战争严重破坏了金城郡的社会经济活动。它导致了本地区人口大量流散，农业生产难以正常发展。根据公元140年东汉户籍统计比照西汉末年，金城郡人口至少下降了84%。《魏名臣奏》载：东汉建安中，金城郡竟"户不满五百"①；虽经建安二十年（215）后金城太守苏则的招抚努力也只有千余户（不包括东汉末年从金城郡中分出的西平郡），人口流失极为严重。再加上，东汉政府在郡县内迁时对普通汉族人民"刈其禾稼，发撤室屋，夷营壁，破积聚"②；在战争中夺得大量羌人牛羊谷物，给金城郡的农牧业生产带来了灾难性的后果。必须指出，汉将和羌酋们的贪暴更进一步恶化了生产环境。

第五，羌汉战争中的屠杀在羌汉民族心理上也投下了阴影。长期的斗争使羌人认识到"汉家常欲斗我曹"③，对东汉政府极不信任，东汉的对羌政策也由剿抚相结合走向了单纯诉诸武力的极端，护羌校尉段颎就是这样一个非常典型的例子，他宣称匈奴和羌人"是为痛疽伏疾，留滞肋下，如不加诛，转就滋大"④的谬论，其屠杀行为甚至在当时就已引起了不少人的反对。羌汉间兵戎不息，羌人屡降屡叛实际上宣告了东汉对羌政策的彻底破产。

第六，金城郡人口呈现出羌胡化的特征。两汉羌汉战争中，大量汉人流散，羌人内迁，使金城郡中的羌人数量大增。东汉末年金城郡羌人的人口绝对数量已超过汉人。建安中，金城太守苏则前后招怀归郡的梁烧杂种羌就达三千余落，而同期汉人只有千余户。由于羌人占据了金城郡人口优势，就使本地区汉人、月氏人呈现出羌化的特点。史载当时分布在湟中及令居的湟中月氏胡"被服饮食言语略与羌同"⑤。《水经注》

---

① 《三国志》卷16《魏书十六·苏则传》引，第491页。
② 《后汉书》卷87《西羌传》，第2888页。
③ 《后汉书》卷16《邓寇列传》，第610页。
④ 《后汉书》卷65《皇甫张段列传》，第2148页。
⑤ 《后汉书》卷87《西羌传》，第2899页。

中讲到东汉梁冀的后代梁晖入羌后，"其祖父为羌所推，为渠帅而居此城（金城县故城）"①。《后汉书·窦融传》注中也有东汉建武初年金城太守厍钧后代成为羌化汉人的记载："今羌中有姓厍，音舍，云承钧之后也。"②

综上所述，我们可以得出一个 2 世纪末到 3 世纪初年金城郡民族构成的简单印象。西晋江统的《徙戎论》估计关陇少数民族与汉族的比例为 1∶1，而事实上，金城郡少数民族绝对数量可能高于这个比例。这里需要说明的是民族融合是一个互动的过程，总体上看确实存在着少数民族融入汉族的趋势，但在某些特定条件下，边郡汉族难免不受少数民族的影响，简单地说，就是羌胡化。所以，随着西晋末年鲜卑等族的内迁，金城郡汉人羌胡化特征一直保持下去，为东晋十六国时期河西割据和少数民族政权的建立创造了客观条件。

三 结语

自上古以来今兰州地区就是多民族活动的重要场所之一，两汉时代更是匈奴、羌、汉及一些较小的少数民族活跃的地区。透过两汉 400 年间金城郡一带各民族的盛衰，我们能部分地看到古代民族的融合在一个特定时段、地域的变化过程。400 年中，金城地区匈奴政权由盛而衰，退出今兰州一带，内附的属国匈奴至东汉末年基本在今兰州地区消亡了。两汉金城地区的羌人从匈奴的控制下解脱出来，受自身发展规律支配，经济上向农业生产过度，人口增长快；政治上，羌人内部多次结盟，又寻求匈奴配合，不断进行反对汉政权压迫的斗争。东汉一代，羌

---

① 《水经注校证》卷 2《河水》载："按著旧言：梁晖，字始娥，汉大将军梁冀后，冀诛，入羌。后其祖父为羌所推，为渠帅而居此城。土荒民乱，晖将移居枹罕，出顿此山，为群羌围迫，无水，晖以所执榆鞭竖地，以青羊祈山，神泉涌出，榆木成林，其水自县北流注于河也。"（第 51 页）

② 《后汉书》卷 23《窦融列传》引《音义》，第 797 页。

汉战争连绵不断。公元 3、4 世纪时，经数百年内迁的羌人已遍布关陇地区，对此后中国历史的发展施加了一定影响。在羌人发展史上，两汉是一个重要的历史时期，也是中国历史上中原政权向周边发展的一个主要阶段。两汉封建国家凭借自身的政治、经济、军事、文化、人口优势，占据了许多原属少数民族活动的地区，加速了汉文化向边远地带的渗透，推动了民族间相互融合的过程。今兰州地区在这个阶段中因其地理位置、民族构成的特殊性和复杂性，在两汉少数民族活动史上具有重要意义。

本文原载《西北民族学院学报》（哲学社会科学版）1999 年第 1 期。

宕昌羌源流管窥

宕昌羌是活跃在南北朝时期的羌人部族。有关宕昌羌历史的记述和研究除了几部正史专传之外，也散见于一些对西羌研究的专著中，如马长寿的《氐与羌》①、冉光荣等的《羌族史》②，可是迄今为止仍然缺乏对于这一部分羌人的专门研究。宕昌羌活动的时代正是中国历史上的民族大迁移和大融合时代，其虽然偏处西北一隅，但纵向上与南北朝为邻，横向上与仇池、吐谷浑两国相接，文献中南北朝时期的几部正史又多为之立有专传，因此对于宕昌历史的探讨有助于深化对民族融合和羌人历史的理解。本文力求在对宕昌相关史料分析判别的基础上，明确宕昌羌的构成及其迁徙流变情况。

一 两种宕昌羌起源说

自两汉时起，西羌问题一直困扰着中原政权，至东汉时尤甚。东汉朝一系列大规模羌汉战争的后果之一就是西羌部族的大规模流徙，主要是向中原的内迁。魏晋以降，更有鲜卑、匈奴、氐、巴等族的移动，民族政权的更替加剧了这一趋势。在这样的历史环境中，宕昌羌作为羌人

---

① 参见马长寿《氐与羌》，上海人民出版社 1984 年版。
② 参见冉光荣、李绍明、周锡银《羌族史》，四川民族出版社 1985 年版。

中一个较大的分支在南北朝时期一直长期存在并与周边政权发生着关系，其主要活动时见记载，但其来源是否就是陇南山地的山羌，历来看法不一，现有两方面的意见：一为参狼说；一为钟羌且昌说。

马长寿先生在《氐与羌》一书中认为，宕昌羌是汉代参狼羌的后代。他说："羌水出羌中参狼谷，则羌水上游的羌人为参狼羌的后裔甚明。"① 而"羌水上游的羌人"指的就是文献中频见的宕昌羌。马先生的依据主要是以北朝诸史中所记录的宕昌羌的活动地区及与汉代参狼羌活动地区的相重合来判断的。至于宕昌的王族系统，马先生还推测说，南羌梁弋介居前秦梁氏后族、梁姓贵族与宕昌梁氏之间，应为宕昌羌之祖。

王锺翰先生在《中国民族史》一书中引述有："宕昌羌一说与汉代的且昌羌有关。公元 135 年（阳嘉四年），马续、马贤在击败钟羌良封后，进而袭击钟羌且昌，且昌率诸种 10 余万降于梁州刺史，且昌很可能为宕昌之笔误。"② 此说的关键在于指出了"且昌"与"宕昌"形近而误。

不可否认，宕昌羌中混有包括原参狼羌，甚至钟羌的成分，但是宕昌政权绝非仅仅建立在某一种羌人基础上的。魏晋以来的吐谷浑以东，仇池以西之地并不是兵锋不及的世外桃源。宕昌羌正式出现在文献记载中的时代已经到了十六国末期的北魏勃兴时期。根据《魏书》曾对其活动范围的表述可知，大约相当于仇池国与吐谷浑之间的陇南山地。至于这里是不是宕昌羌的发源地，史书中则语焉不详。

二 宕昌羌与枹罕羌同源

笔者认为，对于宕昌羌起源问题的探讨应从其原初居住地及其酋豪

---

① 参见马长寿《氐与羌》，上海人民出版社 1984 年版，第 164 页。

② 王鐘翰：《中国民族史》，武汉大学出版社 2012 年版，第 466 页。

渊源入手，并结合活动地域与王族、部民的构成情况进行梳理。

（一）宕昌羌的原居地在枹罕地区

单纯从历史地理的角度看，文献中宕昌羌原居地的记载较为含混。史书中最早有宕昌羌记录的首推《宋书》卷六，然而其只提到了宋孝武帝大明元年（457）的一件朝贡之事。① 仅记有宕昌羌及其首领之名，其余并未谈及，同时《宋书》中也没有宕昌羌的专传。其余立有专传的史书对其原居地完全没有明确提及。

如此则梁朝萧子显的《南齐书》就成了最早完整记录宕昌羌情况的史书。此书对宕昌羌的起源地是这样讲的："宕昌，羌种也。各有酋豪，领部众汧、陇间。"② 其后北齐魏收的《魏书》和南朝末年基本完成的《梁书》对此所述稍详。《魏书》中说：宕昌羌"其地自仇池以西，东西千里，席水以南，南北八百里，地多山阜，人二万余落"。③《梁书》则载："在河南（吐谷浑）之东南，益州之西北，陇西之西，羌种也。"④ 文献记载明显揭示了《南齐书》和《梁书》对宕昌羌原居地记载的不一致。《南齐书》中所说的"汧陇"，按常规理解应从陕西汧阳县到陇山一带，迫近关中，位于仇池国之东北，如此则与《梁书》所谓的"陇西之西"无关，仿佛《南齐书》的记载有误。但是《南齐书》同卷中记载的宕昌羌酋的封号却又是："使持节、督河凉二州、安西将军、东羌校尉、河凉二州刺史、陇西公。"⑤ 难道南齐朝对宕昌羌的地域概念已经模糊到如此程度了吗？实则不然，南齐对宕昌的封号与《梁书》的记载并无矛盾，事实是探讨问题的着眼点应放在对"汧陇"的理解上，即不当囿于原有的概念，而应从《梁书》"陇西之西"的地方去寻找。《水经注》载："漓水（今大夏河）又东，左合罕开南溪之

---

① 《宋书》卷6《孝武帝本纪》，中华书局 1974 年标点本，第 120 页。

② 《南齐书》卷59《氐羌传》，中华书局 1972 年标点本，第 1032 页。

③ 《魏书》卷 101《宕昌羌传》，中华书局 1974 年标点本，第 2242 页。

④ 《梁书》卷 54《诸夷传》，中华书局 1973 年标点本，第 815 页。

⑤ 《南齐书》卷59《氐羌传》，第 1032 页。

水，出罕开西，东南流经罕开南，注之。《十三州志》曰：广大阪在枹
罕西北，罕开在焉。昔慕容吐谷浑自燕历阴山西驰，而创居于此。"①
这样看来《南齐书》中的"在洴陇"间当指罕开水流域。它与"陇西
以西"两者在地域上相重叠。又《通典·边防六》提到宕昌羌的起源
时说："亦三苗之胤，与先零、烧当、罕开诸部姓别，自立酋帅，皆有
地分，不相统摄，宕昌即其一也。"② 此说与《魏书》及《北史》有
异，它明确了宕昌羌是西羌的一支，其活动范围与先零羌、烧当羌、罕
开羌有关，均属于原居地在"赐支河曲"的河湟西羌系统。《通典》的
记载较它书稍详，而且《太平御览》宕昌条中引述的也是《通典》的
记载，而非今本《魏书》或《北史》，这表明《太平御览》的作者在处
理这一问题上当有所据。

由此可以初步得出结论：宕昌羌的原居地正在紧邻枹罕的陇西以西
之地，其中主要包含了罕开水流域。按照《水经注》的说法，这个罕
开水流域应为今大夏河下游地区，那么《魏书》所述的"仇池以西"
"席水以南"方圆千余里的范围也部分地包含了这一地区。

（二）宕昌羌梁氏和枹罕羌梁氏均源自金城羌

除了地域因素，从王族系统来看，宕昌羌与枹罕地区羌人有一定的
关系，也就是说宕昌羌酋梁氏与枹罕羌酋梁氏存在着血缘关系。《北
史·梁览传》载：西魏大统二年（536）"览从弟（梁）仚定反，欲图
览"③，梁仚定是西魏时期著名的宕昌王，其事迹见于《北史》《周书》
"宕昌传"及相关列传。而《北史》梁览本传提道："梁览字景叡，金
城人也。其先出自安定，避难走西羌，世为部落酋帅。曾祖穆以枹罕城
归吐谷浑。后又归魏，封临洮公。祖颢为尚书，封南安公。父钊河华二

---

① （北魏）郦道元著，陈桥驿校证：《水经注校证》卷 2《河水》，中华书局 2007 年版，第 45 页。
② （唐）杜佑著，［日］长泽规矩也、尾崎康校，韩昇译：《通典》卷 190《边防六·宕昌》，
上海人民出版社 2008 年影印本第 8 册，第 211—212 页。
③ 《北史》卷 49《梁览传》，中华书局 1974 年标点本，第 1806 页。

州刺史，封新阳县伯。"①《北史·梁览传》的内容在明确了宕昌梁氏与枹罕梁氏宗族联系的同时也间接地证明了宕昌羌的原居地应与河州地区有关。《水经注》载："《十三州志》曰：大河在金城北门，东流，有梁泉注之，泉出县之南山。按耆旧言：梁晖，字始娥，汉大将军梁冀后，冀诛，入羌，后其祖父为羌所推为渠帅，而居此城。土荒民乱，晖将移居枹罕，出顿此山，为群羌围迫，无水。晖以所执榆鞭坚（或作竖）地，以青羊祈山，神泉涌出，榆木成林。其水自县北流，注于河也。"②再联系《北史·梁览传》和耆旧的口述材料可以断定，宕昌梁氏与枹罕梁氏同源于金城梁氏，而且其来源更能上溯至安定梁氏，甚至言之凿凿为东汉大将军梁冀的后代。当然对于金城梁氏是否确为梁冀之后当可存疑，但他们与安定梁氏存在着一定的血统关系则无可置疑。

由于南北朝时期的枹罕和宕昌两支梁姓酋豪均为羌人酋帅，不能不让人怀疑他们似有冒为汉姓的可能性。但从南北朝时期宗族观念的实际情况来看，他们冒姓的可能性不大。一方面在南北朝时期的中国，不论南方北方都有极强的宗族认同感，《颜氏家训》讲道："江南风俗，自兹以往，高秩者，通呼为尊，同昭穆者，虽百世犹称兄弟。若对他人称之，皆云族人。河北士人，虽三二十世，犹呼为从伯从叔。"③ 在这种时代背景下的宗族认同应较为可靠。另一方面，安定梁氏自汉时起即为陇上大姓，宗族繁盛，分支颇多，甚至有远徙代北者。这里之所以确定枹罕与宕昌梁氏的关系更为密切，是因为这两支梁姓除了同源于金城梁氏之外，他们与其他梁氏的关系并不密切。如北魏梁御为代北武川梁氏，亦源出安定。但在《北史·梁御传》《北史·梁览传》均未交代枹罕梁氏与代北梁氏的关系，甚至梁御跟随魏太武帝征战陇上的时候也没有述及代北梁氏与枹罕梁氏有什么关系。这也从一个侧面证实了宕昌梁

---

① 《北史》卷49《梁览传》，中华书局1974年标点本，第1806页。

② （北魏）郦道元著，陈桥驿校证：《水经注校证》卷2《河水》，中华书局2007年版，第51页。

③ 王利器：《颜氏家训集解》卷2《风操第六》，中华书局1993年点校本，第86—87页。

氏与枹罕梁氏的血缘关系更为密切。所以可基本肯定，宕昌梁氏与枹罕梁氏来自金城梁氏，而金城梁氏导源于汉族安定梁氏的可能性很大。

（三）宕昌羌最初的基本部众与烧当羌和当煎羌有关

以上仅对宕昌羌统治阶层的来源进行了探讨，当然不可能据此得出枹罕羌与宕昌羌的基本民众与其酋豪来源一致的结论。据《十三州志》与《北史·梁览传》的记载可以看出，在安定梁氏族人西迁金城之际，金城一带就居住有许多羌人，而他们基本上都是内迁的西羌，其首领则由逃亡来的梁氏族人担任。金城梁氏所统诸羌的具体情况现难以确知，惟《三国志》裴注所引《魏名臣奏》中有雍州刺史张既的一段话："又梁烧杂种羌昔与（韩）遂同恶。遂毙之后，越出障塞。则前后招坏，归就郡者三千余落，皆恤以威恩，为官效用。"① 张既提到的金城郡羌人情况为进一步寻找宕昌羌部民的来源，留下了一点线索。从金城郡分布有"梁烧杂种羌"的说法，可以认定，梁氏在东汉末曹魏初之际已完全被视为羌人，当然除此还有其他的羌人种落存在。"烧"字很明显就是东汉时期名噪一时的烧当羌。考诸《后汉书·西羌传》等文献可知，东汉后期有许多降服的羌人留居于金城郡地区，主要的成分就是烧当羌和当煎羌。可以初步确定的是在宕昌羌和枹罕羌的早期部众中含有金城羌、烧当羌和当煎羌的成分。

（四）宕昌羌先民西迁枹罕

《魏名臣奏》中记录的张既与魏文帝对话的时间为东汉末年曹魏初期，这表明了至少在3世纪20年代金城的梁烧诸羌仍然存在。但他们西迁枹罕的具体时间则难以考订，只有前引《水经注》里比较含混地讲到梁晖西迁枹罕的背景是"土荒民乱"，暗示了当时混乱的社会状况和金城周围的形势。结合《魏名臣奏》的引文来看，这一混乱的社会状况指的不会是东汉末年羌人起兵、陇右隔绝的时代，而应当是曹魏建国以后的一段时间。

---

① 《三国志》卷16《魏书·苏则传》，中华书局1971年标点本，第491页。

第一，东汉末年到西晋建立，中原政权的更迭均以和平禅让的方式进行，可以说中原政权的变更对金城郡周围的形势没有产生过大的影响。倒是这一时期在陇右河西发生的规模巨大的少数民族起义，曾严重动摇了金城郡的地方统治秩序，再加上西晋时期大规模的民族迁移中，新迁来的民族与原有民族之间不可能真正和平相处，双方必然为争夺草场、土地等生存空间产生冲突。这一系列因素激化了原有矛盾，导致了更加频繁的战乱与迁徙。所以金城梁氏的西迁应与陇右民族战争和民族迁徙有关。

第二，从西晋时期主要在金城郡一带活动的民族情况，可确定西晋时期金城郡周围存在着比较大的羌人集团。

基于以上两点对史料的考察分析可确定，一是曹魏正始八年（247），陇西、南安、金城、西平各地的羌酋饿何、烧戈、伐同、蛾遮塞等叛魏降蜀，凉州卢水胡治无戴也起兵反魏等，说明曹魏统治时期，金城枹罕地区的秩序动荡不安，当地羌人并未完全服从曹魏的统治。二是从《晋书》中谈到的其先祖内迁的史实①，可以看出西晋末到十六国初期在金城一带活动的主要民族为鲜卑人，而羌人集团则被排挤出了这一地区，主要分布于该地区以南的陇西、南安境内和以西的枹罕、洮水地区。于是把金城梁氏西迁枹罕的时间放在 3 世纪中期以后到 4 世纪初期以前较为妥当。

三　梁氏称王前的宕昌羌

金城梁氏西迁枹罕后，到 5 世纪中叶宕昌羌正式见诸史载，其间约有一个半世纪，若以"宕昌"一名初见文献计，亦有百年之久。这一时期，一方面史无宕昌之名，另一方面，枹罕羌活动地域与其后的宕昌羌活动地域相去甚远。表面看来宕昌羌的活动似无从谈及，然而史书中

---

① 参见《晋书》卷125《载记第二十五·乞伏国仁》，中华书局 1974 年标点本，第 3113—3114 页。

讲到的宕昌"其地自仇池以西，东西千里，席水以南，南北八百里"的记述包括了吐谷浑以东和仇池以西的白龙江流域和陇南山地。检诸史籍，4世纪后期频繁出现的漒川羌非常值得注意，仔细品味各种记录，发现其与宕昌羌之间有着某种内在的联系。

首先，宕昌羌与漒川羌的活动地域相重叠。漒川羌之名来自地名，指漒川流域的羌人集团。而这个漒川，历史上有许多别称，或作羌水，或作强水，或作垫江水，实均指今日白龙江。同时，白龙江流域又是汉代参狼羌人或曰武都羌的根据地。《水经注》羌水条有："羌水出羌中参狼谷。彼俗谓之天池白水矣。"① 而且羌水"东南流经宕昌城东，西北去天池五百余里。"② 至于强水，"阚骃曰：强水出阴平西北强山，一曰强川"。③ 文中所谓强山，又叫强台山，即今之西倾山，而强川就是漒川无疑。至于垫江水，《水经注》引段国《沙州记》说："洮水与垫江水俱出强台山，山南即垫江源，山东则洮水源。"《山海经》曰：白水出蜀。郭景纯《注》云："从临洮之西倾山。东南流入汉，而至垫江。故段国以为垫江水也。"④ 郭璞注原为："色微白浊，今在梓橦白水县，源从临洮之西西倾山来，经沓中，东流通阴平，至汉寿县入潜。"⑤因此，漒川就是羌水、垫江水、强川的异称，即白龙江。这样漒川羌的范围自然是向西不过西倾山麓，向东直抵仇池的白龙江谷地，也就是说，在这一时期在仇池以西的白龙江流域及其附近地区活动的羌人就是史书中所说的"漒川羌"。

但是习惯上许多著述均将古代白龙江的正源参狼谷置于今宕昌县境内的白龙江支流——岷江，实际上与古地理记载大相径庭，也由此导致

---

① 《水经注校证》卷32《羌水》，第755页。
② 《水经注校证》卷32《羌水》，第755页。
③ 《水经注校证》卷20《漾水》，第485页。
④ 《水经注校证》卷2《河水》，第45—46页。
⑤ （清）吴任臣注：《山海经广注》卷13，《景印文渊阁四库全书·子部》第1042册，台湾商务印书馆1982—1986年影印本，第211页。

了对历史记录中宕昌城、宕昌羌活动范围理解上的偏差。产生这一谬误的原因是宋代以后对宕昌城、宕州和宕昌均视作一地处理造成的。北周灭宕昌蕃国置宕州或宕昌郡，当时州（郡）治在阳宕县，到隋唐时则将宕州（一度为怀道郡）移置怀道县。《元和郡县图志》宕州条说"怀道县，本周武帝天和元年置，属甘松郡。隋开皇三年罢郡，县属宕州，皇朝因之。"[①] 又说，"宕昌故城，今为交和戍，在（怀道）县东五十二里。"[②] 那么，隋唐时的宕州在北周时为甘松郡。而同书良恭县条有，"良恭县，西南至州二百一十里。北周阳谷［宕］县也，武帝天和五年置宕昌郡，隋开皇三年罢郡，县属宕州。十八年改为良恭县"[③]。这就是说北周宕州或宕昌郡初立于阳宕县（良恭县），在今宕昌县西，而非宕昌故城。此处西至隋唐宕州尚有 210 里之遥，则隋唐宕州应在今甘肃迭部县与舟曲县交界一带，东距宕昌故城不远。考诸今日地理，则今舟曲县西的峰迭古城地区与之相当，此处才是宕昌羌在本地区活动的原初地域。《元和郡县图志》所谓"宕昌故城"存在的时间当在周武帝置宕州之前，为宕昌羌人的政治中心。北周宕州治所在故城西北较远的地方建置，是为了更加靠近周边州郡，远离吐谷浑和党项、白兰诸羌，加强对周边的控制。到了唐代宕州的治所重归宕昌故城以西，是因为唐代早期已不存在宕昌羌割据力量的威胁，移宕州于宕昌故城以西则可在更大范围上控制这一区域，同时能够有力地监控西部边界吐谷浑和吐蕃的活动情况。

此外《水经注》说：羌水（白龙江）"东南流经宕昌城东，西北去天池五百余里。羌水又东南，经宕昌婆川城东而东南注"。[④] 以此度之，若将宕昌城置于今宕昌县溯岷江以北，无论如何也不会有 500 里的水流

---

① （唐）李吉甫著，贺次君点校：《元和郡县图志》卷 39《陇右道上》，中华书局 1983 年版，第 1002 页。

② （唐）李吉甫著，贺次君点校：《元和郡县图志》卷 39《陇右道上》，中华书局 1983 年版，第 1002 页。

③ （唐）李吉甫著，贺次君点校：《元和郡县图志》卷 39《陇右道上》，中华书局 1983 年版，第 1002 页。

④ 《水经注校证》卷 32《羌水》，第 755 页。

长度。只有将宕昌城置于今峰迭古城与舟曲县之间，由此西经白龙江沿岸之迭部县，四川若尔盖县境，直到西倾山南今禄曲县境内的郎木寺地区，与史载才更吻合。

通过以上论证，宕昌羌的活动地域和漒川羌重叠在一起，那么从漒川羌即可看作其是包含了宕昌羌在内的漒川流域羌人的总称。

其次，从时间顺序上看，漒川羌和宕昌羌的羌种之名是先后出现的。4 世纪后期到 5 世纪早期，西秦史上有不少与有关漒川的记载。据《晋书》记载，西秦乞伏氏立国即领有白龙江流域，曾在这一带设立了漒川、甘松二郡。① 西秦末年更在漒川以南地区设立了益州、梁州。此后，史书中便不再出现"漒川羌"的名字了。另一方面，5 世纪40 年代以后南北朝史书中才正式有了"宕昌羌"的提法。北朝方面，《魏书》说：在太平真君九年（448）"宕昌羌梁瑾慈遣使内附，并贡方物"②。南朝方面，宋武帝大明元年（457）五月乙亥，"辅国将军梁瑾葱为河州刺史、宕昌王"③。所以说，漒川羌和宕昌羌所处地域相同，而名称前后相继出现这一现象绝非偶然，其中必定包含着某种承递关系。

但是《晋书》载后秦姚硕德征伐仇池杨氏时（405），曾两次提到其遣军"道由宕昌"和下辨方向的后秦州夹击仇池一事。④ 此事发生在432 年，而仇池杨保宗镇守宕昌已有二十多年，又恰为"漒川羌"极为活跃的时期，与漒川羌、宕昌羌前后相继说似有矛盾。笔者认为，405 年出现的宕昌并非特指宕昌羌，而应为地名宕昌。《元和郡县图志》宕州条在谈到宕州名称的来历时有这样一句话："天宝元年改为怀道郡，乾元元年复为宕州，因宕昌山为名也。"⑤ 但是，著述中均不见对宕昌山具体方位

---

① 参见《晋书》卷125《载记第二十五·乞伏国仁》，第3115 页。
② 《魏书》卷4 下《世祖纪下》，第102 页。
③ 《宋书》卷6《孝武帝本纪》，第120 页。
④ 参见《晋书》卷117《载记第十七·姚兴上》，第2984 页。
⑤ 《元和郡县图志》卷39《陇右道上》，第1001 页。

的记录，《元和郡县图志》只是在宕州怀道县条下提到了一处山名——良恭山，说此山"在（怀道县）北四十里，出雌［雄］黄"①。北周阳宕县改为良恭县实以此山为名，因此不能把良恭山确定为宕昌山。再者，姚硕德遣兵进攻仇池当是从秦州出兵，一军向下辨方向，一军向宕昌方向。宕昌方向的进军不会长途远奔至白龙江一带，又转向东北攻仇池。所以405 年涉及之宕昌应当在今岷县、宕昌县接界处。考虑到阳宕县地名的特点，宕昌山应在其北，于是可将宕昌山拟定为今岷县南宕昌县北的岷峨山地区。须知，不仅宕昌羌，实则其国名、州县名均与地名有关。换句话说，在宕昌羌引起人们的注意之前，宕昌一词的主要意义必然是地名上的，漒川羌活跃时期的宕昌（405）是指地区而非民族之名称。

第三，漒川羌彭氏羌酋的败亡为梁氏羌酋的代兴铺平了道路。十六国后期出现的彭氏羌酋有：彭奚念、彭利发、彭利和三人。其中较为明确地，属漒川羌的则是彭利和一人。而彭奚念常被称作枹罕羌或南羌，仿佛与漒川羌无涉。据史载，389 年彭奚念首次浮出史家视野时就活动在枹罕，并且从 389—409 年的 20 年间，他似乎长期驻扎于枹罕。然而，他在 392—397 年中被后凉击败，一度亡归甘松。在 4 世纪末的 10 年中，彭奚念作为西秦的北河州刺史，实际统治枹罕时间不过 3—4 年，而流落甘松则至少有 5 年时间。甘松一带看起来极有可能是他的根据地，因此彭奚念与甘松、漒川肯定有着密切的关系。397 年彭奚念回到西秦后，只是留居在乞伏氏的宫廷中（时枹罕属后凉），直到 400 年西秦投降后秦，降众中才包括彭奚念。后秦统治时期，大约把枹罕仍交由彭奚念镇守，407 年，他又投向了南凉。408 年西秦复国，又于 409 年赶走了枹罕羌中叛服无常的彭奚念。时隔两年，411 年史书中又出现彭利发夺回枹罕，而于次年被西秦打败，丢失枹罕，死于清水（当在枹罕以南的洮河流域）一事。而到了 416—419 年间后秦洮阳公彭利和在漒川两次遭到西秦的进攻，兵败后"单骑奔仇池"。联系上述事件，三

---

① 《元和郡县图志》卷 39《陇右道上》，第 1002 页。

位彭氏羌酋应为同族，其主要活动地区在漒川，当为漒川羌酋。至于在这一系列事件中牵涉到的枹罕问题，应当是前秦符登东征后（时在386年）留下的权力真空被漒川羌取代的结果。正因为彭氏对枹罕的控制与西秦的利益发生了冲突，再加上彭氏又叛归后秦，最终导致了与西秦矛盾的激化。在西秦一系列军事打击下，彭氏先失枹罕，后弃洮阳、漒川、甘松，或兵败被杀，或亡奔仇池。彭氏灭亡后，漒川羌群龙无首，漒川恢复到如《魏书》中所言，"姓别自为部落，酋帅皆有地分，不相统摄"① 的状态，而西秦在此地的统治又极不稳定，为时短暂，在这一背景下，梁氏羌酋逐步兴起并取得了统治地位，史称："有梁勤者，世为酋帅，得羌豪心，乃自称王焉。"②

此外，还有一个难以回避的问题就是枹罕羌酋梁氏到底是在什么时候进入漒川的。要回答这一问题还必须从西秦和彭奚念入手。4世纪80年代末90年代初彭奚念统治枹罕时，枹罕梁氏羌酋一定是归附于彭氏，并通过他臣属于西秦。400年，西秦亡于后秦，乞伏氏父子逃奔南凉秃发氏，客居晋兴。既而，"南羌梁弋等遣使招之"③，乞伏乾归密谋出逃。至于这个梁弋，马长寿先生从姓氏角度结合事理推测其为宕昌羌之祖。而《资治通鉴》认为此事发生在400年："南羌梁戈等密招乾归……八月，乾归南奔枹罕。"④ 这个"梁戈"就是"梁弋"，当为传抄之误。乞伏乾归出奔得到了梁弋的接应，所以其出奔之地应为梁弋控制下的地区，即枹罕，然后再去长安。很显然，南羌梁弋就是枹罕羌梁弋，他在4、5世纪之交彭氏逃离枹罕期间成为本地区的重要力量。然而笔者认为把这个梁弋作为宕昌羌之祖来处理，下距本文分析的宕昌梁勤兴起时间太过急促，又不见史传明确记载，不如将其定为北魏枹罕羌梁览的祖先更加合理。以此推论：宕昌羌与枹罕羌分离的时间至少应在400年以

---

① 《魏书》卷101《宕昌传》，第2241—2242页。
② 《魏书》卷101《宕昌传》，第2242页。
③ 《晋书》卷125《载记第二十五·乞伏乾归》，第3120页。
④ 《资治通鉴》卷111，安帝隆安四年，第3513页。

前的某一时期。

但在推断枹罕梁氏分离迁入漒川地区的时间上限只能从 4 世纪民族政权的更迭开始。十六国时期，数个民族政权均对漒川羌和宕昌羌活动地区有过程度不同的控制。《资治通鉴》说：330 年，前凉"张骏因前赵之亡，复收河南地，至于狄道，置五屯护军，与（后）赵分境"。胡注云："五屯护军，武街、石门、侯和、漒川、甘松也。"① 到了 345 年，张骏置河州时，胡注又说："分晋兴、金城、武始、南安、永晋、大夏、武威、汉中八郡为河州。"② 则漒川、甘松等地很可能就被包括在汉中郡之中。347 年，后赵击败前凉，"自河以南，氐、羌皆附于赵"③。前秦兴起后，漒川羌、宕昌羌地区又为前秦和吐谷浑分别占据。371 年，前秦破仇池，吐谷浑辟奚朝秦，被前秦封为"安远将军、漒川侯"④。而漒川地区东部，早在 359 年时，前秦在甘松之地已设护军，由仇腾担任此职，直到 385 年。西秦独立建国之初，似乎就取得了对漒川的控制权。乞伏国仁设立了包括甘松、漒川、白马、匡朋在内的十二郡。漒川地区在整个 4 世纪从未逃出过任何一个相关民族政权的控制，各政权在占领漒川之前，又都以控制枹罕为前提。同时部分政权在攻城略地之后，往往伴随有较大规模的部族迁移行为，枹罕羌梁氏的分化当在这样一种条件下产生。以此观之，前秦、西秦时期可能性最大，加上此时彭氏羌人在枹罕的凸显，那么，大致可以把枹罕梁氏的分离南迁上限时间断定为不早于公元 4 世纪中期，甚至以 4 世纪 70、80 年代为宜。

四 结语

宕昌羌人是中国历史上长期活跃的西部羌人中较晚出现的一支。在

① 《资治通鉴》卷 94，成帝咸和五年，第 2976 页。
② 《资治通鉴》卷 97，穆帝永和元年，第 3068 页。
③ 《资治通鉴》卷 97，穆帝永和三年，第 3079 页。
④ 《晋书》卷 113《载记第十三·苻坚上》，第 2894 页。

宕昌羌、邓至羌灭亡以后，除了党项和白兰之外，中国古代羌人活动的历史已基本上终结了。事实上，这就是长期民族融合、分化和同化的自然结果。由于宕昌羌人的来源和最终消亡的方向较为复杂，所以，廓清这一历史对于深入揭示古代民族交流的细节有一定作用，以下从几个方面作一概括：

第一，宕昌羌部族来源的多元性与十六国南北朝时期许多民族的构成方式具有相似的地方。例如吐谷浑、党项等民族的形成就包含了北方鲜卑族和西部羌人土著的成分，其部族上层的构成往往还超出了这一范围，民族成分复杂。他们在吸纳不同民族部落构成新民族的同时，也为进一步参加更大范围的民族融合打下了基础，具体到宕昌羌，其也从现象上具备了这种特征。梁氏宗族本为汉人大姓，西迁羌化，成为羌酋，这一点就很像鲜卑慕容吐谷浑。而且，宕昌羌的部民构成则吸收了来自西羌中的烧当羌、参狼羌等多个部落，呈现出多元化特征，这也如同吐谷浑占据甘南、青海，而立国于诸种羌人的基础上一样。需要指出的是，宕昌羌国灭亡后，其不少部众中又分别归入了毗邻的吐谷浑和党项族之中。

第二，宕昌羌对于甘肃南部山区的开发和最终并入中原王朝发挥了重要作用。宕昌羌的兴起及其败亡有一个世纪之久，与北魏、西魏相始终。除了北魏末年之外，长期与中原王朝保持着良好稳定的双边关系。它地处吐谷浑、南北朝三强之间的夹缝地带，在大多数时间内扮演着边疆稳定者的角色。从史传中所载的首领入觐朝贡、修寺建庙以及请赐图书的情况来看，其受内地文化影响的程度也在不断加深，这也由一个侧面曲折地反映了宕昌羌在控制区域内政治、文化上的发展。当然这种发展最终对北周郡县其地和隋唐的继承发展创造了一定的条件。还可以肯定的是，北周以降中原王朝对本地区控制的程度是两汉武都郡的统治所无法比拟的。

第三，宕昌羌地理位置的特性对于说明十六国南北朝时期民族走廊地区的活动和中国西部与东南政权的交往情况具有一定的意义。本文提出的宕昌羌酋从金城西迁枹罕、南迁宕昌的路线恰处于民族走廊的中北部地带，为民族走廊的活跃性提供了又一例证。同时，这一南北走向交通线又是川西北联系甘青和河西走廊的要道之一。四川通向甘青地区的所谓"松潘道"北侧支线①，就是经包座河、白龙江上游而实现的。西秦末年曾在"南漒"设立过益州、梁州②，笔者认为这个"南漒"就是白龙江上的较大支流——从南向北注入白龙江的包座河。

再从宕昌地区的东西方向上看，横穿白龙江的谷地很明显又是一条贯穿秦岭山地到甘南草原的通道，漒川羌酋彭氏曾经由此路逃奔仇池，吐谷浑亦取道该路东击过宕昌羌，干涉过宕昌王位传承。毋庸置疑，宕昌羌地区交通网络的布局由当地地形与河谷的自然取向所决定，而占据该地一个世纪之久的宕昌羌也因其所处位置的特殊性而值得关注。

本文原载《西北民族大学学报》（哲学社会科学版）2004 年第 1 期，收入本书时调整原文注释。

---

① 参见陈良伟《松潘丝道沿线的考古调查——丝绸之路河南道的一支》，《中国社会科学院研究生院学报》1996 年第 6 期；李永平《简牍和考古所见汉代河西走廊与蜀地之间的交往及相关的几个问题》，《四川文物》2004 年第 6 期。

② 参见郑炳林《西秦赤水、强川、甘松地望考》，《西北民族学院学报》（哲学社会科学版）1994 年第 3 期。

5—6世纪柔然与南朝的关系

　　魏晋南北朝时期，中原地区四分五裂，民族割据政权蜂起。由于政治利害关系，西北诸政权与南方各朝的往来促使青海丝绸之路（吐谷浑道）空前活跃起来。在这一系列通使行为中，柔然与南朝的关系最富特色。① 双方的互相遣使呈现出时间跨度大、通使频率高的明显特征。为此，有必要对其路线、内容、性质、发展情况作一较为全面的考察，以探求这一民族关系史上个案的清晰面目。

　　4世纪，北魏入主中原以后，其漠北故地逐渐被新兴的柔然民族占有。402年，柔然杜仑正式建立汗国，遂开始了新一轮漠北游牧政权与漠南农业政权间的长期斗争。北魏王朝横亘于柔然、南朝两大政权间，使得南北纵向通使无法直接实现，这样必须绕开北魏，另寻他途。从地域上看，柔然东连高丽，西接北凉、高昌、吐谷浑；东晋南朝则西界吐谷浑，东北跨海与高丽也有较频繁的往来。所以，从理论上讲，柔然、南朝都可以各自借助同上述诸国的关系而互相转道遣使交通。具体而言，柔然一则可选择借道高丽泛海达致建康（今江苏南京）；二则能经

---

　　① 学术界对于柔然汗国与南朝的关系涉及不多，陶克涛先生仅在其著作中简略提及，未遑专门分析（陶克涛：《毡乡春秋：柔然篇》，内蒙古人民出版社1997年版，第315—316、329页）。周伟洲先生虽有集中讨论，但并未考察具体交通路线（周伟洲：《敕勒与柔然》，上海人民出版社1983年版，第137—190页）。

西北内陆的"吐谷浑道""河南道"进入益州，东达建康。其中的海路，目前尚无有力证据以证实曾被双方直接使用过。于是西北陆路交通成为我们所知唯一的一条联系孔道了。对此，《宋书》记载，柔然"自西路通京师，三万余里"①，《南齐书》中则进一步明确"芮芮常由河南道而抵益州"②。其中"西路"和"河南道"所指即青海"吐谷浑道"及其向东南方向的延伸。这就意味着，柔然使者要到达江南必须首先经吐谷浑境内的"吐谷浑道"，沿由西倾山折向东南的"河南道"，过龙涧城，再顺岷江进入南朝益州。它作为一条与传统"丝绸之路"相平行的东西方国际交通线，在整个南北朝时期表现得相当引人注目。造成"吐谷浑道"包括与之相类似的"草原路"的繁荣及其对河西走廊主交通线的分流这一特殊情况，与当时中原王朝兴替，北魏、柔然、吐谷浑分别在不同时期、不同程度用兵西域有着密切关系。随着北魏对河西走廊到西域东部的持续扩张，原有割据格局被打破，代之以新的力量平衡，从而最终将柔然与南朝间的陆路交通线固定下来。其中的"河南道"地处青藏高原东缘的民族走廊地带，因之，"河南道"重要性的上升也是南北朝时期各民族频繁南迁的间接反映。

一　柔然与南朝联系的交通线

根据有关史书及地志记载，南朝交通柔然的路线大体上呈西北—东南走向，穿越南朝益州、吐谷浑全境、柔然汗国三大政治地域。

（一）南朝境内的路线

南朝境内的路线起自益州（今成都），是南朝西通青海及漠北游牧政权的起点。对于成都在南朝对外关系中的地位，史书上早有评价：

---

① 《宋书》卷95《索虏传附芮芮》，中华书局1974年点校本，第2357页。
② 《南齐书》卷59《芮芮传》，中华书局1972年点校本，第1025页。

"益州镇成都……西通芮芮、河南，亦如汉武威、张掖为西域之道也。"① 从成都出发，沿湔江逆行至灌口镇。《元和郡县图志》说："灌口镇……自观坂迄于顷山，五百里间，两岸壁立如峰，瀑布飞流，十里而九，昔人以为井陉之阨。"② 离灌口折向北，渡绳桥（在茂汶县西北3里）至桃关一线是西川沟通西域的交通枢纽。又说："远通西域，公私经过，唯此一路。"③ 桃关北行82里到故绵虒县（今四川汶川县威州镇）。再经故矗陵县及县境内防浑城（《元和郡县图志》将此地定为龙涸故城，恐不确）"城之北境旧是吐谷浑所居，故曰防浑城"④，继续溯岷江北上出境。

（二）吐谷浑境内的路线

南朝控制下的成都至四川西北路线受地形条件的制约较为固定，但进入吐谷浑境内以后则变得复杂起来。变化原因主要是受制于吐谷浑与毗邻政权势力的消长，由此造成南北通使路线走势也随之变动。吐谷浑政权在其形成初期的统治范围业已包括今甘南、青海东南部及四川西北角，也就是拥有漒川（今甘肃南部西倾山东北、洮水中游及白龙江上游之地）、甘松（枹罕东南之甘松岭一带）、白兰（今青海柴达木盆地都兰一带）、沙州（今青海贵德西南穆格塘沙碛一带）和昂城（今四川阿坝)⑤。5世纪初谯纵乱蜀（405—413）之后吐谷浑占有龙涸城（今四川松潘县东黄龙寺）、平康城（今四川黑水县芦花镇东北60里)⑥，直接与南朝接壤，由此建立了与南朝的正式交往关系，史载423年吐谷浑首次遣使南朝。周伟洲先生通过刘宋所赐封号推断出吐谷浑当时的统治中心在浇河城（今青海贵德县南)⑦，那么，史书所称的"河南道"

---

① 《南齐书》卷15《州郡志》，第298页。
② （唐）李吉甫：《元和郡县图志》卷31，中华书局1983年点校本，第773页。
③ 《元和郡县图志》卷32，第812页。
④ 《元和郡县图志》卷32，第814页。
⑤ 周伟洲：《吐谷浑史》，宁夏人民出版社1985年版，第24—25页。
⑥ 《宋书》卷96《鲜卑吐谷浑传》，第2371页。
⑦ 《吐谷浑史》，第25页。

无疑就是由浇河城经龙涸到益州的道路了。5 世纪末，吐谷浑的疆域进一步扩大到"东至叠川（今甘肃迭部县东南），西邻于阗，北接高昌，东北通秦岭，方千余里"①。所谓"吐谷浑道"正是横穿吐谷浑全境的东西走向交通线。中国西部各政权与南朝交往自然就要利用"吐谷浑道""河南道"。即出南朝以后仍须北上，过龙涸城折向西北黄河河曲方向，通过西倾山东南麓进入上述沙漒、洮阳地区（今青海省黄南地区和甘肃省甘南地区的洮河上游），再在浇河城附近过黄河，汇入吐谷浑道。后析为两支：一支顺吐谷浑道西行经吐谷浑城（今青海省都兰县），沿柴达木盆地南缘到达鄯善（今新疆若羌县）后，再折向北，到高昌。另一支是经青海湖附近，向北穿越祁连山脉隘口，沿额济纳河过居延，到漠北。北魏尚未在河西走廊确立统治地位以前，南北联系应当是取道后者这条捷径。

（三）柔然控制下的路线

柔然与吐谷浑间的西域东道诸国先为柔然（包括丁零）控制，② 后归吐谷浑统御。③ 因之，塔里木盆地东缘国家是这条南北交通线的重要中转站。南方使节出吐谷浑，经鄯善，北达高昌（今新疆吐鲁番）。高昌国在柔然汗国时期，是柔然的附庸政权，成为柔然联系吐谷浑、西域的重地。史云"蠕蠕、嚈哒、吐谷浑所以交通者，皆路由高昌，犄角相接"，④ 由高昌折向东北到伊吾（今新疆哈密）。日人松田寿男认为天山东部的巴里坤盆地是柔然的西方基地，柔然依凭库舍图岭（伊吾北山）统治着蒲类海地区（伊吾），是柔然通向塔里木盆地和河西的根基。⑤

---

① 《梁书》卷 54 《西北诸戎传》，中华书局 1979 年点校本，第 810 页。

② 《宋书》卷 95 《索房传附芮芮》载"西域诸国焉耆、鄯善、龟兹、姑墨东道诸国，并役属之（柔然）"（第 2357 页）。又，《南齐书》卷 59 《芮芮传》载"（江景玄使丁零）道经鄯善、于阗，鄯善为丁零所破，人民散尽"（第 1025 页）。

③ 见（北魏）杨衒之《洛阳伽蓝记校释》卷 5 所附《宋云行记》，中华书局 1963 年版，第 184—185 页。

④ 《北史》卷 98 《高车传》，中华书局 1974 年点校本，第 3274 页。

⑤ ［日］松田寿男：《古代天山历史地理研究》，陈俊谋译，中央民族学院出版社 1987 年版，第 170—171 页。

离伊吾再经草原大路可直达漠北柔然可汗庭。

二 柔然与南朝关系的初步建立及其发展

南朝史籍中正式反映出的柔然朝贡共 20—22 次，有史可考的南朝遣使柔然次数亦不下 3 次，双方往来合计有 23—25 次之多；时间上，从刘宋元嘉七年（430）至梁大同七年（541）达 110 多年。可以说其通使的频率是相当高的。

宋文帝元嘉十九年（442）"芮芮"（《南北史》统一作"蠕蠕"）首次朝贡之记载正式出现在官方史书中。《宋书·张邵传》及《南史·张邵传》中均提到 430 年丹、淅二川蛮在襄阳境内劫掠"蠕蠕"贡使一事。① 这样，柔然与南朝建立官方往来的时间可以上推到 430 年。从 430 年开始的 35 年间，见载的"贡使"记录为 3 次，分别为吴提、吐贺真在位时派出。泰始三年（467）起到永明三年（485），其间柔然肯定有 9 批使者来过建康。永明三年的那一次是据《南齐书·芮芮传》推知，② 大约在南朝使臣王洪范启程后不久派出，或者是与王洪范一同出发的。因为，永明三年齐武帝命丘冠先出使吐谷浑，护送柔然使者回国，至 488 年返京这一记载侧面证实了柔然的这次外交行动。

《宋书》中说柔然"常南击索虏（北魏），世为仇雠，故朝廷每羁縻之"③。宋文帝本人在 450 年的北伐诏书中明言"芮芮亦间遣使远输诚款，誓为犄角"④，表明柔然与刘宋为共同对付北魏的军事威胁，形

---

① 《吐谷浑史》第 134 页据《宋书·张邵传》认为此事发生在 429 年左右，似欠精确。按《宋书》对柔然始终以"芮芮"相称，今本《宋书·张邵传》中径称为"蠕蠕"，不合当时南方的习惯。根据《宋书》张氏家族列传有遗失后补，所补部又有重出的情况推断，该传当以《南史》记载为准。《南史》明说此事发生于元嘉七年（见《南史》卷 33《张邵传》，中华书局 1975 年点校本，第 825 页）。

② 《南齐书·芮芮传》有"芮芮王求医工等物，世祖诏报曰"（第 1025 页）云云；同书《河南传》又载永明三年"遣给事中丘冠先使河南道，并送芮芮使"（第 1027 页）。

③ 《宋书》卷 95《索虏传附芮芮》，第 2357 页。

④ 《资治通鉴》卷 125，宋文帝元嘉二十七年，中华书局 1956 年点校本，第 3946 页。

成了联合反魏的松散同盟。北魏太武帝给宋文帝的信里也提道："彼往日北通蠕蠕，西结赫连、沮渠、吐谷浑，东连冯弘、高丽；凡此数国，我皆灭之。以此而观，彼岂能独立！蠕蠕吴提、吐贺真（吐贺真时尚在，死于464年）皆已死，我今北征，先除有足之寇。彼若不从命，来秋当复往取之。"① 由此更见，柔然与刘宋的联盟关系所包含的政治、军事意图极为明显。刘宋要借柔然在漠北牵制北魏，以便组织自己的防御或进攻；柔然也需利用刘宋制约北魏的军事行动。而实际上，元嘉年间（424—453）的南北联盟仅仅起到一些相互声援的作用。漠北柔然经北魏太平真君四年（443）、十年（449）的打击之后，损失很大，北魏与柔然短期内都不能发动较大规模的战争。《北史·蠕蠕传》说："太武征伐之后，意存休息；蠕蠕亦怖威北窜，不敢复南。"② 虽然柔然、北魏之间的争斗给刘宋创造了有利的北伐环境，但刘宋无法坐收渔翁之利。450年元嘉北伐失利挫败了第一回合南北夹击北魏朝的企图。北中南三方经过纵横捭阖与实力较量后，确定了南朝割据江淮以南，北魏占有黄河流域，柔然盘踞漠北的格局，形成了一定程度上的力量均衡。特别是柔然被迫退回漠北，积蓄力量，与南方的军事联盟暂时中断。于是刘宋史书中，较长时间内看不到柔然朝贡的记载。

5世纪60年代初，即处罗可汗吐贺真晚年，柔然再次派出贡使远赴刘宋，大明七年（463）来到建康。464年，吐贺真死，其子予成继立，号受罗部真可汗，建年号"永康"。予成即位之初即发兵进攻北魏，并继续了其父的联盟策略，与刘宋修好，派出贡使，于467年到达江南。值得注意的是，予成作为北方游牧政权统治者率先采用汉式年号，向北魏求婚，又联络南朝，表明此人在处理政治问题上具有高度的灵活性。予成在世时，向北魏遣使8次，向南朝遣使10次。北魏的反

① 《资治通鉴》卷125，宋文帝元嘉二十七年，中华书局1956年点校本，第3940页。
② 《北史》卷98《蠕蠕传》，第3255页。

应是"予成每怀谲诈，终献文世，更不求婚"。孝文帝时，又说"予成虽岁贡不绝，而款约不著，婚事亦停"①。双方关系冷淡。

予成向南朝派遣使节所携带的表章中再次明确提出了双方交往的意图。柔然国相邢基祗罗回在来信中提议，"方欲克期中原，龚行天罚。治兵缮甲，俟时大举"，双方共灭北魏，"鸣和铃于秦、赵，扫殄凶丑，枭剪元恶"，使南朝能"皇舆迁幸，光复中华，永敦邻好，俾纵齐、鲁"②，瓜分北魏。而且，《南齐书》同时谈到柔然的贡品为"师子皮袴褶"。"袴褶"《资治通鉴》胡注为"骑服"。从王国维对"袴褶"的论述可知："袴褶"本是北方游牧民族服装，传入中原很早。南北朝时，袴褶在北朝极为风行，而南朝也作为戎装，成了天子服装的组成部分。所谓：袴褶"本天子亲戎之服"③。所以，贡品"师子皮袴褶"可以看作柔然怂恿南朝对北魏采取军事行动的姿态，反映了柔然仍想联合南朝夹击北魏的愿望。由于予成在位时期正值南朝宋、齐嬗递，因此与南朝夹击北魏的企图又未能实现。459 年，齐高帝萧道成刚刚建立南齐，史载"建元元年八月，芮芮主发三十万骑南侵，去平城七百里，魏虏拒守不敢战，芮芮主于燕然山下纵猎而归。上初践阼，不遑出师"④。《梁书》也说479 年"（柔然）国王率三十万骑，出燕然山东南三千余里，魏人闭关不敢战"⑤。第二次联合作战计划又如此不了了之，胎死腹中了。

然而作为成果之一，柔然早期对南朝的政治通使得到南朝部分统治者的积极响应，它集中体现在齐高帝身上。萧道成早在升明年间（477—479）辅宋时，作为刘宋实际统治者维持了柔然与南朝的同盟。升明二

---

① 《北史》卷98《蠕蠕传》，第3256 页。
② 《南齐书》卷59《芮芮传》，第1024 页。
③ 王国维：《观堂集林》卷22《胡服考》，中华书局1961 年影印本，第1084 页。
④ 《南齐书》卷59《芮芮传》，第1023 页。
⑤ 《梁书》卷54《诸夷·西北诸戎》，第817 页。注：《资治通鉴》卷135，齐高帝建元元年载"至是柔然十余万骑寇魏，至塞上而还"（第4234 页）。另，《建康实录》载"建元二年八月，蠕蠕发四十万，南侵平城七八里，于燕然山纵猎而去"。参见（唐）许嵩《建康实录》卷16《魏虏·蠕蠕国》，中华书局1986 年点校本，第651 页。

年（478）萧道成主动派遣王洪范出使柔然，相约进攻北魏。王洪范出使未归之际，建元元年（479）吐谷浑拾寅使者来建康，偕行的尚有刘宋时出使吐谷浑的王世武。萧道成在给拾寅的诏书中提道"又仍使王世武等往芮芮，想即资遣，使得时达"①。王洪范行经三万余里，于永明元年（483）回到建康。与前朝国君相比，南齐皇帝在处理与柔然的关系方面表现得较为主动。自然，柔然的回应也比较积极。柔然国相刑基祇罗回除了响应萧道成的提议外，还适时上表劝进，文中径称"陛下"，引用中原谶书里"卯金十六，草肃应王"的说法，以增强信任感。尽管史文交代了柔然国的个别文职高官具备相当的汉文造诣，② 但劝进表里的大量中原历史掌故、五行谶纬说、政治策略以及骈文文体似乎暗示了南朝使者，特别是王洪范润色的可能性。王洪范本是萧道成的亲信，从中反馈出萧氏对出使的重视程度。与军事行动的结果类似，由于路途遥远和南方政局的快速变化，王洪范永明元年回到南方时，萧道成业已登基，柔然的劝进表无形中成了"马后炮"。虽然南北联盟的军事目的始终没有达到，但频繁通使却加深了柔然对南方的全面了解。

除了官方的往来以外，柔然与南朝间还存在着一定程度的民间交流。《高僧传》有："释法献，姓徐，西海延水人……以宋元徽三年（475），发踵金陵，西游巴蜀，路出河南，道经芮芮。既到于阗，欲度葱岭，值栈道断绝，遂于于阗而反。获佛牙一枚，舍利十五身，并《观世音灭罪呪》及《调达品》。……佛牙本在乌缠国，自乌缠来芮芮，自芮芮来梁土。献赍牙还京师十有五载……献以建武（494—497）末年卒。"③ 法献的行程据松田寿男考证，是在到达吐谷浑以后"北上额济那河，经居延到达蠕蠕保护下的东部天山，大概是按照伊吾、高昌、焉

① 《南齐书》卷59《河南传》，第1026页。
② 史载柔然"刻木记事，不识文书"，只有国相希利垔"通胡、汉语"；国相刑基祇罗回能够"奉表"，这无法证明他们的汉文造诣很高。可以肯定柔然的表文经过了南朝的全面润色。
③ （梁）释慧皎：《高僧传》卷13《兴福》，中华书局1992年校注本，第488—489页。

耆、龟兹这样的路线行进的，然后再从龟兹南下到达了于阗"①。根据现有材料分析，以僧人为主的民间宗教文化联系在两国之间开展得比较多，佛教在柔然立足的同时，南方先进文化必然在宗教传播的过程中影响了柔然。再加上使节的汇报，柔然君主不可能不对南方先进的物质文化生活产生兴趣。于是永明初年的予成使者带来了新的要求：要南方提供中医药、织锦工匠、指南车、漏刻。上述物品代表了当时南朝科学技术的精华。其中，指南车按照《宋书》所记的形制为"其制如鼓车，设木人于车上，举手指南，车虽回转，所指不移"②。祖冲之还对其进行了改良"冲之改造（指南车之）铜机，圆转不穷而司方如一"③。柔然索求的很可能是这种改进型的指南车。南朝使用的漏刻是经晋代改良的有两个补偿壶的三级漏壶。中医药和织锦工匠就不必多说。但是，柔然的要求却遭到齐武帝萧赜的婉言回绝。南朝在对待柔然这样一种平等关系政权上表现出的消极态度很可能影响了两国关系。空手返国的柔然使者与丘冠先偕行，经吐谷浑归国后，适值柔然新汗继立，这样，他汇报的通使结果不能不使新汗对南朝产生一些看法。我们似乎可以把它当作豆崘日后借礼仪问题诛杀南使丘冠先的张本。齐武帝遣使柔然一事，《南史》所载为给事中丘冠先使柔然，为柔然所杀。④ 它书多称丘冠先两使吐谷浑，为吐谷浑所害，今从《南史》。

以丘冠先被杀事件为标志，柔然与南朝关系密切的第一个阶段宣告结束。参考各书可知，丘冠先出使两次，其中第一次为册封吐谷浑，实际并未到柔然。第二次出使在永明八年（490），其时正值柔然豆崘可汗太平六年。豆崘本人生性残暴，不听侯醫垔、石洛候的劝谏，并借口杀了石洛候全家。丘冠先出使豆崘，完全有可能因礼仪之争被杀害，从

① 参见［日］松田寿男《古代天山历史地理研究》，陈俊谋译，中央民族学院出版社1987年版，第184页。

② 《宋书》卷18《礼志》，第496页。

③ 《南齐书》卷52《祖冲之传》，第905页。

④ 见《南史》卷73《丘冠先传》，中华书局1975年点校本，第1819—1820页。

而影响了两国关系。丘冠先出使后的 20 多年中，柔然与南朝的关系事实上陷于停顿状态。从永明八年到梁天监十四年（515）的 25 年间未见双方往来记载，这正说明了这种情况。

除了上面提到的外交原因外，487 年高车（丁零）的崛起建国以及与柔然发生的长期战争应为南北联系中断的主要原因。豆崙统治后期，国内民族矛盾尖锐化，从豆崙至伏图（死于 507 年），柔然长期与高车（丁零）发生战争，国力衰疲，自顾不暇，不得不放弃联络南朝夹攻北魏的企图。高车据有阿尔泰山和天山之间的区域，进而 491 年向东控制高昌国。此前的 488 年，柔然伊吾戍主高羔子也已投向北魏。5 世纪末，高车达到极盛，其四至分别是东北到色楞格河、鄂尔浑河、土拉河一带，北达阿尔泰山，南服高昌、焉耆、鄯善，西接悦般，东连北魏。迫于高车压力，柔然向蒙古高原东南迁移。柔然西部孔道交通重镇完全丧失。所以，高车和柔然的敌对关系在客观上壅堵了柔然南下吐谷浑的道路。加之豆崙在位时不仅蛮横对待南朝使者，且与北魏关系也比较冷漠。这一现象持续到伏图初年。

高车（丁零）残破了鄯善后短期内取代了原来的柔然，与南朝通好。《南齐书》载"益州刺史刘悛（491—493）遣使江景玄使丁零，宣国德威"。①

三 柔然后期"朝贡"和双方关系的终结

据松田寿男考证，490—497 年间，高车被中亚强国嚈哒攻破，至 507 年左右遂成为嚈哒附庸。柔然自然要凭借与高昌的传统关系重建与南朝的联系。柔然丑奴可汗统治的 508—520 年间，曾三次遣使梁朝。虽然 520 年以后一段时间，柔然一度分裂、衰弱，但阿那瓌在北魏扶植下再次强盛起来。当然，523 年的北魏六镇起义和 534 年的北魏分裂也

---

① 《南齐书》卷 59《芮芮传》，第 1025 页。

是柔然复兴不可忽视的外部原因。

阿那瓌时期，柔然通使不下4—6次，仅次于予成时代。但其遣使的性质则与予成时大相径庭，即第一个阶段极为明显的政治军事色彩完全暗淡下去，柔然后期遣使南朝的性质与其他西域国家更加相似。其一，阿那瓌时柔然南境的强大邻国——北魏已崩溃并为两个较弱小的政权——东、西魏取代，政治军事上不存在北朝威胁，客观上丧失了联合南朝牵制北朝的必要性。其二，柔然政权整体上已趋衰落，国内民族矛盾尖锐；西部的高车始终是其劲敌，新兴的突厥正在崛起。事实上，阿那瓌的中兴统治是暂时的。所以，尽管柔然也曾介入北魏内部斗争，但凭借其力量取而代之的可能性并不存在，它也只能满足于对北朝施加一些影响而已。其三，这一时期柔然遣使南朝仅仅是普通的"朝贡"。因此，6世纪的柔然、南朝之间的关系可以肯定的说是非政治性的。

柔然通使南朝的次数与同时期的嚈哒相比，还是比较多的，造成这一情况的原因主要有：

第一，"中兴"后的柔然有必要向南方大朝再次明确自己在西北诸国中强大的地位，以消除丁零（高车）一度兴盛时与南朝交往而带给它的外交尴尬。

第二，柔然后期，特别是阿那瓌时期，柔然国家汉化程度迅速加深，文化上的某种共性对遣使起着促进作用。

第三，本阶段的遣使行为同时也是前一阶段双方密切关系的惯性使然。

南朝梁武帝对柔然遣使也有比较积极的回应，《新疆访古录》卷一"梁大同元年金刚般若波罗蜜经残卷"条下有"此卷出鄯善……末署大同元年（535）正月一日，散骑常侍淳于（下阙）于芮芮愿造《金刚般若经》一百弓，今（下阙）届梁朝，谨卒本誓，以前功果，普施人境。……芮芮即蠕蠕，亦作茹茹，亦作柔然。盖淳于某在芮芮时誓造此经，后至梁朝卒完斯愿也"①。这个淳于某官居散骑常侍，很可能就是梁朝派出的使节，但不见于正史记载。南朝使节淳于某的这件轶事与当时两国统治者的信仰不无关系。萧衍的佞佛已是众所周知，而同时期的柔然统治者们也同样信仰佛教，比如：柔然可汗的名字像"伏图""婆罗门"等都有佛教的印记。另《高僧传》说释法瑗"第二兄法爱，亦为沙门。解经论兼数术，为芮芮国师，俸以三千户"②。看来佛教至少在柔然统治者中确立了牢固的地位。从中我们还可以推断出，柔然境内与统治者上层关系密切的南朝人对发展柔然、南朝交往也一定施加了影响，而且他们客居柔然，也不可避免地将部分南朝先进文化带入柔然。

到 6 世纪中期，突厥兴起，于 542 年袭击了西魏。其后，突厥兼并敕勒（高车），551 年，又攻杀了阿那瓌，柔然政权基本瓦解。南方梁朝也因 550 年候景之乱而处于风雨飘摇之中，再加上 553 年西魏尉迟迥平蜀，切断了南朝通西域的西路，柔然（包括西域）和南朝丧失了所有支撑双方联系的主客观条件，从而彻底结束了他们的陆路往来。

四 结语

在 5 世纪至 6 世纪中期的近 150 年里，柔然汗国与中原的联系基本上贯穿了柔然民族活动的始终。特别是，柔然与南朝的交往中大量包含着政治、军事合作的内容，这一点往往为其他北方或西北民族所不曾有

---

① 王树枏：《新疆访古录》卷 1，"梁大同元年金刚般若波罗蜜经残卷"条，《石刻史料新编》第二辑第十五册，台北新文丰出版公司 1982 年影印民国间聚珍仿宋印书局铅印本，第 11495 页。注：《北史》载，"汝阳王暹之为秦州（529—531）也，遣其典籤齐人淳于覃使于阿那瓌。遂留之，亲宠任事，阿那瓌因入洛阳，心慕中国，立官号，僭拟王者，遂有侍中、黄门之属。以覃为秘书监、黄门郎，掌其文墨。覃教阿那瓌。转至不逊，每奉国书，邻敌抗礼"。（《北史》卷 98《蠕蠕传》，第 3266 页）这个出使于柔然的"齐人淳于覃"与使用南梁年号的"散骑常侍淳于某"不知是否存在内在联系，待考。

② 《高僧传》卷 8《义解五》，第 312 页。

过。结合柔然在中亚民族斗争以及中国北方民族关系中的活跃性，这种纵向万里通使的意义则显得极为丰富。

首先，双方关系中政治军事的内容非常突出。引起柔然与南朝建立正式关系的重要原因正在于南北朝特殊的政治地理格局。在柔然、北魏、南朝三者的对立中，北魏实力最强。对南方而言，"索虏"（南朝对北魏的蔑称）始终是南朝诸政权安全和发展的威胁，是来自北方的异族高压。柔然与北魏之间则上演着传统中国游牧与农耕政权间的斗争游戏。基于各自实力与利益，柔然和南朝自然形成了这种"远交近攻"的关系，在三方的往来信件、诏答中均展露无遗。正是这种南北方向上大范围的战略构想强有力地支持着双方联系的基础。此举甚至导致北魏结盟高车、悦般以掣肘柔然。

其次，柔然南朝交往的陆路交通线极大地推动了青海丝绸之路的兴旺。吐谷浑政权建立之后，比较注意利用过境商贾所带来的经济利益。随着吐谷浑国家统治区域的扩大，遂成为连接北魏、南朝、柔然、西域诸国以及西南羌部的交通中心。由于它的这一特殊地理位置，使其成为西域诸国通往南朝的必经之路，当然也包括柔然。吐谷浑历代国君接受南朝使节册封，又与西北柔然保持密切关系。伴随柔然遣使南朝、南朝回访柔然次数日渐增加，加上南朝和柔然双方民间交往不断，进一步加强了"吐谷浑道"所彰显的政治、经济、文化、民族关系的重要性。

再次，柔然南朝的陆路交通是我国西北边陲地方民族政权与内地传统联系的必然结果。"吐谷浑道"的早期利用者有西凉、北凉、南凉、吐谷浑和东晋；5世纪至6世纪中期则是西域诸国、柔然、吐谷浑和南朝。所以说，西北各族政权在中原分裂、南北方对峙的情况下，与南方各朝保持着较为稳定的政治关系这一事实使柔然与南朝开创了一种并不寻常的联系，实际上就是北方游牧政权介入中原南北朝的斗争中。从某种意义上说，我们可以把这一联系当作传统上中国西北与南方政治联系纽带的进一步延伸以及中原主要是南方文化的扩张。

最后，柔然与南朝关系的局限性。说到南北方联系的局限性，首先是南方王朝正统观念（文化上的优越感）与北方强大的游牧贵族集团在观念意识上存在冲突。史传里明确记录的柔然与南朝间平等关系（例如，柔然可汗称南朝皇帝为"足下"，自称"吾"）在南朝人看来，完全是北方柔然强加的，对此，史书中不自觉地流露出惊讶与不满。而在柔然方面，唯有如此处理关系才与其北方汗国的地位相称。所以尽管双方遣使均较频繁，但对这一问题的理解肯定存在分歧。其次是南北方空间上长距离的地理隔绝与当时实际交通能力之间的矛盾制约了两国关系。两国间三万里的往返行程和数年的往返时间使通使的频率难以继续提高。还有就是前期双方开展联系的目的过于单一，或者说过分强调了政治军事协作使得两国在丧失了协作条件之后，联系的纽带渐趋松弛，从而导致柔然与南朝关系在现象上呈现出两个相对高潮阶段与其间的较为平淡，甚至缺少联系阶段的鲜明反差。另外，柔然"贡物"主要是后期"贡物"品种没有什么特点，而且数量又少，也从一个侧面暗示了双方利益的共同特点在减少，贸易水平较低。

总的来说，柔然与南朝关系的发展和密切来自于双方共同的政治利益，而双方关系的不确定性与起伏性也正在于此，所以从历史的观点看缺少真正经济联系的国家民族关系难以获得维系的纽带和发展的动力。

本文原名《柔然与南朝关系探略》，原载《青海民族学院学报》（社会科学版）2000 年第 2 期，收入本书时重新调整原文注释，并作个别文字修改。

吐谷浑遣使东魏路线考

　　吐谷浑是魏晋南北朝到隋唐时中国西北的主要少数民族政权之一，在西北民族史的研究方面占有重要地位。中外学者向来关注对吐谷浑历史的研究，主要著作如周伟洲的《吐谷浑史》、日人松田寿男的《吐谷浑遣使考》等。其中关于吐谷浑在中外交通史上地位的重要论文则有夏鼐的《青海西宁出土的波斯萨珊朝银币》、唐长孺的《南北朝期间西域与南朝的陆道交通》、周伟洲的《古青海路考》、王育民的《丝路"青海道"考》等①。但是在吐谷浑与东魏北齐的政治交往方面，均限于撰述的体例和主旨关系未能详加论证。为此，本文拟就吐谷浑遣使东魏北齐这一现象，从考察吐谷浑遣使的路线入手，探讨其交通线走向的可能性及其影响因素。同时联系吐谷浑对外关系的演变，描述吐谷浑对外关系的特征。这一段历史仅有区区 12 年（542—553），但是有东魏、西魏、梁三朝以及吐谷浑、柔然、突厥三者民族关系交织其中，极为鲜明地反映了特殊的民族、地理、政权因素相制约的南北朝末期中国北方民族关系的面貌，因之有必要对其加以深入探讨。

---

　　① 周伟洲：《吐谷浑史》，宁夏人民出版社 1985 年版；［日］松田寿男：《吐谷浑遣使考》（上下），周伟洲译，《西北史地》1981 年第 2、3 期；夏鼐：《青海西宁出土的波斯萨珊朝银币》，《考古学报》1985 年第 1 期；唐长孺：《南北朝期间西域与南朝的陆道交通》，收入《魏晋南北朝史论拾遗》，中华书局 1983 年版，第 168—195 页；周伟洲：《古青海路考》，《西北大学学报》1982 年第 1 期；王育民：《丝路"青海道"考》，《历史地理》（第四辑），上海人民出版社 1986 年版。

一 吐谷浑遣使东魏缘起

北魏末年爆发六镇及北方各族起义（523）后，北魏政权名存实亡。此前向北魏连年朝贡的吐谷浑也中止了朝贡关系（仅534年有例外一次）。534年，东西魏正式分立，东魏高欢集团和西魏宇文泰集团为了兼并对方连年厮杀。然而短期内双方均难以消灭对方，因此自538年以后，东西魏开始将各自的重点转移到巩固政权和治理内政方面。为取得更为有利的外部环境，东西魏竞相结好当时雄居朔北、势力强盛的柔然阿那瓌①，通过遣使修好、王室权贵间通婚、卑辞厚礼争取阿那瓌对自己的支持。

在538—540年，西魏动作稍快一步，使得柔然较为倾向于西魏。538年西魏文帝迎娶阿那瓌长女为皇后，又将化政公主嫁给阿那瓌兄弟塔寒为妻。柔然遂转而攻掠东魏北境，并诛杀其使节元整。这种情况使得东魏高欢暂时较为被动，只能伺机离间柔然、西魏关系。西魏文帝郁久闾后很快死去，540年高欢趁机派遣其相府功曹参军张徽纂挑拨柔然西魏关系，柔然君臣议决改变对外关系。东魏遂将兰陵郡长公主嫁给阿那瓌子菴罗辰；阿那瓌把自己的孙女邻和公主嫁给高欢子高湛，又把自己的女儿嫁给高欢本人。东西魏柔然三国间的关系从这一年起发生了逆转。

柔然对外关系的改变，对与柔然一直通好的吐谷浑的对外关系产生了重要影响，再加上高欢大力推行招附四远的政策，不失时机地对吐谷浑做了工作②。这样吐谷浑基于自身战略利益考虑，遂决定与东魏建立友好关系，互为外援。自东魏兴和四年（542）吐谷浑遣使赵吐骨真出

---

① 《北史》称"东、西魏竞结阿那瓌为婚好"。（《北史》卷98《蠕蠕传》，中华书局1974年点校本，第3264页）

② 《北史》载，"兴和中，齐神武作相，招怀荒远，蠕蠕既附于国，夸吕遣使致敬。神武喻以大义，徵其朝贡"。（《北史》卷96《吐谷浑传》，第3186页）

使东魏后，史称其"频来东魏"，从542年起到551年的10年间，吐谷浑至少8次出使东魏和北齐（见下表）。

吐谷浑出使东魏北齐简表

序号	时间	引文	出处
1	兴和四年，542年	是岁，蠕蠕、高丽、吐谷浑国并遣使朝贡	《魏书》卷一二《孝静纪第十二》，中华书局1974年点校本，第306页
2	武定元年，543年	是岁，吐谷浑、高丽、蠕蠕国并遣使朝贡	同上书，第307页
3	武定二年，544年	是岁，吐谷浑、高丽、蠕蠕、勿吉国并遣使朝贡	同上书，第307页
4	武定三年，545年	……二月庚申，吐谷浑国奉其从妹以备后庭，纳为容华嫔。……是岁，高丽、吐谷浑、蠕蠕国并遣使朝贡	同上书，第308页
5	武定六年，548年	是岁，高丽、室韦、蠕蠕、吐谷浑国并遣使朝贡	同上书，第311页
6	武定七年，549年	是岁，蠕蠕、地豆于、室韦、高丽、吐谷浑国并遣使朝贡 十一月戊午，吐谷浑国遣使朝贡（《北齐书》）	同上书，第312页 《北齐书》卷四《帝纪第四·文宣》，中华书局1972年点校本，第44页
7	天保元年，550年	冬十月……丙戌，吐谷浑国遣使朝贡	《北齐书》卷四《帝纪第四·文宣》，第54页
8	天保二年，551年	七月，茹茹、吐谷浑并遣使朝贡	《册府元龟》卷九六九《外臣部·朝贡二》，中华书局1960年影印本，第11393页①

东魏的员外散骑常侍傅灵标也曾到达过吐谷浑。东魏静帝娶吐谷浑可汗夸吕的从妹为容华嫔，夸吕也娶东魏广乐公主为妻，这是吐谷浑与西魏关系中所不曾有的密切举动②。或者说，吐谷浑与东魏的关系一开始就起点比较高，几乎完全是正面的东西，而不似与西魏，尽管存在朝贡关系，但双方实际利益冲突很大。

---

① 但宋本《册府元龟》则作"七月，茹茹国并遣使朝贡"。对此，周勋初等的校订本并未校出，暂存疑。

② 《周书·贺兰祥传》所引559年北周讨吐谷浑檄文中有"申之以婚姻"（《周书》卷20《贺兰祥传》，中华书局1971年点校本，第337页）之语，但仅限于此孤证，不取。

吐谷浑地处鄯州（今青海乐都）以西、河西走廊南山以南青海境内，而东魏沿陕晋黄河至洛阳一线与西魏分界，两国间中隔西魏。吐谷浑通使东魏的行为必然又是西魏所不愿看到的，因之，吐谷浑通使东魏的取道走向自然不同寻常。

二　对吐谷浑通使东魏路线的辨析

史载吐谷浑遣使东魏是"假道蠕蠕"，但是柔然与吐谷浑并未直接接界，自然首应探讨吐谷浑到柔然的路线。从史籍中提供的情况看，吐谷浑在北魏时就与柔然时有往来，在吐谷浑国东北和西北两个方向上有通往柔然的道路：一为"高昌路"；一为"凉州路"。

（一）高昌路

这条线路的走向主要是穿越柴达木盆地西行，出阿尔金山到鄯善，再折向北，经高昌、哈密进入蒙古草原①。该路线不仅被吐谷浑使用过，而且经"河南道"出使柔然、丁零的南朝使节和僧人以及柔然使者也同样走的是这条道路。此线的特点是路途遥远，绕道远行，历时过久，然而不受北魏阻碍，安全性上较有保障。据载，南朝使节往返柔然一次费时三年，假如吐谷浑使东魏亦采取此路线，保守估计其往返当不少于两年②。以此检查吐谷浑通使东魏记录可见，542—545 年、548—550 年两个时段中，每年均有使节前来。考虑到偶尔出现前使未返，后使即发的情况，这种密度仍然令人惊讶。况且正史本纪中尚存在实际通使记录并不完整这一事实，那么真正通使密度可能还要大。显然，如果

---

① 《北史·高车传》称："宣武诏之曰：'卿远据沙外，频申诚款，览揖忠志，特所钦嘉。蠕蠕、嚈哒、吐谷浑所以交通者，皆路由高昌，掎角相接。今昌内附，遣使迎引。蠕蠕往来路绝，奸势。'"（《北史》卷98《高车传》，第3274 页）《校勘记》引《通典》作"蠕蠕既与吐谷浑路绝，奸势亦阻，于卿彼藩，便有所益"。（第3283 页）

② 南朝至吐谷浑境系由益州（成都）西北，经龙涸至其国中，距离不远。而吐谷浑尚需经柔然国中，折向东南行，才能到东魏。

说吐谷浑出使东魏完全经由此线肯定讲不通，当然也不能完全排除这种可能性。

保持这一道路畅通的关键在于西域的政治形势和高昌国的政治归属。高昌地处四方交通的十字路口，历来是周边政权争夺的对象。5世纪至6世纪它先后成为柔然、高车、嚈哒、突厥的附庸，又长期与北魏、西魏保持朝贡关系（必须强调的是这种关系在西魏时已相当松弛）。6世纪上半期高昌北部西部分别先后崛起高车、突厥，541年高车国越居为柔然所灭，余部归东魏，又联系到高昌麴坚（531—548）曾娶突厥可汗女为妻一事①，基本可以断定高车灭亡后，高昌实际上附属于突厥。突厥与柔然完全反目发生在546年破降高车余部五万余落后，那么在此之前吐谷浑利用高昌通东魏、北齐确有可能。546年柔然突厥关系开始恶化，551年西魏将长乐公主嫁给突厥土门可汗，552年突厥攻杀了柔然阿那瓌②。这里似乎可以断言的就是在546年以后吐谷浑则肯定不能采取这一路线。反过来说，不能完全排除在通使第一阶段（542—545），吐谷浑由此路经柔然至东魏的可能性。

（二）凉州路③

从吐谷浑境内北出祁连山扁都口，经今山丹、永昌一带（凉州西），穿过西魏所属之河西走廊进入柔然，较之"高昌路"路途较短。但问题在于西魏的凉州地方军政官员能否允许其自由跨越走廊。西魏大统十二年（546）前，陇右诸州历经北魏末年六镇及各民族起义后，与关陇相对隔绝，往往自立牧守，或拥州自立，西魏中央与这些地方势力暂时维持羁縻关系。其中凉州刺史的统治受民众暴动威胁和河西历史上

---

① 《北史·高昌传》"（麴）坚死，子伯雅立。其大母本突厥可汗女"。（《北史》卷97《高昌传》，第3215页）

② 以上关于高车、突厥事参见周伟洲《敕勒与柔然》，上海人民出版社1983年版，第52、133—134页。

③ 北魏末期至西魏，河西只设有两州（凉州、瓜州），凉州所领即包括了瓜州以东的整个走廊地区。

形成的偏安一隅的传统心态影响，与西魏关系较为疏远。他们或借吐谷浑维持自身统治，或暗中联络东魏高欢以自固，而且这一时期又较少受到柔然的袭扰。凉州方面，大约在531—537年由李叔仁统治。534年宇文泰曾以雷绍为凉州刺史企图取代李氏，结果李叔仁拒不受代。李叔仁一直与高欢暗通诚款，537年才为其建昌太守贺兰植攻杀。其后又有凉州刺史宇文仲和于546年谋反，至此宇文泰终派独孤信彻底平服了凉州。可见，546年前吐谷浑使穿越河西走廊到柔然和东魏相当顺利。546年，宇文泰大将史宁坐镇凉州后，形势开始发生变化。史宁积极安抚当地各族势力，获取信任，到西魏恭帝二年（553）终于动手袭击了吐谷浑出使北齐的使团和商队。此后吐谷浑和东魏北齐的联系完全中断。所以说，542—545年吐谷浑使者穿越走廊不存在问题，而546年后到553年之间，西魏在河西走廊的统治经历着从确立到巩固的过程，对吐谷浑使的拦阻不可能立即实施，因此，从542—553年吐谷浑利用北出凉州，经由河西走廊到达东魏北齐的道路是其通使的主要路线。

　　然而"凉州路"的具体走向，史文不及，应与相关的史籍、地志参证以求之。首先我们从542—553年柔然政权的实际控制地域来探讨。5世纪末至6世纪初，柔然内乱频仍，又和高车族战乱不断，力量大为消耗。柔然王子阿那瓌避入北魏。521年柔然主婆罗门为高车击败后，"率部落诣凉州降"。北魏决定置阿那瓌于怀朔镇（今内蒙古固阳县西南7千米梅令山西南坡下的昆都仑沟口）北的无结山吐若奚泉，考其地望应为阴山北侧的艾不盖河一带，这里应为安置阿那瓌的中心区域。阿那瓌柔然以此为中心，在漠南的分布当是西起沃野镇（今内蒙古乌拉特前旗苏独仑乡根场古城）以西，东达武川镇（今内蒙古武川县西蜈蚣口的乌兰不浪乡土城梁村古城）一线以北的草原地区，亦即西汉安置呼韩邪单于之地。而婆罗门则被安排在西海郡（居延海，今额济纳旗）周围地区。可是仅半年后，因婆罗门部众谋叛而为北魏凉州驻军击败，婆罗门本人被俘，其所统西部柔然部众也就自然离散了。经过如此变故，521—523 年的柔然主要活动区应当集中于上述沃野、怀朔、武川三镇以北草原。523 年阿那瓌柔然叛魏，退回漠北，北魏发兵追击不果。而且原为柔然西部强敌的高车也被嚈哒击破，柔然西境的军事压力逐渐减弱，柔然力量开始恢复。同年，破六韩拔陵在沃野镇高阙戍首倡起义，六镇响应，北魏六镇军事体系全面崩溃。525 年北魏求助于阿那瓌镇压起义，柔然军由武川镇开始，从东向西攻取了沃野镇。破六韩拔陵屡战屡败，不得已南渡黄河，退入鄂尔多斯高原。此后，阿那瓌除据有漠北之地外，更有漠南三镇之地直至黄河北河①，向西还可能占据了居延海一带②。当时柔然的奴部——突厥在取代柔然前的 6 世纪 30—40 年代，其势力有一个由金山（阿尔泰山）东破高车，进而向东南方向扩张的过程。史书中提到，542 年突厥在黄河结冰后，经连谷（今陕西神木北）进攻西魏绥州（今陕西绥德）未获成功的经过，其中"每岁"一语暗示了在 542 年前这种事情经常发生③。545 年西魏又派遣酒泉胡人安诺槃陀出使突厥。那么，6 世纪 40 年代柔然的南部区域（河西走廊以北到河套后套一带）应该控制在突厥手中。

鉴于 6 世纪 30 年代后柔然的分布情况，可以推断"凉州路"出扁都口的走向可能有三个方向：其一西线，在河西走廊西部，是经今山丹一带的合黎山，沿张掖河（又叫弱水，今黑河）向西北方向顺流而下，到达西海郡（亦即居延海），由此向北可直达柔然牙帐④。其二中线，在走廊中部，是由山丹、永昌附近折向东北方向，或沿雅布赖山，或沿马城河（今石羊河）经白亭海，到达安盖泉附近，进入柔然（突厥）

---

① 《北周地理志》云，"暨夫孝昌之际，六镇尽撤，平城荒棘，恒代而北，荡为丘墟。遂至东魏以来，勾注陉北，视同荒外"。（王仲荦：《北周地理志》下册，中华书局 1980 年版，第 1028 页）

② 《魏书·蠕蠕传》："建义初（528），孝庄诏曰：'……蠕蠕主阿那瓌镇卫北藩，御侮朔表，遂使阴山息警，弱水无尘……'"（《魏书》卷 103《蠕蠕传》，第 2303 页）。弱水就是今额济纳河。

③ 参见《周书》卷 27《宇文测传》，第 454 页。

④ 《北史·蠕蠕传》："其常所会庭，敦煌、张掖之北。"（《北史》卷 98《蠕蠕传》，第 3252 页）

境内。其三东线，在走廊东端，是从凉州西向东，经今宁夏中卫至甘肃靖远一带的渡口过黄河，再经灵州（今宁夏灵武县）东北部，穿越鄂尔多斯高原，渡河到柔然，或径至东魏。到底吐谷浑假道蠕蠕出使东魏，采取了哪条路线，尚需进一步分析。

1. 西线

或可叫作"弱水路"，即凉州至居延海方向。这一路沿途实际上就是河西走廊向北深入北方草原最远的触手，它至少自西汉时期起就被长期频繁地使用着。史籍中记录的大量行军路线、出行路线证实了这一点，如《法显传》。再如556年（西魏恭帝三年）突厥与西魏联合进攻吐谷浑时，木杆可汗曾与凉州刺史史宁集结于番和（今甘肃永昌县西）[①]，木杆就是沿额济纳河南下至合黎山、黑河及大黄山附近，与史宁会合。此外《高僧传》所说的释法献途经柔然一事，按松田寿男的说法也是取道额济纳河、西海郡[②]。沿此路行至居延海后，除了继续向北可达柔然牙帐外，也可东行取道著名的"草原路"到达阴山和沃野镇。所以，此路被使用的可能性很大，同时也与史宁袭击吐谷浑使团的地点并无矛盾。然而546年后受突厥、柔然交恶的影响，这一路线被采用的可能性也就很小。

2. 中线

即凉州至白亭海方向。河西走廊中部与阿拉善高原间，中隔合黎山、龙首山等组成的走廊北山。北山中因流水作用和地块陷落形成了多座山口，历史上它们构成了南北交通的隧道。另外从道路远近衡量，横跨走廊进入阿那瓌柔然在漠南的控制区域，以这一方向路程最短，特别是柔然冬季南迁造成势力南移时，也更加靠近吐谷浑。在《通典》卷

---

① 《周书》卷28《史宁传》，第468页。《元和郡县图志》称，"东至州一百八十里。本汉番禾县，属张掖郡"［（唐）李吉甫：《元和郡县图志》卷40，"天宝县条"，中华书局1983年点校本，第1020页］。

② 参见［日］松田寿男《古代天山历史地理研究》，陈俊谋译，中央民族学院出版社1987年版，第184页。

一百七十四《州郡四》"武威郡"条中曾提到武威郡"北至突厥界安盖泉五百八十里",那么,中线应该就是从所谓凉州西,沿雅布赖山,或沿马城河(石羊河)到安盖泉。由此东北向行至弥娥川水,或鹕鹈泉(今内蒙古乌拉特后旗西),再向北可达汗庭,或向东南穿越阴山到河套平原。相对于其他两条线路而言,此路跨越西魏统治区最短,受凉州地方军政力量的影响也最小,距柔然统治区最近,而且出白亭海到后套间途中所经虽为沙漠,至今仍然广布盐湖池沼,是较为理想的道路。所以吐谷浑借助这条路线的可能性最大,至少其通使在大部分情况下是由此而得以"假道蠕蠕"实现通使目的的。

3. 东线

即凉州至灵州方向。它处于走廊东部顶端,但具体情况较为复杂。仅从交通地理的因素来考虑,从凉州向东过黄河,再经由灵、夏两州东北横穿鄂尔多斯高原到柔然或东魏,理论上可行。《新唐书·地理志》和《元和郡县图志》中有关凉、灵诸州的四至八到对这种走向也能提供佐证。此外,沿途城镇较多,水草丰沛,旅途的艰辛程度远非上述道路可比。如果其他条件也允许的话,冒险走此路也不是不可能。这就需要考察6世纪30、40年代灵、夏地区的牧守归属情况及其与柔然、东魏的关系。在吐谷浑遣使东魏前的几年中(534—542),东西魏双方为了争夺灵、夏诸州可谓战争不断。之所以引发战争,主要是灵、夏诸州的守将或与高欢为故旧,或为当地少数族割据首领,他们均不完全服从西魏宇文泰的控制①。宇文泰必然会迅速削平这些半独立力量,以消除对关中统治核心的潜在威胁;高欢则力图利用这一于己有利的形势来进一步从背后向西魏施加压力,分化动摇宇文泰集团。为此,宇文泰在取代贺拔岳的同年(534)十月即派李虎、李弼、赵贵等进攻灵州曹泥,

---

① 宇文泰曾对贺拔岳说:"今费也头控弦之骑,不下一万,夏州刺史解拔弥俄突,胜兵三千余人,及灵州刺史曹泥,并恃僻远,常怀异望。河西流人纥豆陵伊利等,户口富实,未奉朝风。今若移军近陇,扼其要害,示之以威,怀之以德,即可收其士马,以资军用。西辑氏、羌,北抚沙漠,还军长安,匡辅魏室,此桓文之举也。"(《北史》卷9《周本纪上》,第313页)

打击了这一割据异己势力。但此举并未彻底降服曹氏，反而加深了双方矛盾。536 年，曹泥、刘丰又协助可朱浑道元从灵州东北投奔高欢①，引起年底宇文泰派遣赵善和万俟受洛干发动了对灵州的第二次进攻。高欢一边派阿至罗军（高车降部）赶赴灵州救援，一边亲自带兵接应。537 年初，曹泥与其婿刘丰（字丰生）拥众五千户投奔东魏。其间高欢于 536 年初攻破夏州，迁五千户，留张琼、许和镇守，但很快又失守。541 年，西魏夏州刺史刘平又曾起兵反叛宇文泰。整个西魏时期，西魏当局对陕晋黄河沿线的夏、绥等州控制较强。考虑到吐谷浑通使东魏事首见于 542 年，而灵、夏归属西魏均在 537 年以前，那么吐谷浑使走灵、夏直到东魏，即沿可朱浑道元叛归东魏所行的横穿鄂尔多斯高原的路线比较难以实现②，沿此线而行必于夏州受阻。

《元和郡县图志》灵州条说"西南至凉州九百里，北至碛南弥娥川水一千里"③，指凉州东行至灵州（灵武）傍河水或沿贺兰山麓正北方向可达河套后套西北的弥娥川水。也就是说从凉州绕经灵州北达后套，这一方向上有路可通，而且《中国史稿地图集》所标示的吐谷浑从阴山南下也在这一方向。《北史·吐谷浑传》中提到西晋末年吐谷浑"于是遂西附阴山，后假道上陇……吐谷浑遂从（徙）上陇，止于枹罕。"④与此不同，周伟洲先生认为"陇"就是今陕西陇县。⑤假如以此考虑当年吐谷浑率众南迁的过程，比定为陇县，位置过于靠近关中，而且吐谷浑最终目的地在枹罕（今甘肃临夏境），似乎偏离迁移方向过多。史料中的"上陇"应当理解为上陇山或越过陇（陇山），这个"陇"则应是

① "（可朱浑）元乃率所部三千户，发渭州，西北度乌兰津，历河、源（《校勘记》疑源为凉之讹）二州境，乃得东出。灵州刺史曹泥待元甚厚。泥女婿刘丰生与元深相结，遂资遣元。元从灵州东北入云州界。"（《北史》卷 53《可朱浑元传》，第 1901 页）

② 据《新唐书》载，"夏州北渡乌水，经贺麟泽、拔利干泽，过沙，次内横划、沃野泊、长泽、白城，百二十里至可朱浑水源"。（《新唐书》卷 43 下《地理志》，中华书局 1975 年点校本，第 1147 页）此处之可朱浑水源疑即可朱浑元归东魏所经。

③ 《元和郡县图志》卷 4，第 93 页。注：《校勘记》引《考证》，"西南"作"西北"。

④ 《北史》卷 96《吐谷浑传》，第 3179 页。

⑤ 参见《吐谷浑史》，第 6 页。

六盘山麓，更明确一些为六盘山西北麓。那么，史料中事实上说的是吐谷浑率众南渡黄河，沿鄂尔多斯高原西侧（灵州北）南下，到达六盘山西北部的高平镇（今宁夏固原）一带，再折向西南方到枹罕。所谓"假道"就是借道，让原居于该处的非敌对势力提供通路。那时高平一带原居住有一部分鲜卑，其与吐谷浑同族，因此假道事也就顺理成章了。由"上陇"一语可知，此行不可能沿黄河西贺兰山麓南下，因此《中国史稿地图集》中关于吐谷浑迁移路线的标示明显有误。从6世纪30年代东魏破灵州迁走五千户，至北周建立（557）前，史传中也没有有关灵州刺史的记载，可知西魏时期灵州民户减少，重要性必然大为降低。既然本为先祖南迁路线，吐谷浑使者在当时条件允许的情况下，循当年旧路北至阴山柔然境也是可行的。而且黄河北河有一段冬季封冻，不必仰仗舟楫渡河。此外，这一方向有可能就是538年西魏悼后（郁久闾氏）行经的路线①，史书中提到的所谓"黑盐池"，据考即唐时盐州的乌池②，地在今陕西定边县西。

通过以上对东线的分析可知，当是由凉州东行过黄河，经灵、原（高平镇）二州交界一带的黄河、六盘山夹邻地区，再折向灵州东北方向，于五原到沃野镇之间渡过黄河，进入柔然控制区。它与525年破六韩拔陵兵败南下，西晋末吐谷浑南迁路线大致相合，并且与唐代的夏州至漠北道路相去不远。

在柔然与西魏关系疏远后的540年、547年、554年中，柔然分别渡河，骚扰了西魏的夏州、高平和方城、广武③和曲伏川，亦即灵州、广武和高平镇（原州）三地间的三角形区域。又前述542年前突厥不断袭击西魏的绥州。可见绥、夏以北到高平以北地区，每年冬季黄河封

---

① 西魏文帝后郁久闾氏为柔然可汗阿那瓌之女，嫁入西魏时，曾"到黑盐池，魏朝卤簿文物始至。"（《北史》卷13《后妃上》，第507页）

② 《北周地理志》上册，第129—130页。

③ 一说认为广武在今陕西延安市东40千米，即东夏州遍城郡所属；一说认为在今永登县南，武威郡所属。

冻后，普遍遭到柔然集团的侵扰。这一情况到柔然主体灭亡前没有多大变化。于是可以得出结论：柔然的冬季牙帐一定处于阴山一带，多数情况下控制了鄂尔多斯高原，灵、夏诸州至多只是悬处于西魏北方的军事据点，依靠其控制交通往来恐难有所作为。另一方面，吐谷浑使节每次均与柔然使者一起出现在东魏、北齐，绝非巧合，它表明吐谷浑每次对东魏北齐的遣使，首先应是对柔然遣使，然后吐谷浑使者才与柔然使者一并进入东魏、北齐。

吐谷浑使者到达柔然后，向东南穿越阴山诸隘口，这一方向上既有秦汉时已形成的经昆都仑沟的"稒阳道"，又有北魏时逐渐兴起的经蜈蚣口的"白道"①，最终通向盛乐（今内蒙古和林格尔西北土城子）、平城（今山西大同市东古城）地区。

在对吐谷浑遣使东魏北齐路线进行分析后，可以看出吐谷浑取道柔然东行路线的可选择余地很大。尽管西魏河西诸州割据势力以及柔然、突厥民族政权的力量消长对吐谷浑的内地交通产生了潜在影响，但正是交通路线选择的多样性赋予了吐谷浑与这一时期东魏北齐政权交往的灵活性和可持续性。这是吐谷浑遣使东魏北齐频繁不绝的主要原因。

三 对吐谷浑遣使东魏与其遣使南朝的比较

南北朝时期，吐谷浑与南北方均保持着朝贡关系。自 525 年北魏爆发各民族起义至东西魏分裂后的一段时间内，吐谷浑基本上断绝了与北朝的关系。与此同时吐谷浑与南朝的关系继续保持和发展。但从 541 年后到 553 年西魏尉迟迥占领四川的 12 年间，尽管吐谷浑和南朝的交通线仍然存在，但是史书中再未看到吐谷浑出使南朝的记录，反而是在这

---

① 王文楚：《从内蒙古昆都仑沟几个古城遗址看汉至北魏时期阴山稒阳道交通》，《古代交通地理丛考》，中华书局 1996 年版，第 18—30 页。

12 年中，吐谷浑却与东魏北齐建立和发展了密切的关系，这一点很耐人寻味，有必要对这种政治关系的嬗变作一探讨。

（一）525—540 年吐谷浑与南北方政权的往来

自 525 年到西魏建立前的 10 年中，对于吐谷浑而言，其外部环境可谓自北魏确立对河西的统治以来最为宽松的时期。秦州为鲜于修礼和胡琛所据，凉州长期受莫折父子控制，宕昌梁仚定又与吐谷浑联兵，陇右诸州均拥兵自保。外界对吐谷浑的军事压力骤然减轻，河、凉半独立诸州在面临内部斗争时还能得到吐谷浑的有力支援，可以说这一时期吐谷浑对于河陇地区的影响举足轻重。联系到北魏时期吐谷浑显露出对陇西一带的领土野心，似乎吐谷浑不应当甘于保持这种仅对河陇地区施加影响的克制态度。周伟洲在《吐谷浑史》中谈到这一时期吐谷浑内政时曾用南朝史料论述在吐谷浑国内似乎发生过某种内部斗争，这很可能就是制约吐谷浑扩张的牵制力。几个执政期很短的吐谷浑首领都向南朝派出使节，继续了与南朝的传统关系①。因此在 525—540 年的 15 年间，能够看到吐谷浑 4 次通使南朝，另有 3 次受封，其中夸吕继立（535）后，就曾朝贡 2 次，但是梁朝并未向夸吕授封，双方政治关系应该趋于冷淡。538 年起西魏与东魏间的战争暂告一段落，吐谷浑尽管曾向西魏进行过朝贡，但两者的矛盾并未消除，吐谷浑仍然不断侵扰西魏的西部边境，西魏自然也对吐谷浑持敌视态度。于是无论如何双方关系也亲密不起来了。

（二）吐谷浑建立与东魏的关系

540 年柔然加强了与东魏的关系，这更加有利于柔然的天然盟友——吐谷浑。在吐谷浑使节到达柔然，与东魏使者的交流中，吐谷浑感到有必要建立与东魏的友好关系，从更大的战略层面上，牵制西魏的威胁。所以从 542 年开始吐谷浑与东魏北齐维持了 12 年的密切关系。另一方面，几乎同时，柔然也从 541 年后中断了与南朝的往来。这绝非

---

① 参见《吐谷浑史》，第 45—46、58—59 页。

偶然现象。此时距发生侯景之乱还有 6 年，距尉迟迥平蜀还有 12 年。如果说梁朝内乱和益州失陷导致了吐谷浑、柔然通使行为的中断，未免太过牵强。须知，柔然通使南朝本身，在多数情况下是基于军事政治的考虑，随着北魏政权的灭亡，分裂的中原地区再也无法对柔然构成威胁，与南朝本来就鞭长莫及的战略同盟名存实亡。西部高车的破灭和吐谷浑对自己的友好关系确保了柔然西部贸易路线的畅通，东西魏两政权又不断地厚赂柔然，与南朝交往的经济意义也显得可有可无，加之南朝梁武帝并不热衷于此，双方关系自然无疾而终了。夸吕显然对柔然和南朝关系的变化非常敏感，他及时调整对外关系，将发展的重点放在柔然和东魏一方，表明了吐谷浑对于外部政治军事支持的渴望。吐谷浑仿效柔然同东魏结为婚好，并且得到东魏的积极回应，从而推动了双方关系的发展。此外，东魏北齐自上而下的鲜卑化倾向对于吐谷浑来说也比纯汉人政权的南朝更为亲切。

（三）542 年后吐谷浑与南朝关系侧重点的转移

自 535 年夸吕继立后，537 年梁朝的益州地方首脑调整为武帝子武陵王萧纪，此人在益州政绩尚可，但阴有逆反之意，史称："在蜀十七年，南开宁州、越巂，西通资陵、吐谷浑。内修耕桑盐铁之政，外通商贾远方之利，故能殖其财用，器甲殷积。马八千匹，上足者置之内厩，开寝殿以通之，日落，辄出步马。"[1] 萧纪开拓疆域，使得"贡献方物，十倍前人"[2]，必然密切了与边邻吐谷浑的关系。商业上，由于萧纪的积极态度，吐谷浑商人自不必远行至南朝内地贸易，于是萧纪得以独专其利。因此，吐谷浑、益州间的绢马贸易可以说成了吐谷浑、梁朝关系的核心。既如此，萧纪在专擅贸易之利的同时，自然不希望经常有吐谷浑使者到建康（南京）去，否则有可能泄露自己私蓄大批良马的情况，于己不利。

---

① 《南史》卷 53《武陵王萧纪传》，中华书局 1975 年点校本，第 1332 页。
② 《南史》卷 53《武陵王萧纪传》，中华书局 1975 年点校本，第 1328 页。

夸吕立后，国势渐强，自犹称汗，且文化修养较其前任为高①，可能并未向南朝请封。在外交上，通过与西魏兵戎相见的东魏和对西魏态度宽和的梁朝比较，他选择了东魏作为与内地政权交往的重点。而梁朝益州对马的大量需求则就近满足了吐谷浑的对外贸易。所以在吐谷浑遣使东魏北齐的时期，与南方政权政治上的关系淡漠了，经济上则有了强化。

四 结语

第一，吐谷浑与柔然两政权关系的密切程度确实超出人们的想象，其实质是秦汉以来，羌胡连接传统的继续，具体讲是双方在对待北方中原政权的态度上有共同的利益和要求。吐谷浑通使东魏一事符合柔然对外政策，得到了柔然的支持，甚至是柔然对外政策的一个组成部分。对于北魏，吐谷浑与柔然是其北、西北两个方向上的威胁，统一强盛的北魏是推动双方关系密切的重要外部原因。这一因素向下延伸到了东西魏对峙时期，只不过此时双方交往的重点已从先前的南朝转移到东魏。

另一方面，吐谷浑与柔然双方各自实力的限制和商业利益，使其能达到某种程度的互补而非矛盾关系。他们尽管在不同时期都曾将各自的势力扩张到新疆东部，但基于共同的利益和西部实际存在的高车威胁，反而在新疆东部形成了一种相互支持的默契，并没有演化为争夺。将这种关系放在5—6世纪中国西北方民族更替的大背景下来看，颇为引人注目。因此可以肯定吐谷浑与柔然形成了某种程度的联盟。

第二，吐谷浑通使东魏的背后隐藏着其对北魏外交政策的延续性，即过去结好柔然、南朝等北魏的敌对势力作为某种外援，如今与西魏的

---

① 《魏书》曾载，"夏阳太守傅标使吐谷浑，见其国主床头有书数卷，乃子升文也"。（《魏书》卷85《温子升传》，第1876页）其时，温子升名甚盛，萧衍曾对其称颂不已。吐谷浑几乎在第一时间就将他的文章置于左右，汉文化修养之深可见一斑。

死敌——东魏建立密切的政治关系。东西魏分立时期的东魏,其性质对吐谷浑而言,正如北魏时期的柔然与南朝,而且对于北魏末年到西魏时期河西地区混乱的各自为政的局面,吐谷浑乐观其成,并力图保持现状。因此,凉州刺史的困境均能得到吐谷浑的解救。吐谷浑之所以倾力援救凉州这一半独立力量,恐怕是由于凉州刺史们的友好态度和维持吐谷浑与北通漠北道路的畅通使然。吐谷浑、柔然、东魏三方的往来无形中环绕西魏,构成了对其牵制的态势,迫使西魏在一段时间内不得不采取守势。而史家公认的东魏强,西魏弱的局面不能不说与此环境有一定的关系。

第三,吐谷浑遣使东魏北齐反映了其对外关系的灵活性。540 年前吐谷浑还遣使南朝,之后便投向东魏,正是其结合自身利益,及时调整对外政策的表现。北魏末年,北方大乱,吐谷浑一方面趁机入侵陇右,插手河西,从中渔利;一方面又于 534 年遣使即将分裂的北魏,探听虚实。西魏建立后,吐谷浑又以入贡和入侵两手不断试探西魏对其态度有无根本性的变化。与此同时,它还保持着与柔然、南朝的友好往来,最终将其远交近攻的策略具体调整为结好东魏,牵制西魏。此后,吐谷浑对南朝只打经济牌;而对东魏则政治、经济兼顾。从这一方面可以看出吐谷浑之所以能立国青藏高原数百年,面对内地政权频叠,战乱纷纷和强敌入侵而能独存,与其远交近攻、和战并举的对外关系的灵活性必定有着某种内在联系。这种灵活的态度来源于吐谷浑长期与中原政权的斗争过程。此时的吐谷浑统治集团对于中原变故与自身利益的权衡已经掌握得相当成熟。

第四,吐谷浑在推动西域诸国使节、商旅与中国内地的交往上具有重要意义。吐谷浑地处南北朝时期中外交通的十字路口,本国经济已呈多元化倾向。西方使节、客商必须依靠吐谷浑的向导、翻译、道路安全保障,方能顺利抵达南朝和东魏北齐。北魏分裂后,特别对于东魏北齐而言,西出道路被西魏天然阻断,正是有了吐谷浑从中积极组织,才有大批的西域商人来到东魏北齐贸易，史载西魏史宁袭击了吐谷浑使团"获其仆射乞伏触状、将军翟潘密，商胡二百四十人，驼骡六百头，杂彩丝绢以万计"①，实际上其是一个带有很大政治色彩的贸易使团。所以说正是因为有了吐谷浑遣使，东魏北齐才能与西域保持一定水平的贸易关系。这种贸易关系客观上能够满足东魏北齐贵族集团对西方奢侈品的需求。在东魏北齐统治者看来，还能利用贸易往来起到宣扬国威，突出其所谓北魏合法继承者的正统形象，并沿贸易路线向西方远播的作用。那么，这一贸易关系必定得到东魏上层的支持。

第五，吐谷浑通使东魏的路线很大程度上受到了柔然突厥关系的制约。546年后的柔然、突厥交恶事件和同年西魏对凉州、瓜州割据势力的征服，势必迫使吐谷浑调整了自己的通使路线和方式。至于像东魏遣使至吐谷浑和吐谷浑送女至东魏之类公开的往来行为，只能发生在542—545年间的第一时段，550年以后政治性的正式通使应当结束，而553年的袭击事件则是双方关系终结的标志。

本文原载《中国历史地理论丛》2003年第3期，收入本书时有个别修改，附图略。

---

① 《北史》卷九十六《吐谷浑传》，第3187页。

吐蕃王朝早期的韦氏家族

古代吐蕃王朝与内地隋唐王朝相始终，在近 3 个世纪的漫长岁月中，以其自身独特的社会政治特点、迅速发展的政权组织、雄踞西部中国的赫赫武功受到藏史研究者的不懈追捧，所以在吐蕃主要政治集团和赞普王室等方面的研究可称硕果累累。由于研究习惯的影响、史料发掘的局限以及对材料批判多样性的共同作用，致使吐蕃史研究集中在政教关系背景下的人物、政治事件、宗教、军事、唐蕃关系等领域。与之相对应，在举凡前王朝时期社会文化对王朝的影响、家族政治与王权关系等问题成了不为人所重视的薄弱环节，其中不少内容缺乏相应的探索。为此，本文以韦氏（dbavs）家族为对象，钩稽相关史料，在对比分析的基础上，就韦氏与吐蕃政权早期的关系略陈管见。

一 韦氏家族与吐蕃政治关系的建立

6 世纪末，青藏高原上的小邦间兼并加剧，即将出现凌驾于诸邦之上的更强有力的统治权力。当时，具备这种一统能力的邦国就其政治实力和政权发展的复杂程度而言，除了雅砻河谷的吐蕃政权，西藏西部的羊同（象雄）、西藏东北部的苏毗都具备这种资格，更不必说称霸高原数百年的吐谷浑国了。但是最终结果却是雅砻吐蕃王朝崛起，征服高原诸部，在中国历史上第一次实现了青藏高原的局部统一。

吐蕃王朝的成功自然与达布聂息、囊日论赞、松赞干布三代君王的努力分不开，这方面的论述不少。如果反过来从被征服对象的角度来观察，我们会发现像埃布（也包括象雄、吐谷浑）并非完全亡于吐蕃政权的军事压力，而是亡于自身。吐蕃王朝的逐步胜利是雅砻政权自身不断巩固强大与周边政权不断内耗瓦解的双向互动过程。在这一过程中，雅砻吐蕃也曾数度面临内部矛盾引发的政治危机，但不同之处在于它能通过某种途径克服政治危机，从而强化政权。这是其他政权所从未做到的。其中的区别正是雅砻政权对于各类豪族势力所采取整合方式的不同所造成的。

比如说埃布（彭域）统治危机首先表现为内部的政权分裂，破裂为两个互相对立的政权。当埃布王森布杰墀邦松战胜对手后，却在处理各个豪族间关系的时候，屡犯致命错误。由于森布杰墀邦松缺乏整合新旧豪族的能力，反而促使豪族间的对立加剧，使得墀邦松陷于孤立，终于在叛卖豪族和雅袭吐蕃的内外交攻之下落得个政权倾覆的下场。我们举出的例子在敦煌藏文卷子 P. T. 1287 Ⅲ 和 Ⅳ 上有详细的记载，其中以相当大的篇幅提到了娘氏因为同年氏、埃布王的矛盾；韦氏因为与线氏、埃布王的矛盾而结合在一起，共同走上叛卖埃布的道路。娘、韦、农、蔡邦四族在两两结盟的基础上形成了反埃布王的政治同盟，继而为了增强力量，上述四族中的 6 名代表与吐蕃赞普囊日论赞兄弟大结盟，为埃布的败亡奠定了政治、军事基础。实际上参加与吐蕃会盟的不止 6 人，而是包括了娘氏 3 人、韦氏 3 人、蔡邦氏 2 人、农氏 1 人，共 9 人与盟。[1] 对埃布豪族而言，这次结盟是一次意义重大的政治行动，它为吐蕃占领埃布铺平了道路，为埃布强族与吐蕃赞普的政治合作开了好头，为各家族在以后的吐蕃政治生活中扮演丰富多彩的角色拉开了序幕。

---

① 王尧、陈践译注：《敦煌本吐蕃历史文书》，民族出版社 1980 年版，第 127—132 页。

本文主要探讨的是韦氏，所以有必要对于韦氏家族的来源作一蠡测。史料中明确韦氏来源的内容很少，仅在 P. T. 1286 II 古代十二小邦中提道"俄域邦噶之地，以俄杰新章察为王，其家臣为'翱'（m-go）与'韦'（dbavs）二氏"①，黄布凡译本的注释认为"沃域"（"俄域"）的地望在今西藏桑日县东部的沃卡河谷②，其根据来自于刘立千《卫藏道场胜迹志》的注释③。《卫藏道场胜迹志》中提到沃卡和布达两地区相连接，交界处在杰梅多塘（曲科杰寺），穿过达布，依次可以到达娘布、垅布、工布等地区。这里面，达布、娘布、工布都是前吐蕃王朝时期著名的十二小邦之一，言之凿凿，因此，判定沃卡是沃域有一定的道理。如此说来，韦氏最早应为"沃域"小邦的家臣，其活动地区也应在沃域，而与"埃布"无涉。同样，吐蕃古文献中十二小邦埃布（王尧作"岩波"）的家臣则是"堪尔"和"年"。当文献中反映出韦氏成为埃布豪族的时候，只有一种解释，就是埃布对外扩张时，向东沿雅鲁藏布江北岸吞并了"沃域"，收降了韦氏。埃布的范围应在今拉萨以北的彭波河流域，直到目前学术界许多人还认为埃布与苏毗是一回事，恐怕有误，苏毗地在埃布以北，与埃布并见，是两个政权。④ 埃布合并沃域的过程应该在达布聂息（松赞干布祖父）之时或者更早的时间内就完成了，至此韦氏成了"埃布"的臣属。这是其一。

其二，在韦·义策与松赞干布的盟誓中曾提到要在韦·义策死后为其营葬，同时杀马百匹陪葬。这既体现了韦·义策风光大葬的荣耀，也暗示了韦氏来源的某种线索。《隋书·附国传》载："死后十年而大葬，其葬必集亲宾，杀马动至数十匹。立其祖父神而事之。"⑤ 虽然在《册

① 王尧、陈践译注：《敦煌本吐蕃历史文书》，民族出版社1980年版，第160页。

② 黄布凡、马德译注：《敦煌藏文吐蕃史文献译注》，甘肃教育出版社2000年版，第130页。

③ 钦则旺布：《卫藏道场胜迹志》，刘立千译注，民族出版社2000年版，第108页。

④ 详见巴桑旺堆《关于吐蕃史研究中几个"定论"的质疑》，《藏族学术讨论会论文集》，西藏人民出版社1984年版，第77—80页。该文认为"岩波"（后改彭域）与苏毗无沙，笔者赞同其说。

⑤ 《隋书》卷83《附国传》，中华书局1973年点校本，第1858页。

府元龟》中也有吐蕃"人死，杀牛马以殉，取牛马头，周垒于墓上"[1]的说法。可是我们认为这应该是在吐蕃统治了整个青藏高原后，吸收包括苯教在内高原上其他部族的文化而渐染其俗的结果。早期的雅砻吐蕃政权地处河谷，以农业为主，不大可能有大量的马匹可供宰杀。另外，"马祭"是极具苯教特色的仪式，早期的吐蕃似乎不太接受。总之，在7世纪以前，这一风俗在高原其他族群的记载中并未看到，应为附国所特有。还有《隋书·附国传》还讲到"俗好复仇"，尽管血亲复仇是古代民族中常常能看到社会习惯，经《隋书》强调，也强化了附国这一风俗的重要性。联想到韦·义策正是因兄弟岸本韦·雪多日库古被埃布内相线·墀热顿孔所杀而背叛埃布一事，更在无意中明确了韦氏可能来自附国这一看法。

囊日论赞在消灭埃布政权后，慷慨赏赐埃布旧臣并为其报仇雪恨，将他们以前的仇家转为奴户，从而使埃布叛臣们从吐蕃赞普新主子那里获得了更多的经济实惠。

吐蕃赞普囊日伦赞封赏苏毗豪族简表
（根据 P. T. 1287VI）

封赏对象	土地	人口（奴隶）
娘·增古	念·几松的布瓦域	布瓦奴隶 1500 户
韦·义策	线氏撒格	墨地奴隶 1500 户
农·准保	—	1500 户
蔡邦·纳森	温地的孟氏堡寨	300 户

除了经济上的报偿之外，新的降臣还得到了吐蕃赞普的政治信任，并很快融入吐蕃政治生活中。"斯时也，娘氏、韦氏、农氏三族，以及蔡邦氏戚族之四大族最为忠诚，遂赏赐众多奴户，广袤土地，并任之为

---

① 《册府元龟》卷 961《外臣部》，中华书局 1960 年影印本，第 11370 页。

赞普之论相也。"①《贤者喜宴》提到，囊日松赞时"韦囊谢、蔡邦纳那塞、娘宗古、暖潘阿松任大臣。"② 与敦煌藏文文献如出一辙。《汉藏史集》也载："达日年色的儿子为郎日伦赞，他在位时由韦·朗心儿、蔡邦·那迦那森、娘·曾古、农·盘额松等人担任大臣。"③ 石硕在《吐蕃政教关系史》中提出了吐蕃重用江北豪族的看法。④ 虽然，韦氏家族成员尚无人出任大论，但是属于受到赞普垂青的政治势力则属无疑。

除了与吐蕃赞普的关系外，娘、韦等诸豪族间的关系也需要介绍一下。这四族间，韦氏与农氏是姻亲关系，因此尽管农·准保（mnon-vdron-po）为埃布王森波杰的心腹重臣，仍然参与了反对森波杰的盟誓，所以姻亲关系在壮大反对埃布的力量上起到了重要作用。吐蕃囊日论赞的妻子又是蔡邦氏（松赞干布生母），那么蔡邦·纳森无疑就是囊日论赞的外戚家。在组建反对森波杰大同盟时，很大程度上靠的是蔡邦·纳森从中穿针引线，推动了联盟的形成。吐蕃赞普以后依赖江北豪族的政治态度恐怕与蔡邦氏加入有密切关系。

二 松赞干布时代韦氏家族与王权的关系

囊日松赞被害，松赞干布登基后，吐蕃政治形势一度非常险恶。江北豪族此时表现出了对吐蕃王室的忠诚，以娘氏为首的豪族想方设法弭平了叛乱，确保了新生吐蕃王朝的政治稳定。江北豪族的特殊贡献为他们赢得了更多的政治利益，但这也引起了同样归附吐蕃的另一方豪族——琼保·邦色苏孜的不满。邦色苏孜在松赞干布和娘氏大论间制造不和，诱使赞普诛杀娘氏。在自己就任大论后，邦色苏孜野心膨胀竟对

①《敦煌本吐蕃历史文书》，第132页。
② 巴卧·祖拉陈瓦：《〈贤者喜宴〉摘译（一）》，黄颢译注，《西藏民族学院学报》1980年第4期。
③ 达仓宗巴·班觉桑布：《汉藏史集》，陈庆英译，西藏人民出版社1986年版，第76页。
④ 石硕：《吐蕃政教关系史》，四川人民出版社2000年版，第83—96页。

吐蕃王位产生觊觎之心，最终失败，不得不自杀谢罪。经过了一系列叛乱、内讧的波折后，不管是江北诸豪族也好，还是琼保家族也罢，力量都受到一定的削弱，反过来说，赞普的政治地位就相应地提高了。虽然原有的氏族贵族间力量平衡的关系发生了改变，但是旧有传统在新的形势下继续发生作用。在明处看，同为江北出身的噶尔家族，多次使王室化险为夷，获得了新赞普的信任，成为最主要的王党，所以被委以大论重任。在暗处，作为江北家族的韦氏始终保持着相对低调的活动。他们在冷眼旁观了娘氏、属庐氏被杀的变故后，并未急于争夺政治权力，而是立足于确保现有利益不受损失。基于这种考虑，韦·义策向松赞干布提出了与韦氏家族盟誓的要求。

敦煌藏文文书中对这次会盟记载得非常详细，令人遗憾的是缺乏准确的时间交代，有必要就此略加考证。史载王室与韦氏的盟誓时间应在处死娘氏和属庐氏之后不久。根据 P. T. 1288《编年史》[①] 材料显示，诛杀娘氏发生在松赞干布北征吐谷浑之前。《新唐书·吐蕃传》载松赞干布征吐谷浑事发生在唐贞观八年（634）[②]，因此可以大致推定松赞干布与韦氏盟誓的时间是在 634 年前后。

根据誓词的内容，许多人更多地强调了赞普对贵族的权威，贵族对赞普的义务，常常认为这是王权发展的表现。其实，换一个角度，还应看到，这种盟誓关系并非我们想象中的依照中原模式所理解的那种君臣盟誓（如汉高祖刘邦与大臣刑白马盟誓）。吐蕃盟誓更多地保留了高原的文化传统，盟誓的双方在盟约面前一律平等，平等地遵守盟约。贵族对王室负有义务，保持忠诚的同时，赞普本人也有维护大臣家族利益，满足臣属要求的义务。可以说，权利和义务是对等的。

韦氏会盟之时，韦·义策大约成为江北家族老一代权贵中唯一的健在者（早期娘氏、农氏、噶尔氏等家族的代表均已死亡），因此年高赋

---

① 《敦煌藏文吐蕃史文献译注》，第 38 页。
② 《新唐书》卷 216《吐蕃传上》，中华书局 1975 年点校本，第 6073 页。

闲在家。但是松赞干布诛杀娘氏、属庐氏的举动震惊了韦氏，才提出为确保家族利益而与赞普结盟的提议。韦氏是想通过会盟获得王室对保全韦氏家族的政治承诺，将可能出现的纷争尽可能局限在个人的范围内，不形成对家族的株连。赞普还要赐予韦氏金字告身，确保其政治地位的世袭性。在正常情况下，韦氏自行处理属民和财产的权利不受王室制约。作为对赞普承诺的交换，韦氏则发誓忠于王室。韦氏与赞普通过大规模盟誓的方式实现了政治互信，确保了家族的整体利益，显示了韦·义策作为老政治家的高明之处。

这一政治誓言总体来说对韦氏更加有利。在诛灭了娘氏和属庐氏后，松赞干布也迫切需要使紧张的政治气氛缓和下来，并希望继续得到韦氏这些江北豪族的支持，因此不得不对他的要求做出让步。在换取了政治效忠的前提下，王室基本上不过问韦氏家族的一切活动，贵族家族经济地位的独立性表现得非常突出。在政治上，为家族获得的金字告身确保了世袭的政治地位。同时松赞干布承诺为韦·义策举行国葬级的葬礼，而极备哀荣，实属罕见，进一步拔高了家族政治的影响力。

韦氏与王室盟誓的特别之处还表现在韦氏三代人亦即整个家族参与其中，这在一定意义上可理解为韦氏家族与悉补野家族间的盟约。盟誓的隆重和神圣还反映在包括其他赞普近臣，例如麹氏、蔡邦氏等多个贵族家族均参与了盟会之上。因此，重新审视松赞干布与韦氏的这次盟誓对于深入理解吐蕃王朝早期君主与强臣间的妥协关系，乃至赞普君主权力的政治基础提供了相当大的思考空间。这种早期家族盟誓的形式和内容甚至在吐蕃王朝后期仍在沿用，可见赞普在处理与大臣家族间关系的时候，盟誓一直是最主要的手段。例如，《洛扎摩崖石刻》载："为此诏敕曰：为得乌穷之父洛朗之子孙蕃衍，若社稷之永固，其所属奴户、封地决不减少；得乌穷之营藏应法事优隆。在任何赞普后裔掌政期间，其墓如有毁坏，由东岱专事修建。"[1] 显然，石刻文献中涉及举凡财产

---

[1] 巴桑旺堆：《新见吐蕃摩崖石刻》，《西藏研究》1982 年第 2 期。

保护、葬礼优容之类的约定在松赞干布与韦氏家族的盟约中早已存在。所以说，贵族们最为关心的问题在盟约中都得到了正式保证。由此可见，吐蕃王朝两百多年中，贵族们的权利在对王权忠诚的前提下自始至终都受到保护。

三　噶尔家族专政时期的韦氏家族

650 年松赞干布薨逝，子早亡，遂由年幼的孙子芒松芒赞（650—676 年在位）继位，噶尔·东赞辅政，开始了长达半个世纪的噶尔家族专政时期（650—698）。由于东赞域松（噶尔·东赞）在松赞干布时期做出了巨大的贡献从而取得了他人望尘莫及的政治地位，它又为噶尔家族的专权创造了政治条件。新赞普年幼，难以独自处理政事又为权臣专政提供了有利时机。以往学术界在关注噶尔家族与王室权力斗争的同时，往往忽视了这样一个本不该忽视的问题，就是噶尔专权的实现难道仅仅依凭家族自身的实力吗？是否存在其他的影响因素呢？如果说噶尔专权现象纯粹来自于家族自身实力的支撑，很难想象他们竟会被赤都松赞普轻易消灭，毕竟经过父子两代人的苦心经营与败亡速度之快之间反差过大，其中必有原因。因此除了人所共知的赞普与噶尔家族的激烈斗争外，应当还存在着其他政治势力的影响，准确地说，还应当关注各家族势力在对待强臣秉政和赞普执政问题上的态度。一旦加入其他家族政治的内容，那么对于噶尔长期统兵在外的内政管理，对外作战的军事支持等疑问都会因噶尔家族拥有一个或几个政治盟友的支持迎刃而解。

《贤者喜宴》载，早在松赞干布在位时期就"任命：吐蕃之奎本为噶尔·东赞域松、香雄之奎本为琼波本松孜、苏毗之奎本为霍尔恰秀仁波、齐布之奎本为韦赞桑贝来（dbas-btsan-bzang-dpal-legs）、同乔之奎本为久若结岑扬恭等"。[①] 虽然从文意分析，各奎本的任命应为松赞干布

---

① 巴卧·祖拉陈瓦：《〈贤者喜宴〉摘译（二）》，黄颢译，《西藏民族学院学报》（转下页）

朝的史实，但是考虑到在松赞干布死后噶尔·东赞仍长期活动的情况，则大多数奎本的年龄和资历均应接近于噶尔·东赞。换言之，就是与东赞条件相似的一批贵族担当了奎本之职。这些人中包括了琼保家族的成员，更引人注目的是还有韦氏家族的韦·赞桑贝来。尽管我们在参加盟誓的韦氏成员中还找不到与赞桑贝来的名字完全一致的成员①，但有一点是明确的，即在奎本等主要职务的安排上韦氏家族受到了赞普的重视。除此而外，《吐蕃历史文书》中还讲到东赞域松死后（663），在大论继任者问题上，韦氏成员和噶尔成员在当时都受到了关注。虽然最后君臣商议（实质上是权衡利弊）的结果是由噶尔·东赞之子赞聂多布继任，韦·松囊（dbavs-sum-snang）却出任副相。从历史文书记载看，韦·松囊出任副相不久后即死去②，看样子年龄不小，他很有可能就是韦·义策的儿子韦·囊多日松囊（dbavs-snang-to-re-sum-snang）。从辈分资历上讲，韦·松囊应与噶尔·东赞接近，与赞聂多布相比属于老一代的政治人物。吐蕃君臣虽然选择赞聂多布担任大论，但是以松囊为其副手，依靠他的威望或许多少能起到一些分权和制约的作用。

另一方面，在对外战争中恐怕韦氏和噶尔家族具有更多的共同点。芒松芒赞和赤都松（677—704 年在位）两位赞普在位期间是吐蕃史上记载最少、内容最为简略的时段。据有限的史料分析，赤都松生性勇猛，后设计诛灭噶尔家族，积极对外作战，是一位强势赞普，可惜死于南征。围绕着赤都松赞普时期有所谓"七勇士"的传说，不同史书记载互异，如《西藏王统记》载"其时武将尚出有七大力士，如：俄·任拉纳布（mgog-ring-la-nag-po）能举大象，俄·凌康（mgog-gling-khams）能肩大牦牛，嫩·坚赞（snon-rgyal-mtsnan）之矢，能中鹰鹞之

（接上页）1981 年第 1 期。注：王尧《敦煌本吐蕃历史文书》第 208 页，"齐布"作"骑兵"，"同乔"作"边隅各遣"。另见佟锦华译文（黄布凡、马德：《敦煌藏文吐蕃史文献译注》之《附录四》），"同乔"作"通颊"。

① 或许韦·赞桑贝来与韦·义策另一子韦·芒杰赞松（mang-rje-btsan-zung）有关。

② 《编年史》于 669—674 年间并未明确指出赞聂多布是大论，那么可初步推断韦·松囊任副相的时间应在 674 年以前。

腰，韦·东功（dbavs-vdong-sgong）每射能穷目力所及三倍之远处，桂·亚琼能以泥沙满贮鹿腔，绕头而舞，觉若·仲肖能将跑下坡之野牛挽而使之上坡，嫩·赤顿玉坚（khri-bdun-gyu-byin）马蹶悬崖，能勒之复上。"① 而《贤者喜宴》记载是"其时出现大臣属民七力士，即：俄仁拉纳波能举大象；鄂凌康能举起愤怒的大牦牛；嫩杰赞（gnon-rgyal-mtsnan）能用箭射断鹳鹰之腰；贝桂东赞（sbas-rgod-mdongs-can）每次射箭均达三个视程距离；桂雅琼以砂装满鹿腔，并举至头顶上旋转；久若仲肖能拽回乱奔之野牦牛；嫩·墀顿尤金（gnon-khri-bdun-gyu-byin）能将悬坠于深堑之验马拖上来。"② 《西藏王臣记》与之类似。在以上材料中，对于七人的名字各书记录不同，具体的考校不在本文的范围之内，只需要将具有共同点的部分提炼出来略作归纳：

第一，"七勇士"的记载说明赤都松时代最著名的武将集中分布在俄、嫩、久若等家族中，这暗示了各家族在很大程度上属于带有浓厚军事色彩的军事贵族。

第二，以"七勇士"为代表的各军事贵族家族间存在着极为密切、头绪复杂的关系。

先看俄氏，他们是出身于沃域的贵族，前引敦煌文书就曾提到在沃域"其家臣为'翱'（mgo）与'韦'（dbavs）二氏"；《贤者喜宴》却说"约甫邦卡地区，有刑王敦诚，大臣为俄（mgog）及贝（sbas）"③。其中对俄氏的记载没有问题，但所载另一家系却出现了歧义。同样的情形还出现在其他地方，比如《贤者喜宴》说达日年塞时"娘、贝（sbas）、嫩（gnon）等氏族也被纳为属民"。而记述同一事的《汉藏史集》却说"吐蕃王郎日伦赞曾征服汉人和突厥人，将娘氏、韦氏、农

① 索南坚赞：《西藏王统记》，刘立千译注，民族出版社 2000 年版，第 116 页。
② 巴卧·祖拉陈瓦：《〈贤者喜宴〉摘译（四）》，黄颢译注，《西藏民族学院学报》1981 年第 3 期。
③ 巴卧·祖拉陈瓦：《〈贤者喜宴〉摘译（一）》，黄颢译注，《西藏民族学院学报》1980 年第 4 期。

氏纳入统治之下"①。同样"七勇士"名称中也是一为韦·东功，一为贝桂东赞，很明显藏史史籍中对"贝氏"与"韦氏"记载确有某种混乱。从家族来源和相关史实的角度考虑，应该把这两处的贝氏按照韦氏处理更加恰当。

再说嫩氏，他们就是农氏（gnon），长期以来就与韦氏家族通婚。在反叛森波杰的斗争中，因为姻亲关系的存在，农氏（嫩氏）父子毫不犹豫地参加了联盟。这种婚媾关系把韦氏与农氏紧密联系在一起。

最后看久若氏，早在松赞干布时期，久若氏与噶尔氏、韦氏都被赞普任命为奎本，从政治立场上考察，应该与韦氏和噶尔属于同一立场。

第三，噶尔家族专政时的特点是积极从事对外战争。有了军事贵族们的支持，战争才能得以顺利进行并且取得辉煌战果，自然各家族也在战争中获益。因此，所谓"七勇士"之说的出现绝非偶然现象，它正是军事贵族专政时期的一个时代缩影。

总体上看，同为重要家族的韦氏与噶尔在政治权力的分配上似乎并没有发生直接冲突，相反，可能他们基于某种共同的利益，达成了一定程度的默契，所以东赞和赞聂父子都可放心大胆地长期活动在青海一带的吐谷浑故地，而不必担心朝中出现变故。但是这种贵族间的政治游戏随着时间的推移早晚会因为政治取向发生变化而出现分裂，一旦合作、妥协的前提消失，贵族内部的斗争便会接踵而至。噶尔家族的最终覆灭就不可避免地带有这一因素。而韦氏取代噶尔出任大论从侧面印证了这一判断。

本文原载《西藏民族学院学报》（哲学社会科学版）2007年第4期，收入本书时调整了注释。

---

① 《汉藏史集》，第76页。

"他者"视角中的汉地历史

——以元明时期藏文史书的内地记载为中心

除汉文文献之外，在传统中国以藏文为文字符号载体的文献数量最大。藏文古籍对藏族史研究的意义毋庸置疑。藏汉民族间传统的密切关系使得藏文史书中保存了许多与内地历史有关的记载，它一方面反映了藏族认识汉族历史的方式和途径，另一方面也可以弥补内地历史记载的不足，帮助研究者厘清争议不绝的疑难问题。代表性的成果如：王尧先生利用藏文文献考证了南宋末帝的事迹，补汉文记载的缺失、简略，在学术界引起很大反响①。然而目前所见，虽然藏文史书中利用汉文史书的情况，已有部分著作论及②，但是利用藏文文献研究内地历史的主动性尚显不足。由于汉族学者对藏文史籍仍然缺少充分的认识，难以引起足够的重视；藏族学者的研究文章多以藏文撰述，又不易为汉族学者了解。内地历史研究中借助藏文文献的研究稀少与其自身史料含量间的反差极大。为此，本文拟就藏文史书中所引用内地材料的内容、来源加以分类，分析沟通藏汉文化交流中的重要人物的作用，参以研究例证，探

---

① 王尧：《南宋少帝赵㬎遗事考辨》（《西藏研究》1981 年创刊号）。后有李勤璞《瀛国公史事再考——兼与王尧〈南宋少帝赵㬎遗事考辨〉一文商榷》（《西藏研究》1999 年第 1 期），深化了这一问题的研究。

② 参见王璞《〈红史〉考述二则》，《正观杂志》2008 年第 44 期。另，东嘎·洛桑赤列先生在《红史》中的序言，陈庆英先生在汉译《汉藏史集》并加注释时也有所涉及。

讨藏文史书中有关内地历史记载的史料价值。

一　藏文史书中的内地历史记载的史源学分析

藏文史书的分类包括各种编年史、教法史、王统史等不同的类别，其中引用汉文史料的书籍主要分布于元代以后的藏文史书中，如《红史》《新红史》《汉藏史集》《西藏王统记》《青史》《贤者喜宴》等，几乎涵盖了大部分有代表性的藏文史书。藏文史书对内地历史的系统记载始于元明之际。从内容的来源看，可分为两种情况：一种是对相关内地史书的采择和翻译；一种是由往返于内地和藏地之间的僧侣、官宦搜集叙述的内地资料。前者的线索比较明晰；后者非常复杂，但也更有史学价值。

（一）藏文史书中的内地史料的来源

第一类是直接翻译和采用的内地史书和佛教典籍。宗教方面主要有《旃檀瑞像记》、汉地佛教流布历史、传说等，正史主要是《新唐书·吐蕃传》。

在佛教典籍翻译方面，人们往往认为由汉文直接译为藏文，这一看法过于简单。近年有学者以《旃檀瑞像记》的藏文本对比日本僧人奝然（938—1016）抄写的《优填王所造旃檀释迦佛像历记》和程钜夫撰写的《旃檀佛像记》（收入《雪楼集》，另《佛祖历代通载》所录之《敕建旃檀瑞像殿记》与其内容接近）指出，该经先由汉文译为回鹘文，再译为藏文。将汉文翻译为回鹘文的译者应该是回鹘人安藏（am chang），将回鹘语翻译为藏语的是弹压孙（梵文 dhanyasena 回鹘语 tan-yasin→汉语弹压孙→藏语 da na si）。[①] 即就是说在从汉语到藏语的翻译过程中，除了直接翻译的情况外，还要注意到其他民族语言的中介

---

① 详见［日］百济康义《〈栴檀瑞像传入中国记〉的回鹘语与藏语译文》，杨富学、秦才郎加译，杨富学译：《回鹘学译文集》，甘肃民族出版社 2012 年版。

作用。

藏史引入的正史材料并非直接翻译汉史原文，而是通过对正史材料归纳综合提炼之后形成的正史资料摘编。就内容而言，一部分当来自于正史本纪的摘编；另一部分则是对以记载汉藏关系为主的正史《吐蕃传》，主要是《新唐书·吐蕃传》相关内容的引述。所引述汉文史料的位置在各部史书中被比较集中地安排在汉族地区的王统及历史的概述方面，即在记载藏族历史乃至教法源流的同时，也把诸如印度历史、西夏历史、蒙古历史与汉族历史并行陈述，是对以佛教传布为线索的当时部分亚洲主要民族的历史概述。牵涉到汉地历史的部分一般胪列了三代以降直至元或明代早期的中原王系承递、中原佛教流传的情况、内地王室逸事等。当然，与其他古代史书类似，藏文史书中极少记录社会经济方面的内容，特别是在藏族宗教史观占有压倒性优势的思想支配下，只引述了一些中原王朝的君主奉佛事迹，其余所及不多。

《红史》是最早直接引用《新唐书·吐蕃传》内容的代表性藏史。《红史》的作者是著名的藏族史学家、元末蔡巴万户长贡噶多吉，该书最后成书时间约在 1363 年①。根据个别后出内容的记录也可认为其成书后又经过后人的增补。因为这一部分内容直接关系到古代西藏历史本身，所以贡噶多吉特别强调经过比较，除了个别纪年问题和族名差别之外，汉地正史记载与藏族传世史书大体相符，据此才采录入书。可见，蔡巴在使用汉文史书时的态度非常谨慎，反映了其对非藏文史料使用时既有开放性又坚持不盲从的原则性，是负责任的史家立场。藏族史家对于唐蕃时期，亦即吐蕃王朝时期的汉文记载极为重视，并且认为这一时段汉地所载吐蕃历史与藏族本身的记载高度一致。为此在记录唐代内地历史时几乎完全录自汉文正史两《唐书》，尤其是《吐蕃传》。

而简述汉地王统记载并非直接来自于汉地正史，结合《佛祖历代

---

① 《红史》具体的成书时间业经东嘎·洛桑赤列先生考证，并得到日本学者若松宽的支持，参见氏著《〈红史〉著作年次考》，特克西汉译，《蒙古学资料与情报》1989 年第 3 期。

通载》相应内容分析，两者很可能拥有共同的史源，这一点与拉施特《史集·中国史》的来源有相似之处。《史集》成书于1304年，《通载》成书于1341年，因此不论是《史集》，抑或藏文史书，直接引用《通载》的可能性不大。换言之，在念常编订《佛祖历代通载》之前一定存在一个更早的中国通史简编的版本。在经过佛教徒加工时，相应突出了佛教的内容，从而直接影响到藏文史书的写作。

藏史在记录蒙古史时也依据了《蒙古秘史》，《红史》称为《脱卜赤颜》（藏文作 thob-chen）①，在《雅隆尊者教法史》中作《耶迦妥坚》（藏文 ye-ka-thob-can）②，实则两者均为 tobčiyan（蒙语史册）的异写罢了。值得注意的是译著者发现部分蒙古先世的辈次、人名与蒙汉文资料不符，却有三处与拉施特《史集》记载相符，可能两者使用了同源资料。可以肯定，藏史也和波斯《史集》类似，参考过《蒙古秘史》的早期版本，尽管在详细程度上远远不能与《史集》相比。

藏文史书中还有对典章制度类政书的引录。这些内容的史料价值很高，而且往往是在汉地已经佚失或仅有辑本残本的书籍，尤其是涉及西藏的驿站、括户、遣使等内容多不见于今本的《大元通制》，具有极高的史料价值。尽管这一类史料的运用在多数藏文史籍中表现不多，但仅以《汉藏史集》中的记载而言，不仅对西藏地方民族史研究，甚至对于汉文古籍的辑佚和恢复都具有重要意义，其作用不可小觑。

最早提到《大元通制》一书的藏文史书是《汉藏史集》。该书汉译本载"《大元通制》一书，乃是详细记载在元朝广大国土内法律事务方面各种细则之书"③，又说："以上文书之正文在中书省（cong-zhu-zh-ing）衙署左司郎处，其抄件由失必黑索喀丞相（sbeg-so-kha-ching-ang）

---

① 蔡巴·贡噶多吉：《红史》，东嘎·洛桑赤列校注，陈庆英、周润年译，西藏人民出版社2002年版，第25页。

② 释迦仁钦德：《雅隆尊者教法史》，汤池安译注，西藏人民出版社2002年版，第52页。

③ 达仓宗巴·班觉桑布：《汉藏史集》，陈庆英译，西藏人民出版社1986年版，第146页。注：同书第63页称"有称为《大元通制》之书，详细记载国法的明细条文"。

交给本钦旺秋尊追（dpon chen dbang-phyug-brtson-grus）保管，其书有畏吾字的原件、蒙古字的大元通制（ta'i dben thong ji'i）。这些文书虽已被雅隆人拿走，但是文书的内容心中还记得，现将其写出如上。"① 伯戴克曾据《汉藏史集》考辨认为，将抄件带给吐蕃的那位丞相"别索花"（Beg-sok'a），准确的写法应作"Beg-pok'a"（别不花），亦即"Beg Boqa"。② 范德康则认为别不花 1328 年被杀，将《大元通制》带入藏区的应是赞巴剌（见后）。

第二类是藏族地区上层政教人士赴内地访问的目击见闻材料。这一类材料有的来自于亲身亲历的观察所得。如《红史》提到元末在大都城中听闻南方"叛军"逼近消息者即为"达仓巴·巴希贡嘎仁钦"。同样，《红史》中三世噶玛巴饶迥多杰两次受元朝邀请，辗转出入元廷活动的详细记载据称来自于饶迥多杰本人的口述资料著成的传记，系其亲身经历，自然价值更高。元顺帝末期四世噶玛巴在元朝的活动出自都增勒（vdul-vdzin-las）、衮绛迥乃（dkon-mchog-vbyung-gnas）记载，由扎西本抄录的史书。《汉藏史集》记载了明代早期诸位皇帝信奉藏传佛教、修习密法的内容，强调"此为日辛巴（ri-zhing-pa）之上师细顿（byis-ston）去汉地献马并朝见皇帝后所说的史实"③。实际上在《贤者喜宴》中有更多详细记载了包括得银协巴等多位噶举派高僧赴内地传法，在返回藏地后，记录亲眼所见的内地情况。这些内容对理解明代藏传佛教在内地的传播与影响具有重要作用。

还有对中原民间传说故事采择，主要是记录了武则天的民间传说。藏史中明确承认逸闻来自民间。最早采用这一传说的是《红史》，《红史》的编纂时间适值元末明初之际，它反过来为内地武则天传说的形成又提供了佐证。一般而言，明代小说中关于隋唐起义历史传说小说约

---

① 达仓宗巴·班觉桑布：《汉藏史集》，第 157 页。

② ［意］伯戴克：《元代西藏史研究》（*Central Tibet and the Mongols*），张云译，云南人民出版社 2002 年版，第 103 页。

③ 达仓宗巴·班觉桑布：《汉藏史集》，第 64 页。

在明代后期成书。但在此之前的《说唐》《薛家将》等演义小说故事已经在社会上，尤其是在民间说唱艺术中广为流传了，否则对中原历史并不熟稔的藏族史家也不可能立即将武则天传说比较完整地纳入藏文历史编纂中。

（二）汉地历史传入藏区的重要中介——从 hu-gyang-ju 到赞巴拉多室利衮

毕竟，藏汉两族语言文字各异，精通两民族甚至多民族语言的学者在沟通两地文化交流的过程中发挥了不可替代的重要作用，代表性的人物有汉族译师 hu 讲主、西夏译师喜饶益西（协尔益）、藏族僧人赞巴拉。

贡噶多吉在《红史》中设"唐朝历史中的唐朝吐蕃历史简述"一节，他声称所引录的唐蕃历史是"由汉文由太宗（应为仁宗——编者注）时的史官名叫宋祁者写成，后来由范祖禹收集成册。由汉族译师胡降祖于阴木鸡年在临洮翻译成藏文，由喇嘛仁钦扎国师（rin-chen-grags-gu-shri）于阴木牛年刊行藏文本译成藏文的"①。问题的关键在于《新唐书·吐蕃传》的藏文翻译者和刊刻情况由于藏文译名在回译汉文过程中，不可避免地会出现难以确定真正汉字出处的现象，所以仅凭字音无法了解《吐蕃传》藏译令人感兴趣的具体环节。陈得芝先生曾引述过日本学者关于辇真乞刺思（Rin-chen grags，即前引仁钦扎）的观点。② 宋祁，藏文作 su-shyi，并无异议。受到日译本的影响，将 han-

---

① 《红史》，第19—20页。注：《雅隆尊者教法史》第24页载"此唐蕃历史，系太宗时史官宋祁所撰，后经汉秀才编纂，木鸡年（乙酉）四月十日，汉译师胡将军译于临洮。上师仁钦扎固始时，将所译藏文刊刻印行"。

② 陈得芝《元代内地藏僧事辑》谓："藏文史料中，似尚未发现有关这位长期在朝任职的辇真乞刺思的记载。只有元揲里八万户公哥朵儿只（Tshal-pa kun dgah rdo-rje）所著《红史》（Hu-lan deb-her，成书于一三四六年）中讲到个'辇真乞刺思国师'。作者在谈到所述唐代历史史料来源《汉藏史》（rGya Bod kyi lo rgyus）时说：此书'是（宋）太宗时史官宋祁著，其后经范祖禹编集，汉人译师 Ba hu gyang ju 乙酉年在临洮译出，上师辇真乞刺思国师于乙丑年以吐蕃文字刊行的。'据《红史》日译者稻叶正就、佐藤长考证，这部被译成藏文刊行的《汉藏史》当是《资治通鉴》的《唐纪》，译成藏文的年代乙酉年应是元世祖至元二十二年（一二八五年），刊印的年代乙丑年应是泰定二年（一三二五年）。刊行者辇真乞刺思国师，时代上与上述大司徒辇真乞刺思符合，可能就是同一人。"（收入氏著《蒙元史研究丛稿》，人民出版社2005年版，第249页）陈得芝《红史》作于1346年的看法直接得自《红史》日译本译者稻叶正就、佐藤长的观点，今不取。

gswi'u-tsha 译作范祖禹，于是使得这一部分汉文史源变得比较复杂，甚至要追溯到范祖禹所做的《唐纪》。事实上，直接将《红史》中的这部分内容与《新唐书·吐蕃传》作一比较，很容易发现它就是基本忠实于《吐蕃传》的藏文译本。那么，han-gswi'u-tsha 当作何解？陈庆英先生译作"韩祖才"①，无解。汤池安先生另译作"汉秀才"②，较胜。胡降祖，作 hu-gyang-ju。其中降祖（gyang-ju）在汉文译本中先当作人名处理，但是后来陈庆英在八思巴全集中看到所谓 hu-gyang-ju 曾请八思巴为其刊印的佛经撰文，因此可以知道他是与八思巴属同一时代的汉僧。③ 可见 gyang-ju 并非人名，实为汉语"讲主"之音译，是 hu 姓汉僧"讲主"之义。由于藏文引用的《吐蕃传》并非汉文全文，所以它依据的一定是一个经过汉族人之手删削的简本，复在临洮（藏文之新固德钦）译场由通晓藏汉文的汉僧"Hu 讲主"译为藏文。该讲主即为八思巴同时代人，又在临洮译场从事藏汉文翻译工作，他极有可能也是八思巴的汉族弟子之一。藏文本《吐蕃传》翻译之后并没有立即刊行，直到元代后期的 1325 年才正式刊行。据《西藏王统记》的说法，仁钦扎国师先在内地审核过译本内容，之后还在临洮刊印④，这里暗示了国师可能兼通藏汉文。

除了唐蕃关系史，非汉族僧人最感兴趣的就是汉地佛教流传的历史。《红史》提到了释迦牟尼成佛以及旃檀佛像流入中国的汉文记载，一般认为其出自汉文《报恩经》和《旃檀瑞像记》，蔡巴补充说"将这些记载译成藏文者，据说是法主的弟子强俄堪布协尔益"⑤。另据《雅

---

① 达仓宗巴·班觉桑布：《汉藏史集》，第 63 页。
② 《雅隆尊者教法史》，第 20 页。作者另注曰："汉秀才可能是指欧阳修。"《青史》中提到黄巢的身份，藏文作 bsivu-tsha，郭和卿先生译作"秀才"（廓诺·迅鲁伯：《青史》，郭和卿译，西藏人民出版社 1985 年版，第 35 页，王译本同，英译本有误），与其读音接近。只是"汉"在藏语中有相应的写法和读音，这里似是直接音译的结果。
③ 达仓宗巴·班觉桑布：《汉藏史集》，第 63 页注①。
④ 索南坚赞：《西藏王统记》，刘立千译注，民族出版社 2000 年版，第 139 页。
⑤ 《红史》，第 10 页。

隆尊者教法史》记载，汉地佛教的传播情况是由"萨迦法主之弟子北方堪布喜饶益西"译为藏文。这里的北方（强俄），藏文为 byang-ngos，注释者认为当即凉州。① 可知，堪布协尔益（sher-yes）就是萨迦法王八思巴伯父萨班的弟子喜饶益西（shes-rab-ye-shes），他活动在原西夏境内的凉州（今甘肃武威），是党项人。前面曾述及《旃檀瑞像记》的译者都是回鹘人，分别是安藏和弹压孙，似与喜饶益西无关。他之所以受到重视应该说主要与记载"木雅传说"有关。藏文将西夏称为"木雅"（弥药），藏地和西夏宗教联系十分紧密。西夏长期流行藏传佛教，皇帝也奉藏族高僧为师，藏文史书自然对西夏予以特别关注。《红史》中记载的西夏简史的来源就是西夏禅师喜饶益西讲述的内容。② 《西藏王统记》载："上述史实系根据精通汉族霍尔史籍之曾泽大师·喜饶耶协在贡塘所译历史；复根据出身高贵而又兼政教领袖之蔡巴·汤吉勤巴·司徒格卫罗朱所著历史，从中扼要摘录者。"③ 这里明确指出作为八思巴同时代人的喜饶益西的确通晓包括汉文在内的多民族语言，他的翻译地点甚至就在拉萨附近。

《红史》记述汉地周代至唐代初期、后梁至南宋时期历史时据称来源于拉萨大昭寺僧人赞巴拉多室利衮的藏文著述。汉译《雅隆尊者教法史》认为"汉地王朝简史"由瞻巴拉国师怙主著述"由精通藏汉文之司徒·格瓦洛哲书于拉萨大昭寺"④。赞巴拉多室利衮是一位通晓汉语的藏族僧人，《红史》说他在阅读了汉文古籍之后，用藏文写成类似藏地王统史式的汉地简史，换言之，除了《吐蕃传》之外的汉地历史（从汉至宋）都由他译写。

但是，对于将汉地历史较为系统引入藏区的关键人物——赞巴拉多室利衮身份的争论还未结束。从早期西方藏学家罗列赫直到范德康，包

---

① 《雅隆尊者教法史》，第17页。
② 《红史》，第23页。
③ 《西藏王统记》，第16页。
④ 《雅隆尊者教法史》，第20、25页。

括中国的藏学家都从各自角度触及了这一问题。赞巴拉多室利衮的藏文名字有很多异写，也造成了理解上的困难，当然也无法与同时期的其他人名堪同，更增加了此人的神秘性。目前学术界在将此名翻译作其他语言文字时，往往分为两种情况处理：

一是直接按照藏语音译。如国内一些藏族史书的汉译者在处理这一问题时多采用这种方法。这表明了翻译者的审慎态度，而不是真的将其作为人名来理解，存疑而已。

二是对人名本身分析考证。学术界在这个方向经过努力，已经形成了一系列的成果。简单地讲，着手研究此人首先要从他的藏文名字入手。现在，学者们都倾向于将此人的名字作解构化处理，分作前后两部。前部 Jambhla（包括 Dzambha-la）都是藏传佛教五性财神的名称，将其用作人名的情况比较常见。主要的争议出现在对于后一部分音节的解读上。

后一部分情况更加复杂，现按时间顺序将主要书籍中的一些变体列举如下：

①sto-shri-ngon、sti-shri-ngon、stwo-shri-ngon、sogs-shri-ngon，以上为《红史》不同版本之异写。②ti-shri-mgon，《青史》译名。③twan-shri-mgon，《汉藏史集》译名。[1]

英文版《青史》的译著者罗列赫（G. Roerich）直接将"ti-shri 理解为"帝师"，[2] 但是却有意无意地忽略了 mgon。不过作为最早涉及这个特殊人名问题的说法和思路，对于西方藏学界产生了直接影响。伯戴克（L. Petech）由《汉藏史集》的译名入手，结合布顿传记记载认为其当来自对汉语"断事官"（蒙语为"札鲁花赤"，Jaryuči）的异写。[3]《汉藏史集》的特殊写法成为西方藏学家"断事官"说理论的起点。在

① 参见 Leonard W. J. van der Kuijp, *Jambhala：An Imperial Envoy to Tibet during the Late Yuan*, Journal of the American Oriental Society, Vol. 113, No. 4 (1993)，pp. 529 – 538。

② G. N. Roerich, The Blue Annals, 1vols, Calcutta, 1949, p. 56.

③ 《元代西藏史研究》，第 107 页。藏文转写略有差异。

此基础上，范德康（L. van der Kuijp）撰文从历史语言学的角度详细考证了藏文文献对汉语"断事官"词的辗转来历，进一步强化了伯戴克的看法。当然，目前看来，最为详细研究这个重要人物的论著仍然是范德康的作品。

赞巴拉不仅将比较系统的汉地王统史带入藏地，很可能也是他将不同版本的《大元通志》（蒙古文和汉文）传入藏地（范德康与伯戴克对此看法不同），系统使用《大元通志》材料的却是《汉藏史集》的作者。

（三）元末藏族学者直接利用内地史料的原因

藏汉两族语言文字不同，虽然在历史上存在着长期往来的传统。但在对对方民族历史的记载上最初往往通过本民族人物的访问结果来实现记述（当然也有一个取舍和观察角度的问题）。在这一过程中，经常根据本民族的历史、文化传统和思维习惯对对方民族的历史在头脑中进行想象和加工。吐蕃王朝解体后，随着藏传佛教的形成和发展，完全由僧侣们承担起文化传承和交流的重任，越来越多的以佛教为基本线索兼及世俗政治历史的书籍撰述不断涌现。在藏传佛教外传的过程中（北传西夏、蒙元、明廷），藏族僧侣学者也越来越多地具体接触到异族文化，也就开始了克服语言障碍，了解其他民族历史的进程。跨越语言障碍对于强调语言学习和逻辑训练的佛教僧侣来说，具有其他类型学者所不具备的一些便利条件。精通藏汉文的佛教僧侣，结合兼通藏汉文的汉族学者共同翻译了一部分中原传统史籍，为藏文史书引入汉文史料打下了有利的材料基础。前面提到的藏族、汉族学者就是其中的代表人物。

出现翻译汉文史料的历史时期适逢蒙元兴起，中国取得政治上空前统一的历史前夜。蒙元政治统一进一步推动了藏汉、藏蒙民族政治、经济、文化联系密切的趋势。而安多藏区恰恰被称为藏汉联系的金桥。基于佛教民族文化观，西藏佛教认为汉地是文殊菩萨文教之地，汉地人民以智慧为民族特征，非常推崇汉地发达的文教事业，这一基本理念藏僧编译汉文史料也奠定了重要的思维认识基础。

二 藏文史书在内地历史研究中的作用举隅

（一）北元太子买的里八剌身世

北元早期汗系传承是蒙古史研究中聚讼不已的争论焦点之一，它关系到蒙元时代汗位争夺的历史渊源（窝阔台系、阿里不哥系、忽必烈系等）对北元政治斗争的影响。洪武朝早中期，北元皇位传袭的线索大体清晰，学术界针对这一时期北元皇位继承的分歧集中在一点，即脱古思帖木儿汗（天元帝）的身份问题上，并形成两种观点：其一，认为脱古思帖木儿是元顺帝之子、昭宗爱猷识理达腊之弟益王；其二，认为脱古思帖木儿就是先被明朝俘获，后遣归漠北的元顺帝之孙、昭宗之子买的里八剌。① 这两种观点目前在学术界仍未取得一致意见，分歧出现的原因主要在于对汉蒙文史料采信度的不同理解上。前一种观点最早出自蒙古文史书《蒙古源流》，后得到日本学者力挺，且为一些中国学者所服膺。实际上，汉文史料中也有类似的看法，如明代后期的文献中就有此类记载。郑晓《今言》则代表后一种说法。② 理论上，蒙古史以蒙古文献为证最为可靠，然而就事论事，似不可一概而论。薄音湖曾指出以后出史料否定早期史料的方式有窒碍难通之处。③ 以史源学的角度看，当以时人亲见并宣称的内容较为可靠。在此基础上形成的研究结论应当是基本可信的。

分析两派学者的不同之处，可以看出即使对于同一史料也有迥异的解读。在此情况下，蒙汉文之外的其他语言史料如果能有更加准确的证

---

① 两种观点的主张和分歧详见薄音湖《买的里八剌与脱古思帖木儿》（《黑龙江民族丛刊》2003 年第 4 期）及宝音德力根《15 世纪中叶前的北元可汗世系及政局》（《蒙古史研究》第 6 辑，第 132—133 页）。

② （明）郑晓：《今言》卷 2，李致忠点校，中华书局 1984 年点校本，第 58 页。

③ 薄音湖：《买的里八剌与脱古思帖木儿》，《黑龙江民族丛刊》2003 年第 4 期。

据当有利于问题的澄清。幸运的是，藏文史书为我们提供了线索。元代后期西藏噶玛噶举派与元廷的宗教联系十分紧密，第三、第四世噶玛巴都到过大都，在内地均逗留了不短的时间。他们在内地的行踪及见闻在主要的藏文史籍中都被记录下来，很有史料价值。其中第四世噶玛巴若必多吉到达元都之后，就遇到皇太子之子降生的事，而此子就是买的里八剌。藏文史籍《青史》和《红史》分别从不同侧面记载了这件事。《青史》称四世噶玛巴逗留大都期间"皇子麦枳巴拉（Maitrīpāla）诞生了"①，没有提及具体的出生时间。汉译本《青史》里提到的"皇子"藏文为 rgyal-bu，意思为王子、太子，是对于男性王室成员的通称，因此不能据此即认定为元顺帝之子。它的重要性在于明确了王子的名字。藏文原文作 maitripāla，准确的写法当如罗列赫复原的梵文写法为 Maitrīpāla②，很明显这就是汉文买的里八剌的原形。《红史》则称四世噶玛巴在牛年（1361）年底来到大都，"（十二月）二十六日皇太子的儿子降生"③，没有提到皇孙之名。《红史》的价值在于明确记载了出生的这个人是 hong-thvi-tshe（汉音皇太子）④ 的儿子。其时皇太子就是爱猷识理达腊⑤，结合两种记录可知，这个 1362 年藏历十二月二十六日降生的皇太子之子无疑就是买的里八剌。

基于此，反观汉史，他于洪武三年被俘，时年 9 岁。在明朝居住五年，洪武七年（1374）时遣归漠北。买的里八剌被俘和他在南京居住时，一直有他的母亲在身边，就是《明太祖实录》中所谓脱忽思后。

① 管·宣奴贝：《青史》（第 2 部），王启龙、还克加译，中国社会科学出版社 2012 年版，第 443 页。

② Roerich, The Blue Annals, p. 502. 原文为 "The Prince Maitrīpāla having been born, the whole Empire was made happy."

③ 《红史》，第 97 页。

④ 藏文本《红史》，民族出版社 1981 年版，第 119 页。注：一般情况下，藏史译作王子是正确的，而 hong-thvi-tshe 很明显来自于汉语皇太子，是音译。

⑤ 《元史》载，至正十三年（1353）六月"丁酉，立皇子爱猷识理达腊为皇太子、中书令、枢密院使，授以金宝，告祭天地、宗庙"（《元史》卷 43《顺帝纪六》，中华书局 1976 年点校本，第 910 页）。

由于《明太祖实录》反复声明买的里八剌是元室的嫡子、嫡孙①，所以此脱忽思后应为爱猷识理达腊正妻。洪武十一年（1378）爱猷识理达腊死于漠北。当在此年，年18岁的脱古思帖木儿即北元汗位。② 到洪武二十二年（1389）脱古思帖木儿汗被弑之前，明人仅仅记载，"纳哈出窃据金山，恃强为患。元嗣君帖古思帖木儿屡弱不能制"③。而永乐帝则对本雅失里汗明言："夫元运既讫，自顺帝之后，传爱猷识里达腊至坤帖木儿，凡六辈相代。瞬息之间，且未闻一人遂善终者，此亦可以验天道……我皇考太祖高皇帝于元氏子孙存恤保全，尤所加厚。有来归者皆令北还，如遣妥古思帖木儿还，后为可汗，统率其众，承其宗祀。此南北之人所共知也。"④ 联系《明太祖实录》和《明太宗实录》的系列记载，显然买的里八剌放归漠北，后即汗位为脱古思帖木儿汗一事清晰无误，对此明人心知肚明。实际上，包括蒙古文史料在内对于脱古思帖木儿汗的身份也有更为审慎的处理方式，如《蒙古黄金史》就并未提及兀思哈勒可汗（Uskhal，亦即脱古思帖木儿汗）的出身⑤。

由藏文史书的证据可知买的里八剌确为元顺帝之孙，爱猷识理达腊之子，被明人俘获，后返回漠北登上汗位的脱古思帖木儿。藏文史书证据发挥的关键性作用可以为蒙古史上这一聚讼不已的公案画上句号。

（二）察合台汗国邀请噶玛巴事件

《红史》说噶玛巴于鼠年（1360）七月十八日启程赶赴朝廷，牛年（1361）底的十二月二十九日到达大都，虎年（1362）年初离开大都。⑥

① 《明太祖实录》卷52，洪武三年五月辛丑，台北"中研院史语所"1962年校印本，第1021页；《明太祖实录》卷93，洪武七年九月丁丑，第1621页。
② 脱古思帖木儿即位一事，汉文史籍并无记载。《高丽史》载，辛禑四年（洪武十一年，1378）七月丁丑，"北元使来，告其主豆叱仇帖木儿即位"。（［朝鲜］郑麟趾等：《高丽史》卷133《辛禑传》，孙晓主编，西南师范大学出版社、人民出版社2014年标点校勘本，第4017页）
③ 《明太祖实录》卷168，洪武十七年十一月丙寅，第2565页。
④ 《明太宗实录》卷77，永乐六年三月辛酉，第1044页。
⑤ 参见札奇斯钦译注《蒙古黄金史译注》，台北联经出版事业公司1979年版，第191—192页。
⑥ 《红史》，第97—98页。

《青史》载四世噶玛巴离开大都以后，"大约就在那时，他收到了上部霍尔王脱鲁铁木尔（藏文转写为 stod hor gyi rgyal po tho lug the mur）的邀请，但是他婉拒而未前往"[①]。罗列赫认为所谓上部霍尔王就是察合台汗国后王秃忽鲁帖木儿汗。伯戴克在对"堆霍尔"（stod hor，上部蒙古）引述了 D. 舒编辑的《诏令和文告》第 144 页注释 114 中 stod hor 王 thu mug the mur 就是察合台后王秃忽鲁帖木儿（Tughluq Temür）。[②] 后来，他在《元代西藏史研究》一书中又指出，stod hor "是用于伊朗的旭烈兀管区。但在 14 世纪，它被用来指察合台汗国"[③]。透过藏语中的"上部霍尔"可以看出元代藏地与今新疆地区保持了政治、宗教上的复杂联系，可补汉史之缺。[④] 但是，刘迎胜先生认为秃忽鲁帖木儿汗正式皈依伊斯兰教的时间在 1348—1353 年。[⑤] 此时的东察合台汗王早已皈依了伊斯兰教，这就与召请噶玛巴之说显得非常矛盾。札奇斯钦提出："这里还有一个值得注意的，是在回教已极普遍的东察合台汗国的君主，也要召请这位佛教大师来弘法。在东察合台汗国，因可汗信奉回教或佛教，极容易引起政治上的不安。秃鲁·帖木儿又是为了政治因素，正式改宗回教的一个君主。但他何以要召请卡尔玛大师，却是一个极有趣味而难以解答的问题。"[⑥] 而 Richardson 针对这一奇特现象提出，四世噶玛巴没有接受邀请的原因是秃忽鲁帖木儿汗早在数年之前即已改信了伊斯兰教。[⑦] 显然他

---

① 王译《青史》，第 444 页。

② ［意］毕达克（伯戴克，L. Petech）：《吐蕃与宋、蒙的关系》（*Tibetan Relations with Sung China and With the Monglos*），陈得芝译，《国外藏学研究译文集》第 1 辑，西藏人民出版社 1985 年版，第 203 页注释 96。

③ 《元代西藏史研究》，第 35 页注释 113。

④ 中国学者张云《sTod-lor 考辨》（《中国藏学》1994 年第 1 期）一文在国外前贤的基础上，结合汉文史料更为系统地讨论了"上部蒙古"及其相关问题，认为 stod hor 实际上既包括新疆，也包括了旭烈兀汗国的东部地区。

⑤ 参见刘迎胜《察合台汗国史研究》，上海古籍出版社 2006 年版，第 456—460、568 页。

⑥ 札奇斯钦：《蒙古与西藏历史关系之研究》，正中书局 1978 年版，第 170—171 页。

⑦ 原文作 On his way back to Tibet Rol-pa'i-rdo-rje received an invitation to visit the "King of Stod Hor"（Mogholistan），the Jagatid Mongol, Toghlag Temur but, not surprisingly, he did not accept for Toghlag Temur had some years earlier been converted to Islam，载 H. E. Richardson, *The Karma-Pa Sect. A Historical Note.* Journal of the Royal Asiatic Society of Great Britain and Ireland, No. 3/4（Oct. , 1958），p. 147。

只是试图回答了问题的一个方面，即噶玛巴拒绝西行的原因，但是仍未能解释秃忽鲁帖木儿迎请噶玛巴的原因。

札奇斯钦还引述罗列赫本《青史》，谓"桑结·利巴（Sansr-rgyas Ri-pa）……后来成为东察合台汗国（sTod-Hor）的法师，并接受帝师（Ti-sri）的尊称"，得出结论说"可见在回教势力占优势的察合台汗国，它的蒙古君主也有要信奉佛教的活动。不仅如此，他们也学大都的作风，把'帝师'之称送给他们所尊敬的喇嘛"①。如果此论成立，则察合台汗国宗教史或将改写。《青史》这段叙述的关键点有二：一是桑结·利巴所处的时段；二是所谓"察合台汗国"的说法是否可信。

第一点，藏文、汉译文《青史》称在修习"大手印能断生死流法"的传承中有一位名叫甲扎钦波（bya bral chen po）高僧，他的弟子就是桑杰日巴（sangs rgyas ri pa）。他在底斯做了五年的金刚上师之后，成为温波·贝丹扎（吉祥称）和堆霍尔的上师（喇嘛），并获得帝师名号。②《青史》载桑杰日巴的再传弟子喇嘛达巴生于己未年（1199），16岁时曾与噶玛巴相见，82岁死于庚辰年（1280）。以此逆推，日巴活动的时间无论如何也在元朝建立之前，甚至是蒙古国建立前后。此人另在《红史》中也有载。《红史》在谈及蔡巴噶举创始人尊追扎巴（向蔡巴）的弟子时就提到"大成就者帝师日巴（ti-shrī ras pa）"③。向蔡巴死于1194年，那么帝师日巴在应是这一年份前后几十年中人，很显然，与察合台汗国并无关连。王森先生在论及"拔绒噶举派"时，也提出同样的问题，谓"帝师日巴（ti-shri ras-pa，此人不见于《元史》释老传，时代也较早，似为西夏或金之帝师？待考）为其最著名弟子"④，已经指出了问题的要害。

第二点，关于地望。罗列赫原文将堆霍尔径译为 upper hor，注释为

----

① 《蒙古与西藏历史关系之研究》，第 171 页。
② 参见《青史》藏文版，第 1210 页；王译本，第 825 页；郭译本，第 679 页。
③ 《红史》藏文版，第 128 页，汉译本，第 104 页。
④ 王森：《西藏佛教发展史略》，中国社会科学出版社 1997 年版，第 140—141 页。

Moghulistān（蒙兀儿斯坦，指我国新疆）①。实则，罗氏忽视了 hor 一词在藏文中含义的歧义性。"霍尔"在藏语中出现得很早，吐蕃帝国时代意指包括了民族上以回鹘为主的北方，地域上囊括了东起河西，以西至到新疆在内的广大地区②，这可视为广义的 hor。在面对《青史》中这一特例之时，的确不能拘泥于 stod hor 含义，从而产生误解。

至于这位帝师日巴的真实情况，陈庆英在《大乘玄密帝师考》一文中曾引述哈佛大学刘国威之《拔绒噶举派的帝师日巴（1164/5—1236）》的考证，指出日巴于 1200 年到达西夏，值西夏国内乱及蒙古入侵，后于 1219 年被夏神宗（1211—1223 年在位）封为帝师。③ 此外，《藏传佛教噶举派史略》也称帝师日巴就是卓贡·帝师日巴，鲍绒噶举第二代传人，1255 年被西夏迎请，奉为帝师。④ 实则 1227 年西夏已亡于蒙古，不取其说。⑤

从宗教信仰方面解释迎请原因时，恐怕有过高估计了秃忽鲁帖木儿汗伊斯兰教信仰之嫌。秃忽鲁帖木儿生于回历 730 年（1329/30），1348 年登上东察合台汗国汗位，死于回历 764 年（1362/63）。秃忽鲁帖木儿在正式皈依伊斯兰教之前，他的宗教信仰状况不明。但是他早年身处佛教信仰普遍的畏兀儿地区，很难保证他不会受此宗教环境影响。再者，以吐鲁番为代表的新疆东部地区即使在元朝中后期到明朝早期，政治上脱离了中央政府直接控制的一百多年中，佛教的中心地位、庞大的僧团组织和密集的佛事活动屡见史载。因此，我们有理由相信，秃忽鲁帖木儿的迎请有宗教方面的动机。

退一步说，宗教信仰在解释秃忽鲁帖木儿召请噶玛巴的原因出现困

---

① Roerich, The Blue Annals, p. 1040.

② ［日］森安孝夫：《敦煌藏语史料中出现的北方民族》，《西北史地》1983 年第 2 期。

③ 陈庆英：《大乘玄密帝师考》，原载《佛学研究》2000 年第 9 期，收入《陈庆英藏学论文集》（上册），中国藏学出版社 2006 年版，第 220 页。

④ 措如·次朗：《藏传佛教噶举派史略》，王世镇译，宗教文化出版社 2002 年版，第 66—67 页。

⑤ 笔者怀疑为藏历土兔年（己卯，1219）与木兔年（乙卯，1255）推算错误所致。

难时，能否从现实政治的角度考虑其他的答案呢？

秃忽鲁帖木儿统治末期，曾经发动过两次统一汗国东西部的战争，但是结果未能如愿。考虑到三世、四世噶玛巴在元末宫廷中的巨大影响力及元朝陕甘青地区诸王对佛教的遵奉程度，可以猜测秃忽鲁帖木儿试图借助噶玛巴援引元廷，至少是元朝西部诸王军事力量的可能性。河西走廊诸王与元朝的政治关系在元末全国范围政治大动荡、军事割据遍布的背景下也没有那样紧密，反而可能同西域仍维持着若即若离的联系。吐鲁番文书与近年出土的莫高窟北窟文书中的内容反映出，元末瓜、沙等地与哈密、吐鲁番、别失八里的东察合台汗国保持了密切的关系。①元朝瓜、沙诸王都是归顺元世祖的察合台后王出伯之裔，分布在哈密、瓜、沙等地区，笃信佛教，他们与东察合台汗国之间的特殊关系或许是四世噶玛巴获得邀请的原因之一。

至于让迥多吉婉拒察合台汗国邀请的原因，再补充一点，根据藏文史书记载：在噶玛巴北上大都的往返过程中，都曾逗留于甘州，他获得邀请也是在他返程途经甘州之际。当时，甘州疾疫流行情况非常严重，噶玛巴拒绝西行的原因或与此也有一定的关系。

（三）元末西北史地几个细节问题的理解

1. 李喜喜（青巾军）的活动

《青史》载，噶玛巴返回西藏之时，"王妃布纳雅达日迎请法王到六盘山（lu be shan）。当人们大声呼叫里枳枳（li tsi tsi）大军来了的时候，法王说：'我对众生不做损害是准确无误的，大军是不会来的。'他这么说，以安慰他们"②。札奇斯钦将其中的"li tsi tsi"径作"李思齐"，似乎并不确切。至正十七年（1357）六月，"是月，刘福通犯汴梁，其军分三道，关先生、破头潘、冯长舅、沙刘二、王士诚寇晋、冀，白不信、大刀

---

① 参见敖特根《敦煌莫高窟北区出土蒙古文文献研究》，民族出版社 2010 年版，第 62—70 页。

② 王译《青史》，第 445 页。Roerich, The Blue Annals 作 "When strong rumours spread that the troops of Li-tsi-tsi were coming"（p. 505）。

敖、李喜喜趋关中，毛贵据山东，其势大振"。十月，"是月，白不信、大刀敖、李喜喜陷兴元，遂入凤翔，察罕帖木儿、李思齐屡击破之，其党走入蜀"。至正十八年（1358）四月，"察罕帖木儿、李思齐，会宣慰张良弼、郎中郭择善、宣慰同知拜帖木儿、平章政事定住、总帅汪长生奴，各以所部兵讨李喜喜于巩昌，李喜喜败入蜀"①。如果仅仅从时间关联上看，噶玛巴到达六盘山时，李喜喜之乱已经在关陇结束，似乎与噶玛巴无关。元朝在镇压李喜喜所部时颇费周章，陇上诸军计无所出，不得已依靠察罕等军才能破敌。其时，即使有李喜喜来犯的传言也足以使人感到惊慌。

2. 塔滩——大都至西番路线的必经之地

《青史》载噶玛巴离开大都后，折向西行，经 tha-tha 地区，转至六盘山。从交通路线分析，应为从大都西至甘肃的驿道，中间要经过东胜州、阴山山麓，沿黄河南下到宁夏境内。元朝曾在此线开通水旱两路驿道。笔者考证认为，其中在阴山山麓部分为元塔塔里军民屯田万户府辖区。② 1360年前后，中原战乱严重，豫陕驿道安全难以保证，加之曾经发生过义军抢劫帝师骸骨的事件，很难想象元廷会让噶玛巴冒生命风险通过。选择北方驿道自然有其合理性。再者，北方驿道相较中原驿道而言所具有草原环境、气候风俗、饮食起居也更与藏区接近，始终是藏僧进出内地的重要路线之一。另外，至元十九年（1282）藏僧胆巴受桑哥陷害，被迫西返藏区，所行经的路线为"首于云中，次至西夏，以及临洮"③。显然这条路线与噶玛巴返藏路线相同，必然也要经过云中与西夏之间的"塔滩"，所以《青史》载噶玛巴行经 tha-tha 又从一个侧面证实了"塔滩"地区在元代河套交通地理中的重要性。

3. 内地灾害与大运河漕运

汉译本《青史》在这一部分的翻译上含混不清。英译本说法王到

① 《元史》卷45《顺帝纪八》，第937、939、942页。

② 参见拙文《元代黄河漕运考》，《中国史研究》2011年第3期。

③ （元）释念常：《佛祖历代通载》卷35，江苏广陵古籍刻印社1993年影印本，第416页。

来之前，发生饥荒，蛮子地方输入之货物业已中断九年。① "蛮子"在元代是北方各族对原南宋统治区的蔑称，藏史中沿用了这一说法。显然《青史》所指就是元末农民战争爆发后，中原地区为红巾军占领，元朝漕运中断，大都粮食供应严重匮乏的困难局面。问题的严重程度使得入藏僧人们高度关注。须知，红巾军起事在至正十一年（1351），在噶玛巴入京之后的至正二十年（1360）五月，"是月，张士诚海运粮十一万石至京师"②。此前的至正十九年（1359）九月，元廷"诏遣兵部尚书伯颜帖木儿、户部尚书曹履亨，以御酒、龙衣赐张士诚，征海运粮"③。至正十一年至至正二十年恰为9年，《青史》的记载与之完全吻合。除了张士诚、方国珍之外，尚有陈友定运粮北方。"时元大都道绝，友定遣贡舶，多由海道取登、莱，十达三四，元主下诏褒美"④，于是元朝"赖福建濒海，又为王土，独能运粮至京师，由是，京师民再活"⑤。虽然《青史》将粮食危机缓解的结果归结于噶玛巴的宗教作用令人难以置信，但是，海运粮的到来与噶玛巴在京的活动之间的确在时人心中产生了某种联系应是事实。无独有偶，"（元）太子召指空和尚，问民饥何以疗之，指空曰：'海运且至，何忧？秋，福建运粮数十万石至京师。'"⑥ 这表明面对粮食危机，统治者极为焦虑，一方面通过各种方式筹措，一方面寄希望于宗教人士获得心理安慰。这进一步肯定了《青史》中所说的元朝君臣对噶玛巴的评价具有相当可信度。

（四）藏史所载之陇右蒙古诸王

《红史》称："此后他（让迥多吉）为王子热达那室利（皇帝懿璘

---

① Roerich, The Blue Annals 作 "Prior to the coming of the Dharmasvamin, a famine occured, because imports（'dab-sgo）from South China（sMan-tse < Man-tz?）had been interrupted for nine years."（p. 502）

② 《元史》卷45《顺帝纪八》，第950页。

③ 《元史》卷45《顺帝纪八》，第949页。

④ （清）谷应泰：《明史纪事本末》卷6《太祖平闽》，中华书局1977年点校本，第84页。

⑤ （明）权衡：《庚申外史笺证》，任崇岳笺证，中州古籍出版社1991年点校本，第100页。

⑥ （明）权衡：《庚申外史笺证》，任崇岳笺证，中州古籍出版社1991年点校本，第99页。

质班，rgyal bu ratṇa shri）的根本上师，并在起辇谷（kyin jang hur）建寺。"① 此事约在 1332 年（至顺三年）。书中的 Ratna 或 ratṇa shri 王子实际上就是元朝末年活动在西北地区的豫王阿剌忒纳失里，为梵音 Ratnśarī（宝吉祥），转为蒙古语之 Aratnаširi②。他在元末是比较活跃的诸王之一。他在泰定三年（1326）之时以西安王的身份出现，天历元年（1328）被封为豫王。1331 年前曾出征云南，至迟在 1336 年即已出镇陕西。③ 这是汉文史料的记载。藏文史料中提到阿剌忒纳失里为让迥多吉建寺的地点为 kyin jang hur（同书第 94 页作 kin cang hu）不当译作起辇谷，而应是汉语"京兆府"的藏文音译④，地在今陕西西安市。《红史》的说法进一步将豫王出镇陕西的时间提前到了 1332 年，适可补汉史之阙。此外，还可以看出，豫王在陕西很快就与噶举派高僧建立起密切的宗教关系，成为噶玛巴的忠实信徒。四世噶玛巴时，王子热达那室利（豫王）又奉献了重礼。⑤

至正十七年（1357）二月，因红巾军进攻陕西七盘、蓝田，元廷"命察罕帖木儿以军会答儿麻亦儿守陕州、潼关；哈剌不花由潼关抵陕西，会豫王阿剌忒纳失里及定住等同进讨"⑥。豫王参加了对于陕红巾军的防御。年底"豫王阿剌忒纳失里与陕西行省左丞相朵朵、陕西行台御史中丞伯嘉讷分道攻讨关陕"⑦。但是次年（至正十八年，1358），

---

① 《红史》第 83 页。文中夹注作"皇帝懿璘质班"，恐不确，下同。《贤者喜宴》载："格降（gin-jang）元王子热塔纳（radana）敬奉（让迥多吉）为根本上师，并建立了修行之地。"（巴卧·祖拉陈瓦：《〈贤者喜宴——噶玛噶仓〉译注一》，周润年译，《西藏民族学院学报》2011 年第 2 期）

② 参见敖特根《敦煌莫高窟北区出土蒙古文文献研究》，第 95 页。

③ 参见郭晓航《元豫王阿剌忒纳失里考述》，《社会科学》2007 年第 9 期。

④ 《〈旃檀瑞像传入中国记〉的回鹘语与藏语译文》一文作 kyin chang hu。（见杨富学译《回鹘学译文集》，甘肃民族出版社 2012 年版，第 187 页）

⑤ 参见《红史》，第 91 页。《贤者喜宴》载，"太子热达纳（rgyal-bu-ratanasa）闻悉（法王若必多吉的事迹）后，奉献诸多供奉礼品。"（巴卧·祖拉陈瓦：《〈贤者喜宴——噶玛噶仓〉译注三》，周润年译，《西藏民族学院学报》2011 年第 4 期）

⑥ 《元史》卷 45《顺帝纪八》，第 935 页。

⑦ 《元史》卷 45《顺帝纪八》，第 940 页。

却出现了"诏豫王阿剌忒纳失里徙居白海，寻迁六盘"[①] 的奇怪说法。作为镇压红巾军的重要力量之一，豫王本应受到朝廷倚重，但结果却是被贬居白海和六盘山。有人分析原因指出："时李思齐、张良弼杀王官而并其军，阿剌忒纳失里不能制。"[②] 实际上是关陕汉族军阀兴起后，豫王无力控制，从而遭到朝廷的处罚。对照《红史》，恰逢此时，

> "猪年（1359）二月六日，他（若必多吉）到嘉噶（rgya gar）地方。王子桑扎室利坚（rgyal-bu-sang-gra-shri-can）亲自前来迎接。八日，他被迎请到河州（ga chur），达玛靖王（rta-rma-tsing-dbang）把他请到索雅的斡耳朵（vur rdo so yar）住了两天，以靖王官却贝（tsing-dbang-dkon-cog-dpal）为首的王族前来皈依，他为行院的官员们举行了灌顶，当西凉王（srad-nya-dbang）被他们革职时，他进行了劝解，王爷被赦免，王府属下的人也从狱中释放。在河州住了八天，住在王子官却贝（rgyal-bu-chos-dpal）在山腰修建的寺院附近扎下的帐篷中。此时发生了叛乱，所有的驿路都被阻断，他看到前往朝廷的道路不通，就没有前往，而在当地住了六个多月。他的随从五百多人的食用都由行院供给。达玛靖王（dah-rma-tsing-dbang）和代周平章（di-ju-phing-chang）不和，二人各自调集重兵，约定四月十五日进行决战，经他出面调解，停止了战斗。"[③]

---

① 《元史》卷45《顺帝纪八》，第945页。

② （清）曾廉：《元书》卷39，《四库未收书辑刊》第4辑第15册，北京出版社1997年影印清宣统三年层漪堂刻本，第323页。

③ 《红史》，第94页。《贤者喜宴》载"猪年（1359）二月六日，抵达恰卡（bya-kha）地方，皇子桑噶哈西（san-ga-ha-shrvi）前来迎接，并住于河与山之间的皇子宫殿附近。询问天体之灾难日食（之情况），据说写在了纸上，不知了下落。（法王）对所有王室成员及众官员进行了智慧灌顶，并使彼等得到安乐，还释放了王胡（dbang-hu）犯人。在此住憩了六个多月，达玛靖王（nga-harama-cing-dbang）和代周平章（ding-ju-phing-chang）各自调集重兵，准备战斗，（法王）出面调解，冲突遂平息。"（巴卧·祖拉陈瓦：《〈贤者喜宴——噶玛噶仓〉译注三》，《西藏民族学院学报》2011年第4期）

文中"tsing-dbang"一词出现了多次，若音译为"靖王"，似乎较为勉强。同一王号被多人同时同地（河州地区）拥有的情况几乎不会存在。若确为"靖王"，则是镇西武靖王的简称，此时只能是王子搠思班（rgyal-bu-chos-dpal）。搠思班不称"靖王"，那么，其他河州一带的诸王都不应有此王号。我们怀疑可能是汉语"亲王"的音译。

有学者认为接受灌顶的"靖王官却贝"（dkon-cog-dpal）正是豫王阿剌忒纳失里①，其藏文意为宝吉祥，相当于 Aratnaširi。同时文中出现的另一个西凉王（srad-nya-dbang）或为汉语"西安王"的音译。结合《元史》至正十三年（1353）十二月"以西安王阿剌忒纳失里为豫王，弟答儿麻讨南阳贼有功，以西安王印与之，命镇宠吉儿之地"② 的记载，可将 srad-nya-dbang 比定为豫王弟西安王答儿麻。考虑到《红史》中以不同名号称呼诸王的情形，再以译音推求两处"达玛靖王"也应该是西安王答儿麻。这就意味着西安王答儿麻的镇守处——"宠吉儿之地"当在河州一带，王的斡耳朵（宫帐）设在索雅（so yar）。综合汉藏文史料，大体可知，豫王最初活动在西安附近，后迁居六盘山；其弟答儿麻一直活动在河州附近。1359 年初，豫王亲至河州，与其弟一道迎候噶玛巴。豫王兄弟关系非常密切，在明朝军队攻入开城、六盘山地区时，豫王兄弟出逃的目的地正是河州，③ 并非偶然。

这一段史料还透露出其他重要信息，即暗示了豫王兄弟与当地军阀间关系非常紧张的实情，如西安王属下官员被拘捕以及与代周平章（di-ju-phing-chang）间即将爆发的武力冲突。这里的"代周平章"，《贤者喜宴》作 ding-ju-phing-chang。《元史》载，至正十八年四月，"察罕

---

① 参见《元代西藏史研究》，第 114 页。
② 《元史》卷 43《顺帝纪六》，第 912 页。
③ 明人俞本《纪事录》下载，洪武二年"六月，克平凉，元豫王、西安王遁去"（《纪事录笺证》，李新峰笺证，中华书局 2015 年版，第 294 页）；洪武三年"八月，杀马关守者报韦正曰：'山后马步数千人云：西安王、豫王，欲越境东走。'"（《纪事录笺证》，李新峰笺证，中华书局 2015 年版，第 318 页）

帖木儿、李思齐，会宣慰张良弼、郎中郭择善、宣慰同知拜帖木儿、平章政事定住、总帅汪长生奴，各以所部兵讨李喜喜于巩昌，李喜喜败入蜀。察罕帖木儿驻清湫，李思齐驻斜坡，张良弼驻秦州，郭择善驻崇信，拜帖木儿等驻通渭，定住驻临洮，各自除路府州县官，征纳军需。李思齐、张良弼又同袭杀拜帖木儿，分总其兵"。① 我们认为驻兵临洮的平章政事定住就是 ding-ju-phing-chang。定住所部迫近河州，与答儿麻之间产生矛盾，战端一触即发。正是凭借噶玛巴居中调解，才缓和了诸王与地方大臣军阀间的关系，暂时化解了矛盾。

1362 年，噶玛巴离开大都后，"王子热达那（rgyal bu ratna）到凉州一百零八塔地方，祈请他传授灌顶"②。《青史》载噶玛巴在从大都返回西藏的过程中，与王子惹达纳（rgyal bu ratna）和王妃布纳雅达日（btsun mo bu ŋya dha ri）相见，并向他们传授佛法。在王妃请求下，若必多吉帮助设计了释迦牟尼造像。王妃还迎请噶玛巴来到六盘山（lu be shan）③。阿剌忒纳失里的妻子仅见于藏史记载，再补汉蒙史料之缺。豫王夫妇笃信佛教的情形还可从汉文史料中得到印证。《预旺城城隍庙记》载："元太祖将定西夏，进兵盐州川，今之惠安下马关川也。迨屯兵于六盘山，而斯地为必由之路，命豫王筑城，以通声气。于是乎名其地曰豫王城，今名预旺。王信佛敬神，嗜造浮屠，修庙宇。年湮悉毁，惟城隍庙岿然独存。"④ 其中特别提到的豫王"信佛敬神，嗜造浮屠，修庙宇"证明了藏史记述的准确性。遗憾的是，明初，豫王在徐达进攻下出逃之后，他曾支持修造的佛寺梵像逐渐"年湮悉毁"了。

河州地区蒙古诸王中还有一位重要人物则是《红史》提到的"王子官却贝"（rgyal-bu-chos-dpal），实为镇西武靖王搠思班。此外，《雅隆尊

① 《元史》卷 45《顺帝纪八》，第 942—943 页。
② 《红史》第 98 页。
③ 王译《青史》（第二部），第 444，445 页。
④ （清）陈日新纂：光绪《平远县志》卷 10，《中国方志丛书·塞北地方·第六号》，成文出版社 1969 年影印清光绪五年钞本，第 110—111 页。

者教法史》列举了其他在河州的宗王们，"铁木儿不花之子老的，虽继父位，然未至卫藏。铁木儿不花小妃之子搠思班（chos-dpal）被封为靖王（tsing-dbang），亦至卫藏。其子嗣白玛达日靖王（pad-ma-dha-ri-tsing-dbang）、达磨室利王（dha-mo-shri-dbang）、札查王（prad-dznya-dbang）等，在噶曲（ga-tshu）者甚多。"① 显然上述诸王都是出自奥鲁赤系统的藩王，具体而言均为铁木儿不花王后裔。其中的札查王（prad-dznya-dbang），仁青岱、李治安先生将其比定为末代镇西武靖王卜纳剌②，笔者赞同其见解。不过，《明太祖实录》记载的卜纳剌世系为"卜纳剌，本蒙古部元世祖第七子西平王奥鲁赤五世孙。奥鲁赤生镇西武靖王帖木儿不花，帖木儿不花生搠思班，搠思班生梁王脱班，脱班生卜纳剌，袭封武靖王"③。《汉藏史集》所载不同，谓："搠思班（chos-dpal）之后裔为武靖王班玛塔（pad-ma-ta）以及在河州的安西王等，后为前来乌斯藏的王子皇太子、宗本钦波（rdzong phing chen po）父子亦是。"④ 有学者怀疑武靖王班玛塔（pad-ma-ta）是西平王八的麻的加⑤。考诸《元史》在至正十四年（1354）五月，"命荆王答儿麻失里代阔［端］阿合镇河西，讨西番贼。"⑥ 这个代替阔端后王出镇河西的荆王答儿麻失里更像达摩室利王（dha-mo-shri-dbang），不过该王系属关系不明，暂存

---

① 释迦仁钦德：《雅隆尊者教法史》，第53—54页；《雅隆觉沃教史》，仁青岱、李治安译注，《蒙古学资料与情报》1990年第3期。

② 仁青岱译注本《雅隆觉沃教史》注释41称"塔塔儿靖王、塔马西王二人无考。笔者所拟的汉字音写未必准确。另，卜纳剌王虽未著于《元史》诸王表和宗室世系表，但《明史》、《西域传·西番诸卫》说：'（洪武三年）会邓愈克河州……其镇西武靖王卜纳剌亦以吐蕃诸部来纳款'。《康熙河州志》卷2《典礼·祠祀》中亦有至正十三年武靖王纳剌修建河州城隍庙事。此二处之'纳剌''卜纳剌'，与本书的卜纳剌王（Prad-dznya-dbang）实即一人。韩伯诗推测，卜纳剌系搠思班之孙，党兀班之子。疑是。韩伯诗还认为，卜纳剌应还原为梵文 Buddhapala（《元史诸王表笺证》马笑尘、张致和译稿）。此说法似有问题。倘若'卜纳剌'一词原为梵文，它应在与梵文关系密切的藏文中表现最明显。据本书所载，卜纳剌的藏文转写为 prad-dznya，而与 Buddhapala 差别较大。兹存疑。"（《蒙古学资料与情报》1990年第3期）

③ 《明太祖实录》卷83，洪武六年七月戊辰，第1491页。据《校勘记》补。

④ 《汉藏史集》，西藏人民出版社1986年版，第144页。

⑤ 《元代吐蕃地方行政体制研究》，第28页。

⑥ 《元史》卷43《顺帝纪六》，第915页。

龙裔

疑。《汉藏史集》尤其引人关注之处还在于河州分布的诸王中包括了"安西王",根据以上考察,可以肯定"安西王"当作"西安王",亦即阿剌忒纳失里兄弟,不过他们不是搠思班的子嗣。

元末明初,汉文史料对陇右地区的史实记载极为有限,藏文史料中的内容在很大程度上反映了奥鲁赤系统各王系的存在状况①以及蒙古宗王与地方实力派之间的复杂关系,有助于理解明初甘青地区归顺明朝的背景。

（五）明代诸帝的藏传佛教宗教信仰

明代的开国君主曾经为僧,明初诸王府配置的人员中也有僧人,所以不论在精神信仰层面,抑或实际政治层面,嘉靖以前的明代诸帝、诸王都与佛教发生了密切的关系。在汉地佛教日趋式微的背景下,经过前朝推崇和自身宗教改革的藏传佛教却获得了蓬勃发展,在一定程度上取代了汉地佛教在明朝宫廷中的影响。通常内地汉族知识分子对于藏传佛教持排斥态度,也有意忽略藏传佛教在内地的活动,而藏文史书却可以提供关于这方面的记载,显然有助于深化对于藏传佛教在内地皇室中作用的认识。该问题已有学者做出了探讨②,本文再举一些例证加以补充。

《贤者喜宴》中已经详细记载了噶举派五世得银协巴（de-bzhin-gshegs-pa,即尚师哈立麻）在永乐初年于内地传法,受到朱棣厚遇的

---

① 元末甘青奥鲁赤后王的关系见下表。

奥鲁赤（西平王）

铁木而不花（镇西武靖王）　老的（云南王）　　　　　八的麻的加（西平王）

搠思班（镇西武靖王）　阿剌忒纳失里（豫王）　答儿麻（西安王）　贡哥班（西平王）

党兀班（镇西武靖王子）　脱班（梁王）

卜纳剌（镇西武靖王）

② 陈楠:《明代藏传佛教对内地的影响》(《中国文化》2001年第Z1期);杜常顺:《明代留住京师的藏传佛教僧人》(《中国藏学》2005年第2期);才让:《明洪武朝对藏传佛教的政策及其相关史实考述》(《西藏研究》2004年第2期)、《信仰与扶持——明成祖与藏传佛教》(《西藏研究》2005年第4期)、《明宣宗与藏传佛教关系述》(《中国藏学》2007年第3期)、《明武宗信奉藏传佛教史实考述》(《西藏研究》2007年第2期)等。

史实。① 据称，哈立麻诸僧设立了胜海、宝撅、密集、密扎、金刚界法界灌顶、喜金刚、尊胜母、普明、药师佛、度母仪轨、观音咒等坛城，为朱棣灌顶，并且还翻译了相关经典。《永乐北藏》也记载了朱棣所撰写经咒序赞，其中就有永乐九年四月十七日的《御制圣妙吉祥真实名经序（并赞）》、永乐十三年四月十七日的《御制喜金刚本续序》等文字，藏传佛教对明朝皇室的影响可见一斑。更有明武宗时派遣太监刘允远赴西藏迎请第八世噶玛巴的详情。② 这些都是汉藏史书共同记载，并且互有侧重的内容，史料价值很高。

此外，《汉藏史集》也有明代皇帝信奉藏传佛教、修习密法之事，"其后永乐皇帝在位二十二年，他与大乘法王结为施主与福田的关系。……英宗皇帝于阳铁马年（1450）八月十六日被蒙古之大臣也先太师俘虏并带走。就在此阳铁马年，景泰皇帝登上帝位，到今年狗年（1454）已经过了五年。据说这位景泰皇帝也是上师的弟子，精通喜金刚、大威德等密宗教法，信仰佛法，此为日辛巴（ri-zhing-pa）之上师细顿（byis-ston）去汉地献马并朝见皇帝后所说的史实。"③《贤者喜宴》也提到明英宗曾经迎请比热瓦巴（birwa-pa）。在另一处又提及额巴恰斋瓦顿南喀坚赞（ngom-pa-bya-bral-ba-ldong-nam-mkhav-rgyal-mtshan）作为比热瓦巴的侍从也前往内地，受到皇帝的丰厚赐予。以上均能补汉史之缺。

三 结语

藏族历史编纂学和历史学著作是中国传统历史编纂学的重要组成部分之一，在中国少数民族历史研究中占有极为突出的地位。它的特点表

---

① 详见邓锐龄《〈贤者喜宴〉明永乐时尚师哈立麻晋京纪事笺证》，《中国藏学》1992 年第 3 期；巴卧·祖拉陈瓦《〈贤者喜宴——噶玛噶仓〉译注（六）》，周润年、张屹译，《西藏民族学院学报》（哲学社会科学版）2012 年第 1 期。

② 详见才让《明武宗信奉藏传佛教史实考述》，《西藏研究》2007 年第 2 期。

③ 《汉藏史集》，第 64 页。

现在：1. 有悠久的、持续的历史编纂学传统；2. 有大量内容丰富、卷帙浩繁的历史著作；3. 形成了以宗教史观为主导的历史编纂思想。基于上述特点而层出不穷的藏族历史名著中，除了对佛教发展、传播进行了大量记述之外，也在相当程度上记载了吐蕃、汉地、蒙古、印度以及木雅等周边民族的王统史。其中特别值得注意的是在撰述多民族历史的著作中，藏族史学家开始自觉地利用已经被翻译为藏文的汉族各类历史著作和本民族人士对汉地的见闻资料来充实对汉地历史的记述。

藏汉民族关系中很大一部分内容是以藏汉宗教关系体现出来的，所以不论汉地史料，还是藏族史料中牵涉双方僧侣双向互动活动的内容无疑具有很高的研究价值。在汉文史书中，由于传统历史观的影响，对于此类僧侣行为的记载不及藏文史书丰富也是不争的事实。在这个意义上说，藏文史书对藏汉民族宗教文化关系的研究显得尤为重要。

藏族史学在元明之际开始出现的发展新迹象有一个最重要的政治文化前提，那就是蒙元时代西藏正式纳入中国版图和由此日益密切的西藏与内地的文化交流。这个政治基础必然产生西藏与内地双方空前深入的了解和对对方更加细致的观察，从而为藏族历史编纂学带来了广阔的视角和更丰富的内涵。

基于藏传佛教在蒙元时代的大规模东传，使得内地最高统治集团和西藏在宗教信仰的意识形态层面上形成了相当程度的一致性，或者认同感。在这一背景下，西藏政教合一的制度特点遂使藏传佛教高僧在沟通内地与西藏文化了解方面发挥了不可替代的作用。一些具有藏汉双语能力的藏族僧侣以及与之关系密切的内地官员、汉族僧侣共同为藏族历史编纂中内地叙事准确化和多样化的发展趋势做出了自己的贡献。分析藏文史书中所引用汉文材料的分类、来源，可以了解藏族史学家运用史料的广泛性，表现了其特有的历史编纂思想和编纂方法上的特点。

本文原名《论藏文史书的内地历史记载》，原载《史学史研究》2015年第1期，收入本书时内容有增加。

明代东蒙古阿鲁台亲族附明研究

在明与漠北蒙古的长期对峙中，双方都曾招纳、容留过来自对方的人众。由于史料限制，我们所见到的此类记载几乎全部都是来自漠北的附明人士。对于这些人在内地的活动，已有学者进行了初步的研究，[①]但是对于附明少数民族人物或家族问题的探讨开展得仍然很少。附明少数民族人物中包括蒙元皇族，更多的则是蒙古的重臣名将等大贵族，在其附明之后，继续受到明朝的重视。[②] 他们通过既有的身份优势结合自身的积极活动，最终跻身于明朝军事新贵的行列。对此现存明代档案史料中有许多值得整理的旁证和可以持续深入挖掘的线索。这一历史现象本身丰富了明代内迁少数民族史研究的内涵，使其呈现出越来越清晰的轮廓，也彰显了这一领域存在着相当大的研究潜力。

---

① 参见［美］塞瑞斯（司律思，Henry H. Serruys）《明初蒙古人封爵考》（*Mongolsemiobled-duringtheearly Ming*），原载《哈佛亚洲研究学报》（*Harvard Journal of Asiatic Studies*），22，1959年12月，第209—260页；本文有方达译文，载内蒙古大学历史系蒙古史研究室编印《蒙古史研究参考资料》第十辑，1964年9月，第1—29页。

② 薄音湖：《买的里八剌与脱古思帖木儿》（《黑龙江民族丛刊》2003年第4期）一文主要是将买的里八剌考证为脱古思帖木儿，对其在明朝的活动着墨不多；梁颂成：《"正学先生"和"忠勇伯"——明代的两位"蒋信"辨》（《湖南科技学院学报》2009年第10期）则是将蒙古人蒋信（也先土干外甥）做一区分，以上均为涉及研究对象附明后的情况。王雄：《明朝的蒙古族世家》（《蒙古史研究》第七辑，内蒙古大学出版社2003年版）则将买的里八剌、也先土干、蒋信、吴允诚家族等蒙古世爵资料进行了深入爬梳整理。另外，周松：《入明蒙古人政治角色的转换与融合——以明代蒙古世爵吴允诚（把都帖木儿）为例》（《北方民族大学学报》2009年第1期）讨论过早期的吴允诚家族。

为此，本文选择阿鲁台家族作为对象，考证其与南宁伯、靖安伯等明朝少数民族世爵的血缘关系，从身份转换的视角分析附明蒙古人在内地的历史活动，进而探讨附明少数民族权贵的政治适应性和明朝相关政策措施的实际作用。

一　明朝南宁伯世爵与阿鲁台的关系

阿鲁台是自永乐朝初年到宣德朝末年漠北蒙古集团中最重要的政治人物之一，是东蒙古事实上的最高统治者。大致以最后一次永乐北征为分界线，前期阿鲁台与明朝的关系是战和交替；后期阿鲁台与明朝的关系则始终维持和平。特别是在双方和平时期的往来，客观上加深了彼此的了解，互相之间的确也释放了不少善意。虽然在这个过程中，阿鲁台本人在坚持维护残元政治独立性和务实附明的现实性之间来回摇摆，但是他的家人、族人与明朝保持了密切关系却是不争的事实。其中著名的蒙古族将领，明朝的南宁伯毛氏据称是阿鲁台的族人。遗憾的是，这一说法并未引起足够的重视。

（一）南宁伯先世史料之异同

从史源学的角度看，对于南宁伯毛胜家族的来源有不同的说法，其中多数记载并未明确毛氏家族与阿鲁台之间有亲属关系，如吕原所撰《明故南宁伯追封南宁侯谥庄毅毛公夫人白氏合葬墓志铭》载：

> 按公讳胜，字用钦，姓毛氏，世为幽冀贵族，仕于元。曾祖教化，封冀宁王，王有二子，长蛮子，顺帝时太尉，于公为伯祖；次别卜花，文宗时右丞相，公之祖也。丞相二子，长那海，次安泰，皆仕国朝。那海从太宗靖难，累官都指挥同知，卒。敕葬南京凤台门外，于公为伯父，以无嗣。安泰袭指挥使，即公之父也。①

---

① 贺云翱：《〈明故南宁伯追封南宁侯谥庄毅毛公夫人白氏合葬墓志铭〉考略》，《华夏考古》2002年第4期。

李贤撰《南宁伯赠南宁侯谥庄毅毛公胜神道碑》载:

> 公讳胜,字用钦。其先幽蓟人。曾祖教化在元有功,封畿宁王。伯父 [当为伯祖父] 蛮子官至太尉,祖父伯卜花中书右丞相。父安泰,国朝授昭勇将军、指挥使。①

《明史》载:

> 毛胜,字用钦,初名福寿,元右丞相伯卜花之孙。伯父那海,洪武中归附,以靖难功至都指挥同知,无子。胜父安太嗣为羽林指挥使,传子济,无子,胜嗣。论济征北功,进都指挥使。尝逃归塞外,寻复自还。②

至于对毛胜(福寿)祖、父、兄记载最详者则是《明功臣袭封底簿》:

> 毛福寿,原籍顺天府人氏。祖毛那海,洪武二十一年归附,授燕山中护卫闲良官。三十二年随驾征取九门,克怀来有功,升副千户。克雄县、真定有功,升指挥佥事。攻取大宁、郑村坝、大同,三十三年白沟河大战,攻济南有功,升指挥同知。八月内回还,升指挥使。又于沧州、东昌大战,三十四年夹河及攻藁城有功,升

---

① (明)焦竑编辑:《国朝献征录》卷9,《续修四库全书》第525册,上海古籍出版社2002年影印上海图书馆藏明万历四十四年徐象橒曼山馆刻本,第304页。

② 《明史》卷156《毛胜传》,中华书局1974年点校本,第4277页。实际上《明史·毛胜传》本自王鸿绪《明史稿》,《明史稿》又出自于徐乾学等《徐本明史》,兹不重复引用。《明书·毛胜传》虽大体相同,但是仍有一些异文,所以仍转录如下"毛胜,初名福寿,元大都人。伯父那海为元官,归附为燕山中护卫闲牧官。燕兵起,从战有功,历升都指挥同知。建文四年卒,无子。福寿父安太,那海母弟也,嗣羽林卫指挥使。永乐七年卒。福寿兄济嗣官,卒,无子。福寿嗣,以兄济九龙口、沙泪镇功,进都指挥使"。参见(清)傅维麟《明书》卷98《毛胜传》,《四库全书存丛书·史部》第39册,齐鲁书社1996年影印本,第313页。

［都］指挥佥事。三十五年克东平、小河、泗州，过淮河，渡江克应天府，升都指挥同知，病故无嗣。弟毛安泰告袭羽林前卫世袭指挥使，永乐九年病故。男毛济承袭，十二年随驾迤北征进九龙口、沙湖镇守有功，回还。二十一年病故无嗣。亲弟毛福寿宣德六年七月内奏奉钦依准袭都指挥使。宣德九年随驾迤北征哨。①

这四种记载虽未提及毛氏家族与阿鲁台的关系，但毛氏家族的元代始祖以及早期附明家族成员的历史却可以从中得到非常清晰的说明。上述史料留给我们的基本认识是洪武二十一年（1388）后毛氏家族就在明朝活动了，似乎与漠北没有明显的联系。

所谓毛氏的阿鲁台族人说最早出自《明英宗实录》天顺二年（1458）八月：

　　南宁伯毛胜卒。胜，迤北和宁王阿鲁台族人。初名福寿，永乐间兄济为指挥使，有军功未升而卒。胜袭升都指挥使，尝逸出境外，寻复自还。②（史料A）

除了《明英宗实录》之外，明人传记中采信这一观点的恐怕只有何乔远的《名山藏》了，文谓：

　　南宁伯毛胜，初名福寿，和宁王阿鲁台之裔。祖毛那海国初归附，授燕山中护卫闲牧官，从靖难，累升都督同知，卒，亡子。弟

① （明）吏部清吏司编：《明功臣袭封底簿》，学生书局1971年影印本，第557—558页。注：《潜庵先生拟明史稿》有传，参见（清）汤斌《潜庵先生拟明史稿》卷15，四川大学图书馆、中国野史集成编委会编《中国野史集成》第22册，巴蜀书社2000年影印本，第298页，当源自《明功臣袭封底簿》，但是改正了《明功臣袭封底簿》中的一些错误，可以参考。

② 《明英宗实录》卷294，天顺二年八月己巳，台北"中研院史语所"1962年校印本，第6277页。

安泰袭兄官为羽林前卫世指挥使。子济袭，有征虏功，亡子。福寿袭兄官，进为都指挥使。①（史料 B）

此外《皇明人物考》中虽然没有提及阿鲁台的名字，但是却明确讲到毛胜"本降虏"②，可以作为侧证使用。至于《皇明分省人物考》等书则几乎毫无史料价值可言，与本文相关的仅有"宣德辛亥，以父安泰荫升都指挥使"③的只言片语了。史料 A 和史料 B 只是强调了毛氏是阿鲁台族人的结论，可是并未提供支持这一结论的具体证据。因此要肯定这一看法尚需深入分析。

（二）毛氏家族与阿鲁台亲缘关系之成立

第一，毛氏先祖附明与阿鲁台兄妹入明两者之间有共同之处。史载阿鲁台的亲属在洪武二十一年流落内地。《明太宗实录》云，永乐九年（1411）十二月"戊戌，鞑靼太师阿鲁台使臣彻里帖木儿等辞归，遣中官云祥、指挥岳山等赏敕赐阿鲁台金织文绮表里，并送其兄阿力台及其妹归。二人者，阿鲁台同产兄妹。洪武中，官军至捕鱼儿海，悉俘以来。后有闻于上者，召至，厚遇之。至是，因其使至，皆重赐遣归"④。洪武二十一年的捕鱼儿海之战，明将蓝玉突袭脱古思帖木儿，北元军大败，被俘的人马数量巨大，据称"又追获吴王朵儿只、代王达里麻、平章八兰等二千九百九十四人，军士男女七万七千三十七口，得宝玺图书牌面一百四十九，宣照会三千三百九十道，金印一，银印三，马四万七千匹，驼四千八百四头，牛羊一十万二千四百五十二头，车三千余

① （明）何乔远：《名山藏》卷42《勋封记二》，《续修四库全书》第426册，上海古籍出版社2002年影印山西祁县图书馆藏明崇祯刻本，第344页。

② （明）焦竑、翁正春：《锲两状元编次皇明人物要考》卷2，《四库禁毁书丛刊·史部》第20册，北京出版社1997年影印本，第33页。

③ （明）过庭训：《本朝分省人物考》卷1，《续修四库全书》第533册，上海古籍出版社2002年影印北京大学图书馆藏明天启刻本，第36页。注：另（清）孙奇逢《畿辅人物考》卷6完全因袭前者，不再引出。

④ 《明太宗实录》卷122，永乐九年十二月戊戌，第1537页。

辆"①。而《太宗实录》追述阿鲁台的同母异父兄妹也正是在这次战役中成了俘虏。换言之，洪武二十一年之前，阿鲁台与他的兄长阿力台等人同在漠北；洪武二十一年后到永乐九年之前阿鲁台的兄长等人被俘后生活在明朝；永乐九年，阿力台等人再次重返漠北。②

另一方面，毛氏在元明两朝的政治地位都很突出，他们附明的时间也是洪武二十一年。毛氏的祖先是元朝的贵族，在元朝后期政治地位颇为显赫。元顺帝北徙时，他们曾追随元廷出居漠北。贺云翱认为《元史·宰相年表》中的左丞相别不花就是毛胜祖父右丞别卜花（亦作伯卜花），顺帝朝的右丞、平章政事蛮子就是毛胜伯祖蛮子。③ 实则，他很有可能是《明太祖实录》所载洪武朝拥兵漠北，坚持抗明的北元太尉蛮子。与哈剌章等人一样，蛮子太尉是洪武时期漠北主要的军政领袖之一，长期坚持抗明，终于在洪武二十一年的捕鱼儿海战役中被蓝玉的明军突袭杀死。

也正是在这一年毛胜的伯父那海归降了明朝，隶属于燕王的燕山中护卫。那海发迹于靖难之变中，因累立战功，升为都指挥同知，④ 死后由毛胜之父安泰袭指挥使武职。那海是典型的永乐新官。《明功臣袭封底簿》提到建文四年（1402）毛那海病亡后，由弟毛安泰告袭羽林前卫世袭指挥使，⑤ 永乐九年病故。毛安泰是毛胜（毛福寿）的父亲。之后，由安泰长子、胜（福寿）兄毛济袭职，直到永乐二十一年（1423）

---

① 《明太祖实录》卷190，洪武二十一年四月乙卯，第2866页。

② 《明代民族史》认为永乐八年朱棣北征俘获了阿鲁台的兄妹，并于永乐十一年放还一说（杨绍猷、莫俊卿：《明代民族史》，社会科学文献出版社2007年版，第17页）明显有误。

③ 《〈明故南宁伯追封南宁侯谥庄毅毛公夫人白氏合葬墓志铭〉考略》，《华夏考古》2002年第4期。

④ 《明太宗实录》载"戊子升……王忠、申英、卯那海、夏曲伦台俱为北平都指挥同知……"（《明太宗实录》卷12上，洪武三十五年九月，第208页），其中卯那海即毛那海，可资佐证。

⑤ 《明太宗实录》载"升燕山中护卫为羽林前卫，燕山左护卫为金吾左卫，燕山右护卫为金吾右卫，俱亲军指挥使司"（《明太宗实录》卷9下《奉天靖难事迹十一》，洪武三十五年六月辛未，第136页）。据此，毛氏原世袭之燕山中护卫武职在经过洪武三十五年（建文四年）后则变为羽林前卫武职。

病死。其间，毛济曾经参加北征有功。惟贺文径以碑铭立论，否认毛济的存在，过分相信墓志铭而否定《明史》本传，今不取其说。实际上，根据《明功臣袭封底簿》档案和传记资料能够确认毛济的存在。假如没有毛济的存在，则安泰的武职当由毛福寿直接承袭，而毛福寿当年仅有 9 岁，需要经过 7 年才能出幼袭职。所有的材料并未提及毛福寿曾有等候出幼的情形可以反证在他之前指挥使一职曾经有人承袭过，这个人只能是他的嫡长兄。毛氏家族有过毛济此人当无疑义。

根据上述内容，可以说，毛胜（福寿）的祖辈在洪武二十一年及以前死于漠北。同年其父辈附明，即是所谓"本降虏"一语的来历。捕鱼儿海战役对于毛氏家族的影响是改变了他们的政治身份，使其从元朝官宦变为明朝武臣。

第二，《明太宗实录》确认毛氏与阿鲁台为同族，言之凿凿，必有所本。除了上引 A、B 两条史料外，《明宪宗实录》亦载："南宁伯毛荣卒。荣，和宁王阿鲁台之裔，父胜历任都督，封伯爵。"① 所以，毛胜之父安泰与阿鲁台同产兄阿力台应为同一人。这是确认两家族亲缘关系的重要环节。毛安泰与毛那海降明同在洪武二十一年，而阿力台归明也在捕鱼儿海之战，那么两者附明时间相同。《明太宗实录》载阿力台与阿鲁台为同产兄弟，则两者为同母异父兄弟的可能性最高。由于阿鲁台之母长期与阿鲁台生活在漠北，永乐九年朱棣遣返阿力台回归漠北是从感情上拉拢阿鲁台母子的行为。《明功臣袭封底簿》说安泰在建文四年后袭羽林前卫指挥使，永乐九年病故，与同年阿力台北返也有暗合之处。阿力台或许就是安泰的汉文异译。为此，有理由推测毛氏家族与阿鲁台家族的亲缘关系是以母系而言的，即阿鲁台之母先适伯卜花，生子那海、安泰。伯卜花死后再适阿鲁台之父。那海兄弟在父亲死后，追随伯父蛮子太尉左右，洪武二十一年蛮子兵败被杀后，兄弟两人被俘降明。而阿鲁台母子则避兵远走，从此弟兄分离。

---

① 《明宪宗实录》卷 75，成化六年正月乙酉，第 1439 页。

　　第三，毛福寿本人与塞北政权间有着密切的政治关系，是其归北的诱因。毛福寿一度逃居漠北，并曾作为阿鲁台的使臣重返明朝。福寿本人与阿鲁台之间必然不是简单的政治归降关系，毛福寿是毛安泰的次子，从辈分上说，可以算作是阿鲁台的"侄儿"。另据《明仁宗实录》："遣中官别里哥、指挥赵回来的等赍敕谕和宁王阿鲁台，宥其前过，令通使往来如故，并赐王及王母彩币表里。"① 可知阿鲁台之母在永乐二十二年（1424）仍然在世，这就意味着毛氏家族与阿鲁台的血缘联系纽带长期存在。至于毛安泰死于永乐九年和阿力台在永乐九年返回漠北，不妨认为毛安泰（或阿力台）在永乐九年返回漠北的当年很可能就病亡了。当时毛福寿年方 9 岁，并未随父亲北返。毛福寿归北应当是在永乐十年（1412）到宣德六年（1431）间的某个时段。由于毛福寿在其父死后并没有承袭其武职，而是由兄长毛济承袭。毛济死于永乐二十一年，其时福寿年已 21 岁，那么，他最有可能是在永乐二十一年之后到宣德五年（1430）间去漠北投奔阿鲁台的。这也就是明英宗实录所称的"尝逸出境外，寻复自还"一事了。

　　第四，明政府对毛福寿与阿鲁台的亲属关系心知肚明，同时并没有因为这种特殊关系而影响对毛胜的信赖。毛福寿首次出现在《明实录》中是宣德六年七月"甲戌，迤北和宁王阿鲁台遣使臣福受及答剌罕赛亦的等来朝贡马。"② 同年九月，《明实录》对于毛福寿的归附始末作了明确的交代："迤北和宁王阿鲁台使臣福受［当作寿］来朝，奏愿居京师，命为都指挥使，赐冠带金织袭衣彩币银钞绵布鞍马，仍命有司给房屋器物如例。先是，福受有子毛荣，留京任指挥使。至是，福受愿留，乞一职自效。兵部奏宜罢其子之职，而升赏福受，故命为都指挥使。"③ 从中可以看出，毛福寿出走之后，他原来应袭的武职已由其子毛荣所承

---

① 《明仁宗实录》卷4上，永乐二十二年十一月甲戌，第 133 页。
② 《明宣宗实录》卷81，宣德六年七月甲戌，第 1878 页。
③ 《明宣宗实录》卷83，宣德六年九月丁丑，第 1918 页。

袭，毛胜归明后竟获升职，足见毛胜（福寿）北归并未影响他们家族
在明朝政治地位。甚至可以这样理解，明朝有意利用毛氏与阿鲁台家族
的特殊关系招徕亡散，拉拢阿鲁台余部。

正统十年（1445）十一月，明朝招抚阿鲁台次子火儿忽苔孙时曾
提道："与尔亲福寿、脱脱孛罗等共享富贵于长久"①。脱脱孛罗就是阿
鲁台的孙子，阿卜只俺之子，后改汉名为和勇。和勇于宣德九年
（1434）随父降明，十年即袭任锦衣卫带俸指挥使。明人将脱脱孛罗、
毛福寿都作为阿鲁台的亲属也证明了毛氏与阿鲁台的亲缘关系。正统六
年（1441），明朝派遣毛福寿赴云南参与平定思任发叛乱，漠北归降的
阿鲁台族人和勇等人也被明朝送往云南前线一同效力。《明英宗实录》：
"命云南左参将右都督冉保协赞黔国公沐斌镇守，都督同知毛福寿同阿
鲁台孙等还京"② 的记载也证实了这一点，引文中的"阿鲁台孙"就是脱
脱孛罗（和勇）。

二　附明的阿鲁台族人

宣德六年，阿鲁台所部即遭瓦剌重创，不得已退往兀良哈三卫和明蒙
边境地区苟延残喘。宣德九年，在瓦剌的持续打击之下，阿鲁台集团终于
崩溃。史载当年二月瓦剌脱脱不花在哈海兀良袭击阿鲁台，阿鲁台率领残
部逃居母纳山、察罕脑剌等处，七月被脱欢彻底击溃，部众亲属离散。③

阿鲁台之子见载者有先有也先孛罗，他于永乐十二年（1414）年
底为阿鲁台派遣向明朝进贡，被封为右军都督。④ 此人后不见于史载，

① 《明英宗实录》卷135，正统十年十一月癸酉，第2681页。
② 《明英宗实录》卷139，正统十一年三月甲午，第2766页。
③ 参见《明宣宗实录》卷113，宣德九年十月乙卯，第2545页。
④ 《明太宗实录》载："和宁王阿鲁台遣其子也先孛罗、都督把罕台等贡马，命宴劳之授。
也先孛罗右军都督，赐冠带金织文绮袭衣，文绮彩绢各十疋。时阿鲁台列奏所部头目也速不花等
百二十九人，请授官。命也速不花为都指挥使，余为指挥、千百户，赐赉有差。"（《明太（转下页）

或许先于阿鲁台亡故。其余诸子还有阿卜只奄、昂克孛罗、火儿忽答孙、甥阿鲁卜林等均先后降明。有学者以为阿鲁台尚有一子是失捏干，[①] 实则这一说法出自《明史》[②] 对《明宣宗实录》的误读。《明宣宗实录》载"阿鲁台与失捏干止余人马万三千，徙居毋（母）纳山、察罕脑剌等处"[③]，文中并未言及两者是父子关系。对此日本学者和田清已提出怀疑。[④] 今考《实录》中"失捏干"亦作"失乃干"，又写"失捏干"，均为一人，多次出现，[⑤] 分别提到他是阿鲁台的"伪知院""部下都督同知""部属"，而不及其他。应该注意，实录对于阿鲁台家族亲属一直认真记录，不容有此重大疏忽。所以，可以肯定的是失捏干为阿鲁台集团中的大酋而已。

（一）阿卜只奄、脱脱孛罗（和勇）父子的归降及其在明朝的政治地位

阿鲁台的直系亲属中最早投降明朝的是其子阿卜只奄。宣德九年九月适逢明宣宗率师巡边，当时宣宗正在万全与安家堡之间。《明宣宗实录》载："故和宁王阿鲁台之子阿卜只俺等丧败无依，遣头目伯木儿等来朝请归附。上怜之，遣太监王贵、都指挥昌英等往抚纳之，且厚赐赍。"[⑥] 对此明朝极为重视，派专人招抚赏赐，接纳了这位重要的归附者。年底，阿卜只奄到京，朝廷"命故和宁王阿鲁台子阿卜只俺为中

（接上页）宗实录》卷148，永乐十二年二月丁未，第1731页）同卷壬子："遣和宁王阿鲁台子也先孛罗等还，赐金白金文绮袭衣鞍马，并赐和宁王及其母妻文绮表里。"（《明太宗实录》卷148，永乐十二年二月壬子，第1732—1733页）

① 《明代民族史》，第19页。

② 《明史》载："独与其子失捏干等徙居母纳山、察罕脑剌等处。"（《明史》卷327《外国八·鞑靼》，第8469—8470页）

③ 《明宣宗实录》卷113，宣德九年十月乙卯，第2545页。

④ ［日］和田清：《明代蒙古史论集》，潘世宪译，商务印书馆1984年版，第196页注释3。

⑤ 参见《明太宗实录》卷104，永乐八年五月丁亥，第1352页；卷105，永乐八年六月庚子（申），第1364页；卷112，永乐九年正月庚辰，第1432页；卷115，永乐九年四月庚申，第1469页；卷125，永乐十年二月癸亥，第1567页；《明宣宗实录》卷48，宣德三年十一月乙丑，第1170页；卷49，宣德三年十二月乙酉，第1183页；卷110，宣德九年四月壬戌，第2467页；卷111，宣德九年七月丙申，第2505页；卷113，宣德九年十月乙卯，第2545页。

⑥ 《明宣宗实录》卷112，宣德九年九月乙未，第2535页。

军都督府左都督，赐第宅什器"①。

阿卜只奄入明后，立即上奏称其妻伯颜剔斤、男箸乞字罗在战乱中离散，现居住在福余卫。为此明英宗派遣指挥王息出使福余卫都指挥安出，声称"如阿卜只奄妻子果在尔处，即付息等领回，俾得完聚，尚毋稽违"②。结果却并未如愿，原因或与宣德年间阿鲁台构兵三卫引起的仇怨有关。直到正统十一年（1446）年初，福余卫安出等奏称"瓦剌欲遣人马于尔处挨索阿鲁台之孙，请朝廷悯恤"。英宗下旨"其阿鲁台之孙听其来朝，保全身命"③。其时，瓦剌也先加兵兀良哈三卫，三卫不支，形势岌岌可危。年中，英宗再次敕谕三卫首领："尔又奏若寻见阿鲁台孙男送来，亦见尔等恤孤济急之意，朝廷必举赏功之典。尔等其钦承毋忽"④。可见阿卜只奄之子箸乞字罗已然不知所终了。

除了封授官职外，明廷对阿卜只奄的生活待遇也颇高。英宗即位后，"以顺天府宛平县草场地四十余顷给与都督阿卜只奄等为牧放之所"⑤。须知，宣德年间明朝"赐鞑官侯伯等草场……遂定拨侯四百亩、伯三百亩、都督二百五十亩、都指挥二百亩、指挥一百五十亩、千户卫镇抚一百二十亩、百户所镇抚一百亩"⑥。显然，阿卜只奄的赐地额（4000余亩）远远超过了明朝250亩的经制，显示出阿卜只奄的特殊身份和政府的殊遇。一月之后，阿卜只奄死去，⑦ 由其子脱脱字罗（一作脱脱字罗吉）袭任锦衣卫带俸指挥使，⑧ 这个脱脱字罗就是后来的靖安

---

① 《明宣宗实录》卷115，宣德九年十二月丙辰，第2584页。
② 《明英宗实录》卷2，宣德十年二月庚戌，第43页。
③ 《明英宗实录》卷137，正统十一年正月壬申，第2718页。
④ 《明英宗实录》卷142，正统十一年六月庚子，第2808页。
⑤ 《明英宗实录》卷7，宣德十年七月庚辰，第136页。
⑥ 《明宣宗实录》卷81，宣德六年七月癸酉，第1876—1877页。
⑦ 《明英宗实录》载："中军都督府左都督阿卜只奄卒，遣官赐祭，命有司治葬事。"（《明英宗实录》卷8，宣德十年八月戊午，第162页）
⑧ 《明英宗实录》载："命左都督阿卜只奄子脱脱字罗吉为锦衣卫带俸指挥使。阿卜只奄，和宁王阿鲁台子，宣德间率众来归，授左都督。及卒，脱脱字罗吉奏乞袭职，故有是命。"（《明英宗实录》卷12，宣德十年十二月戊戌，第215页）

伯和勇。①

前面已经提到，和勇曾与毛胜一同前往云南平叛。正统十四年（1449）随英宗北征，升任都指挥佥事。同年参加明军抵抗瓦剌的军事行动，升任都督同知。景泰二年（1451）参与镇压苗族起义，征香炉山等处，升任都督佥事。② 英宗复位于天顺元年（1457）又加升都督同知，赐汉名为和勇。③ 天顺五年（1461）和勇充游击将军征讨两广壮瑶人民起义（大藤峡起义），获功升任右都督。成化元年（1465），再征两广，有功，升任左都督，加禄米一百石。后仍被派往两广驻扎，在浔州等处生擒斩获起义军首领侯郑昂等一百六十余名，俘获参加起义男女四千三百余口。为此，明朝封和勇作流伯——靖安伯，岁支禄米一千一百石。④ 成化年间，蒙古开元王把哈孛罗与大酋阿罗出矛盾激化，担心降明不被接受。对此，兵部提议"宜令靖安伯和勇访平日与彼亲识之人，送赴总兵官朱永处。伺彼到边投降，谕以朝廷恩威，释其狐疑。谓尔率众来降，朝廷必重加升赏。往者虽有小过，亦不追究，毋得心怀疑惧，自取灭亡"⑤。尽管此事并无下文，然而和勇及其所部与漠北酋豪们的密切关系由此可见一斑。明廷也正是基于此，试图加以利用，以收招降之效。

明人对和勇的评价是"（和）勇虽出夷虏，然天性廉谨，尝从征两广，充游击将军，一时总兵督战文武大臣多纵情肆欲，勇独循理尚俭，

① 这一时期在明朝供职，名唤脱脱孛罗者不止一人，有必要略作区分。第二个脱脱孛罗原系锦衣卫带俸都指挥佥事脱只之子，正统十四年袭任锦衣卫指挥使（《明英宗实录》卷175，正统十四年二月壬申，第3377页）。景泰四年以湖广香炉山战功升前军都督佥事（《明英宗实录》卷225《废帝郕戾王附录第四十三》，景泰四年正月乙丑，第4893—4894页），同年四月赐姓名为脱顺。（《明英宗实录》卷228《废帝郕戾王附录第四十六》，景泰四年四月乙未，第4977页）第三个脱脱孛罗是景泰三年的新归附者，充头目，安置于南京锦衣卫。（《明英宗实录》卷217《废帝郕戾王附录第三十五》，景泰三年六月己巳，第4680页）

② 《明功臣袭封底簿》，第331—332页。

③ 《明英宗实录》载："升脱脱孛罗为都督同知，改名和勇；梁贵为锦衣卫带俸都指挥佥事，世袭指挥使。"（《明英宗实录》卷275，天顺元年二月甲寅，第5853页）

④ 《明功臣袭封底簿》，第332页。

⑤ 《明宪宗实录》卷95，成化五年九月丁亥，第1822—1823页。

众视之有愧焉"①。

和勇之子和忠，据《锦衣卫选簿》知和勇在世时，他已由军功升任指挥佥事，②并于"成化五年加升都指挥［缺文］子孙袭指挥使"③。由于早已立功受封，因此在实录中看不到和忠袭职的记载。和忠后于成化"十九年故。诚系庶长男，优给，仍支锦衣卫指挥使"④。和忠死时，子和诚年纪幼小，直到弘治二年（1489）才出幼袭职。⑤嘉靖十年（1531），和诚之子和义袭锦衣卫指挥使。和义不久病亡，《锦衣卫选簿》载："嘉靖十四年八月，王氏，年五十六岁，南昌县人，系锦衣卫故带俸指挥使和义嫡母，户无承袭之人，照例与俸伍石优养"⑥。有意思的是《内黄》载和氏原籍为"南昌县"，而没有记作"山后"或"达达"人，应该与和勇封爵——靖安伯爵号有关。靖安是明朝南昌府辖的县名，因此之故，《内黄》中径以南昌府之南昌县作为和氏的原籍了。

自宣德九年（1434）父子降明到嘉靖十四年（1535）绝嗣，阿鲁台的直系后裔在明朝生活了约百年的时光。蒙古民族的尚武和质朴精神在和勇及其后代身上充分体现出来：和勇长期在南方镇守征战，终以军功擢升为伯爵；其子和忠也早立军功正是此写照。

（二）明朝的招抚和阿鲁台其他亲属的归降

昂克字罗：在阿卜只奄降明之后，明英宗"敕谕和宁王阿鲁台男

① 《明宪宗实录》卷125，成化十年二月戊午，第2384页。

② 《明功臣袭封底簿》称："本年（成化十年）八月内，该和勇妻林氏节次奏称，夫故有嫡长男和忠自立军功，见授锦衣卫指挥佥事，乞要袭父伯爵。本部为照，靖安伯和勇系流伯，例难准袭，俱经立案讫。"（第332—333页）

③ 《锦衣卫选簿》，中国第一历史档案馆、辽宁省档案馆编：《中国明朝档案总汇》第49册，广西师范大学出版社2001年版，第478页。

④ 《锦衣卫选簿》，第478页，此处有当脱漏。

⑤ 《明孝宗实录》载："命锦衣卫故带俸都指挥佥事和忠之子诚袭原职指挥使。"（《明孝宗实录》卷122，弘治十年二月己亥，第2191页）

⑥ 《锦衣卫选簿》，第478页"优养妇女壹口"项下"《内黄》查有：和诚，南昌县人，高祖阿鲁台，封和宁王，故。曾祖阿卜只奄宣［有缺文］授左都督，故。祖和勇袭锦衣卫指挥使。正统十四年升都督佥事［有缺文］靖安伯，故。父和忠先立军功，历功指挥佥事。成化五年加升都指挥［有缺文］子孙袭指挥使。十九年故。诚系庶长男，优给，仍支锦衣卫指挥使。嘉靖十年十月，和义，年二十四岁，南昌县人，系锦衣卫带俸达官指挥使和诚庶长男。"

昂克孛罗及大小头目曰：比闻尔等就我边疆休牧，即敕边将严部伍，禁侵害，使尔等咸遂生业。尔能克知天命，具情驰奏，朕悉尔意。特遣指挥丁全赍敕往谕，尔等其益顺天道，恪效勤诚，如欲率属来归，悉不尔拒。尔等尚体朕一视同仁之意"①。明廷的意思很明白，一是对昂克孛罗及时上报明廷近况表示肯定，允许其靠近边境"休牧"；二是表示愿意接纳昂克孛罗归降。

火儿忽答孙：宣德六年阿鲁台遭瓦剌突袭南奔，明宣宗曾遣使赐物表示道义上的支持，获赐者中就有"其子火儿忽答孙"，这是火儿忽答孙首次出现。② 阿鲁台败亡后，火儿忽答孙与其兀良哈三卫出身的妻子速满答儿一同在三卫躲避兵锋。正统二年（1437）③、正统三年（1438）④明廷三次赏赐三卫首领以及速满答儿，意在拉拢三卫，争取火儿忽答孙等归降。由于三卫在明朝和瓦剌两大力量间试图左右逢源，不得已而首施两端，因之仅仅满足于和明朝保持相对和平关系，也不希望开罪瓦剌。这很可能影响了火儿忽答孙的归附一直难以达成。至正统十年（1445）年底，明朝再次敕谕火儿忽答孙"近得边将遣人送尔木牌并檄文到京，备知尔等艰苦，愿来归顺。已敕边将遣人赍敕并牌，安放于尔等原放牌处所，仍令官军候尔，接待前来。尔等即赍此牌，安心顺路入境，毋得疑惑，朝廷重加升赏，与尔亲福寿、脱脱孛罗等共享富贵于长久"⑤。而且很快明朝又将正在云南协助黔国公沐斌镇守的都督同知毛福寿和阿鲁台孙——脱脱孛罗等人调换回京，⑥ 准备让其阖家团聚。据此可知，火儿忽答孙有可能归附了明朝。

阿鲁卜林：正统三年明朝封阿鲁卜林卫指挥佥事。这个阿鲁卜林是

---

① 《明英宗实录》卷2，宣德十年二月癸卯，第39页。

② 《明英宗实录》卷78，宣德六年四月己未，第1816页。

③ 参见《明英宗实录》卷35，正统二年十月癸酉，第685页。

④ 参见《明英宗实录》卷46，正统三年九月壬午，第885页；卷49，正统三年十二月戊寅，第954页。

⑤ 《明英宗实录》卷139，正统十年十一月癸酉，第2681页。

⑥ 《明英宗实录》卷139，正统十一年三月甲午，第2766页。

阿鲁台的外甥，史称："阿鲁卜林，和宁王阿鲁台甥，自房来归，从都督蒋贵为乡道，破房有功，愿居甘州自劾。上嘉其忠勤，故授官赐敕，及冠带金织衣一袭，命甘州左卫给俸禄庐舍。"① 阿鲁卜林获功受封是因为充当蒋贵的向导，协助击破甘肃边外蒙古的军功所致。这个被击败的蒙古集团正是阿鲁台原来所扶立的阿台汗（或作阿岱汗）。宣德九年阿鲁台被瓦剌彻底击溃，阿台汗在朵儿只伯等人的支持下逃往明朝甘肃镇边外苟延残喘。其间与明朝时战时和，明朝也很快失去了招抚的耐心，遂决定全力打击阿台汗、朵儿只伯集团。阿鲁卜林见阿台汗并无兴复的希望，也就转投明朝。正统二年明朝为求边境安宁与瓦剌合谋共同进攻阿台汗集团。三年明军多路会剿，左副总兵蒋贵率军先至狼山将朵儿只伯等驱往西北（阿拉善高原内部），又追至石城。后蒋贵又从镇夷北攻兀鲁乃，倾覆阿台汗等的巢穴，大胜阿台汗。阿台汗败走，为瓦剌所杀。② 蒋贵孤军远袭，必须要有熟知阿拉善地理和阿台汗内部情况的人作为向导，阿鲁卜林正是起到了这样关键的作用。所以战后明朝对阿鲁卜林的迅速赏功是对其倾心帮助明军的高度肯定。

阿鲁卜林的后裔取汉姓"王"氏，充锦衣卫达官，先后承袭八辈，一直延续到明末的崇祯十年（1637）。据《锦衣卫选簿》列表如下：③

阿鲁台甥阿鲁卜林武职承袭表

辈次	人名	亲缘关系	承袭时间	承袭职位	主要功次
一辈	阿鲁卜林	—	正统三年（1438）	指挥佥事	正统九年（1444）战功升指挥同知
二辈	也先（王伦）	庶长男		指挥同知	成化四年（1468）、成化十六年（1480）战功，升实授指挥使
三辈	王琬	嫡长男		指挥使	
四辈	王铉	嫡长男	嘉靖九年（1530）	指挥佥事	

① 《明英宗实录》卷41，正统三年四月己未，第792—793页。注：《明代蒙古史论集》以阿鲁卜林为阿鲁台侄（第196页注释3），误，今从《明英宗实录》。

② 关于正统三年明军阿拉善战役的详细经过可参见《明英宗实录》的记载和王雄先生《关于阿台汗》（载《蒙古史研究》第五辑）的论述，兹不赘述。

③ 《锦衣卫选簿》，第393—394页。

辈次	人名	亲缘关系	承袭时间	承袭职位	主要功次
五辈	王助	嫡长男	嘉靖三十年（1551）		
六辈	王勤	堂弟	万历六年（1578）		
七辈	王敬民	嫡长男	万历四十七年（1619）		
八辈	王之恩	嫡长男	崇祯十年（1637）		

三　余论

虽然朱元璋统治时期也曾对漠北持续进行招降，也有不少漠北人士投奔了明朝。但是洪武时代的政治猜疑使得上层归附者们内心无法真正肯定自己的归附行为，比如对于北元皇室成员的海外异地安置，势同放逐。胡蓝之狱连兴，诸如沈阳侯察罕、乃儿不花等人的涉案被诛。这些都使得朱元璋时代的招抚政策的实效大打折扣。

（一）明朝中期以前一直致力于招降漠北的蒙古部众

明朝对内附民族政策实施的常态化应该说始于朱棣。朱棣本人就藩期间多次率领达汉明军北征，队伍中原有大量少数民族为其效力。靖难之战中，又有更多的"达官军"加入朱棣一方。朱棣的胜利得到少数民族军事上的有力支持并非虚言。因此，战后朱棣酬功封赏里面就有大量的达官，退一步讲，长期的政治实践使得朱棣对于少数民族军人的认识必然与乃父有明显的差异，这是促使明朝对境外民族招抚持积极态度和安置措施制度化的重要因素。

明朝对真正归降者的态度表现为既有小心防范，又能大胆使用，维持某种平衡。中期以后明朝对外招抚的态度渐趋消极，实际上是明朝政府实力衰弱、政治自信心丧失、战略主动性快速下降的体现。

（二）归附者对明朝的态度展现出阶段性的差异

第一，明朝早期既有主动归附者，也有被迫投降者，以后则以主动归附为主。洪武时期的漠北降人多是迫于军事压力的结果，永乐时期则除了因战败归降之外，越来越多的人主动入明。永乐以后的宣德、正统间大量少数民族归附明朝，虽然单独次别的人数不多，可是总的批次远远超出了洪永时代的总和。这恰恰是明朝内附民族政策固定化的后果。及至景泰、天顺间，政治气氛变化，但是明朝境外民族内附的惯性还是使得这一时期的归附数量较以后各时期都要突出。

第二，入明之后，内附少数民族人士总体上对明朝的政治依附性加强，认同感逐步上升。这种依附性和认同感在遭遇来自汉族权贵政治猜疑之际仍然得以保持维系实属不易。以下，以南宁伯毛胜为例，对于大部分碑铭资料中回避毛氏与阿鲁台亲属关系的原因略作分析。

有关毛氏的原始文献《明功臣袭封底簿》由于只记载明朝所授予初辈武职的立功来历以及承袭世次，所以不可能提及阿鲁台。而毛氏的墓志铭和神道碑刻意回避与阿鲁台的关系则是明朝政治气氛变化影响的结果。土木之变以前，政府中已经有人对于明朝的内附民族政策提出了异议，如正统元年，行在兵部尚书王骥曾说："北虏阿鲁台为瓦剌所破，其部落溃散，外惧瓦剌，内畏官军，不得已内附。皇上弃其旧过，大霈仁恩，赐以官爵，给之土田及屋宇器用鞍马牛羊等物。虽三代圣王绥柔远夷之道，何以加此。臣等窃观此辈狼子野心，强则侵犯边境，弱则垂首乞怜。今其降者皆出败亡之余，困苦无依，假名归德顺，心实不然。若一概授之以官，非惟官爵滥及，而亦供亿为艰。请自今以后非率部属及携家来归者，俱发遣江南卫所管束，以听征调征。从之。"[1] 毛福寿奉命出征云南时，"巡按御史牟俸劾其贪暴不法数十事，且言胜本降人，狡猾难制，今又数通外夷，恐贻边患。诏巡抚覆实，卒置不问"[2]。

土木之变以后，明朝与蒙古攻守形势逆转，明人的防范心理空前强化，朝中要求严厉管制漠北降人，悉数南迁的呼声很高，即使明政府并未立即照章办理，但是毕竟严重影响了政治舆论环境，对内迁民族政策

① 《明英宗实录》卷23，正统元年十月辛未，第459—460页。
② 《明史》卷156《毛胜传》，第4278页。

施加了压力。如巡抚江西刑部右侍郎杨宁奏称:"戎狄,禽兽也。不可以恩结,不可以义感。迩来漠北降虏散处中原,自京师直抵徐州,布满郊邑。即今广东、福建寇盗生发,宜将新旧达官达军精选勇悍者,令众所信服达官头目管领,从大军征剿,给与赏赐。俟贼平,就分布各卫所守御,将其家属送之同住。非惟潜分其势,亦可因用其力。"景泰帝对此大加赞赏,说:"所言良是。已命都督毛福寿、高礼等选调以往,其妻孥且不可动,恐致惊疑。"① 不惟如此,户部主事陈汝言直接将矛头指向毛福寿,声称:"福寿本胡虏,奸诈有余,忠义不足,不念宠恩,惟向同类。若到贵州,又有原征籙川达官在彼,不可不虑。"兵部支持陈汝言之论,于是朝廷敕谕王骥:"俟福寿至日,善加奖励,密施防闲,使其心无惊疑,而乐于从事,务俾成功,然后班师。"②

显然,在变化的政治环境中,隐瞒与漠北豪强间的特殊关系,对于维护自身社会政治地位,避免不断成为舆论攻击的焦点极有必要。所以毛胜的墓志铭中不提及与阿鲁台的关系也是在情理之中。为了减少不必要的麻烦,毛胜主动要求朝廷赐汉名,进一步淡化自身异族色彩。景泰六年"南宁伯毛福寿奏乞改名胜,从之"③。

自景泰年间开始,明廷对达官军的任用陷入了不能不用、不敢重用的尴尬境地。虽然如此,我们看到不论是镇压南方各类动乱,参加抵抗瓦剌的战争,乃至提调经营三千营,都必须发挥少数民族高层武官的作用。所以明朝在实际上还是坚持了对达官们的任用,从而在实践中维持了既定的内附少数民族政策。

第三,在前者基础上,内附少数民族人士的主体最终完全融入明代内地社会,成为汉族或回族等民族的组成部分。

总的来看,附明少数民族经历了从归附者到明朝臣民的身份转化,

---

① 《明英宗实录》卷187《废帝郕戾王附录第五》,景泰元年正月乙未,第3793页。
② 《明英宗实录》卷187《废帝郕戾王附录第五》,景泰元年正月己卯,第3771—3772页。
③ 《明英宗实录》卷250《废帝郕戾王附录第六十八》,景泰六年二月壬午,第5407页。

可见政治整合、经济同质化和文化环境的浸染对于内附民族个体及其小族群的演变产生了决定性的影响。

附表　　　　　　　　明代达官毛氏与阿鲁台家族世系简表

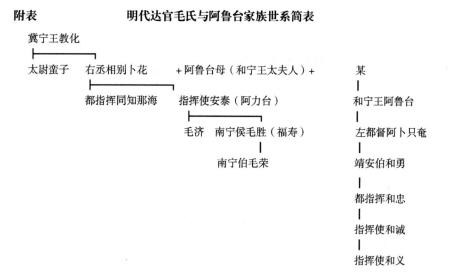

本文原名《明代内附阿鲁台族人辨析》，载《西北民族大学学报》（哲学社会科学版）2011 年第 5 期，收入本书时补充调整了注释格式，略有补充。

明代蒙古世爵吴允诚研究

　　明代前中期，来自漠北的蒙古归附者络绎不绝，其上层多被赐官予物，军卫带俸，为明朝效力。① 本文拟以永乐三年（1405）归附的塔滩蒙古人吴允诚（把都帖木儿）家族为中心，论述该家族在明早期的活动。通过这一个案，以期在明代对内迁少数族裔的政策措施之改变与成效问题上有所发现。

一　"慕义归附"——把都帖木儿降明

　　朱明崛起，推翻元朝，退居漠北的蒙古政权日趋衰败是不争的事实。在明朝的军事压力和漠北内部政治分裂双重因素的影响下，大量蒙古部众投降明朝，其间洪武二十年（1387）辽东纳哈出集团的归降是洪武朝乃至整个明代规模最大的附明事件。② 尽管明朝一度出现了"靖难之变"的国内斗争，但是漠北蒙古归降的脚步却并未停止，究其原

---

　　① 张鸿翔：《明代各族人士入仕中原考》（中央民族大学出版社1999年版）、宝日吉根：《试述明朝对所辖境内蒙古人的政策》（《内蒙古社会科学》1984年第6期）、邸富生：《试论明朝初期居住在内地的蒙古人》（《民族研究》1996年第3期）、彭勇：《明代"达官"在内地卫所的分布及其社会生活》（《内蒙古社会科学》2003年第1期）等论著都涉及了这个问题。
　　② 随纳哈出降明的人数高达8万之众，永乐七年在宁夏归降的昝卜王所部则有3万，为永乐朝之最。

因，应当说蒙古内部斗争白热化所导致的对政治经济秩序的严重破坏是主要因素。① 于是永乐初年明朝处于守势的边境势态没有影响一浪接一浪的蒙古人南下归附的势头，把都帖木儿降明则是其中之一。

（一）把都帖木儿其人

把都帖木儿，汉名吴允诚。《明史》称其原"居甘肃塞外塔沟之地，官至平章"②。所谓"塔沟"，《明实录》以及其他资料均作"塔滩"，实则繁体汉字"溝"与"灘"形近易误，《明史校勘记》亦未能辨明。《吴允诚神道碑》载："若恭顺伯吴公允诚，其人也。公本河西大族，居亦集乃，仕元受王（据《陇右金石录》王作深）封，其族位侯伯者，累累有之。"③ 与《明史》《明实录》迥异。

吴允诚神道碑系其死后的 32 年（1449），由子吴克忠请杨荣所撰。理论上，神道碑所载除了口述事迹之外，更应参考吴氏在不同时期的封赐诰命和立功事迹材料综合成之。但是杨荣载吴允诚原居地为亦集乃，而非塔滩，以及来降原职"平章"作"仕元受王封"都颇为可疑。杨荣的依据很可能只有吴克忠提供的口述或行状之类，并未深究。虚冒王封之事毋庸多言，一般的家族自述常常会出现这类抬高先祖身份地位的浮夸之说，问题在于原籍"亦集乃"，杨荣作"亦集乃"似为主客观因素影响产生的误会。客观上自然就是吴克忠有类似的说法，现无证据。主观上必须看到永乐七年（1409）杨荣曾经奉旨会同宁夏、甘肃的镇守官处理招降蒙古人事宜。那一年他在甘肃招抚亦集乃蒙古降众时应与吴允诚有过一面之缘，而且当时的降众中还有不少是吴允诚的旧部。这是杨荣关于吴允诚原居地作亦集乃模糊认识的主因。至于"塔滩"地

---

① 周松：《明初河套周边边政研究》，甘肃人民出版社 2008 年版，第 223—224 页。

② 《明史》卷 156《吴允诚传》，中华书局 1974 年点校本，第 4269 页。

③ （明）杨荣：《明故恭顺伯吴公神道碑》，载（清）张澍辑录《凉州府志备考》，三秦出版社 1988 年版，第 751 页。注：此文亦为《陇右金石录》收录，点校者曾据《陇右金石录》录文校正。杨荣《文敏集》未收录此文。

望，笔者曾考证为后套平原的阴山山脉西段地区，① 认为把都帖木儿最早见于《明太祖实录》。② 从《明太祖实录》洪武二十三年（1390）的记载看，他很早就有降明的准备，只是当时并未被朱元璋接受。洪武二十五年（1392）的进贡使者大约也是他派出的。③

（二）把都帖木儿的归降与安置

永乐三年七月，"鞑靼平章把都帖木儿、伦都儿灰自塔滩率部属伍千余人诣甘肃归附。总兵官左都督宋晟留其家属于甘肃，遣人送把都帖木儿等至京。上宴劳之，赐袭衣等物。癸卯，命把都帖木儿为右军都督佥事，赐姓名吴允诚；伦都儿灰为后军都督佥事，赐姓名柴秉诚；保住为陕西行都司都指挥佥事，赐姓名杨效诚。余为指挥、千百户、镇抚，后赐冠带、袭衣、文绮、表里、白金钞有差"④。这次归降受到了永乐帝的高度重视，他亲自接见把都帖木儿等人，给予封赏。明朝重视把都帖木儿归降的心情不难理解。首先，这是自洪武二十年以后的 20 年中最引人注目的归附集团。其次，它有可能对持观望态度的其他蒙古集团的政治选择产生重要影响，对明朝北边安全的意义也不容小觑。这样才会有"太宗嘉其款诚，赏赉优厚，遂赐名，擢右军都督佥事，锡以诰命，俾居于凉"⑤ 的优厚待遇。如果比较《明太祖实录》中俯首可拾的对众多漠北降人的封赏史料，可以发现永乐帝对把都帖木儿的重视非比寻常。在洪武朝往往将来降蒙古诸王、国公、司徒等宗亲高官授予指挥佥事（正四品）、指挥同知（从三品）类的武职，赐物相比之下也不算多，而且还将蒙古首领与其部众分离安置。但身为"鞑靼平章"的把都帖木儿却被直接授予右军都督佥事（正二品），其下属头目被授予

---

① 《明初河套周边边政研究》，第 202—212 页。
② 《明太祖实录》卷 199，洪武二十三年正月甲申，台北"中研院史语所"1962 年校印本，第 2986 页。
③ 《明初河套周边边政研究》，第 219—221 页。
④ 《明太宗实录》卷 44，永乐三年七月壬寅，第 691—692 页。
⑤ 《明故恭顺伯吴公神道碑》，载《凉州府志备考》，第 751 页。

"指挥、千百户、镇抚"的武职，的确与洪武朝有着明显不同。简单地说，永乐朝对蒙古归降者政治经济待遇要高出前朝许多。从此，明朝形成了安置归降蒙古人的新例，永乐七年（1409）七八月间对归降蒙古人的封赏情况就是这一变化的延续。

当然，永乐帝对把都帖木儿、伦都儿灰集团的整体安置上也采取了与乃父不同的方式，史载永乐三年七月，"己酉，遣右军都督佥事吴允诚、后军都督佥事柴秉诚并其部属，都指挥、指挥、千百户等居凉州，赐赉甚厚。谕兵部令榜谕缘边将士毋有侵扰。赐敕嘉奖总兵官左都督宋晟招怀之功，并赐之钞币。仍命晟给予允诚等牛羊孳牧，都督牛二十、羊一百五十；都指挥牛十四、羊七十只；指挥牛十二、羊六十；千百户卫所镇抚牛十、羊五十，其随来军民每户牛六、羊二十，家属给衣鞋布钞有差。且令晟加意抚绥，候允诚等居处既定，选其中壮勇或二百、三百、五百，参以官军三倍，于塞外侦逻，非但耀威，亦以招徕未附者"①。此后，《锦衣卫选簿》《明功臣袭封底簿》以及传记材料中均载吴氏为西凉人、凉州卫人，凉州就成为把都帖木儿家族在内地的原籍了。

吴允诚、柴秉诚及其部下五千余人、马驼两万悉数于凉州卫境内驻牧。明朝又加赐牛羊，并且告诫缘边将士不得侵扰，以怀柔之意加以安抚，目的是使吴、柴集团尽快适应环境、安定下来。从永乐三年归降到永乐六年年底这一段时间都是吴、柴集团的调整稳定时期。朱棣希望俟局势稳定后，利用吴允诚所部，以1∶3的汉蒙军比例组织小分队，赴塞外巡逻，收得"耀武"和"招徕未附"的一箭双雕之效。永乐五年（1407）十一月，居于凉州的柴秉诚（伦都儿灰）死去，②曾一度引起朱棣的担心。次年正月，"敕甘肃总兵官左都督何福等曰：近兴和守将言，瞭见胡骑五十余往来塞外，宜练士马，谨斥堠，昼夜隄防。仍密查

---

① 《明太宗实录》卷44，永乐三年七月己酉，第694—695页。
② 《明太宗实录》卷73，永乐五年十一月戊辰，第1021页。

把都帖木儿及伦都儿灰所部人心如何。若可用则选壮勇者五六十人或百人往迤北觇房声息如何。未亲附，切不可遣"①。来自边境的漠北威胁逐渐明显，调用塔滩蒙古人效力已提上议事日程。在吴、柴两首领一人死去的情况下，吴允诚对降众的整体控制力和对明朝的态度成为出征前最后的考验，所以朱棣才有上述密旨安排。事实证明，吴允诚的能力和忠诚是值得信赖的。于是，明朝下决心全面调用蒙古降众出边应对蒙古内部新近出现的动荡。吴允诚所部归附的影响，正如《明史》评价："自是降附者益众，边境日安，由允诚始。"②

二 "树立勋绩"——吴允诚（把都帖木儿）父子的军功

吴允诚父子从永乐朝到宣德朝多次参与明朝的重要军事行动，巡边、招降、北征、平叛、再度北征，屡立战功，成为明朝军事体系中可以依赖的重要力量。

（一）巡边

永乐六年（1408）十二月，"都督佥事吴允诚之子吴答兰、柴秉诚之子柴别力哥等自陈，戴朝廷重恩，久居边境，愿率精骑巡逻漠北，以展报效，从之。仍命总兵官都督何福更选其所部壮勇者，与汉军相兼，以都指挥、指挥有智力者，率与俱往。既而都指挥柴苦木帖木儿、马朵儿只，指挥柴铁柱，千户梁答哈，百户吴汝真卜等亦有是请。命镇守宁夏宁阳伯陈懋选宁夏右卫旧达官壮勇者二百人与俱。领都指挥柴苦木帖木儿、马朵儿只、柴铁柱总之，俱给鞍马、兵器、糗粮。时鬼力赤为众所戕，北房迎立本雅失里，又不相附而奔溃者，故吴答兰等请出塞自效"③。一个月后"戊午，命凉州都督佥事吴允诚等率骑士会都指挥刘

---

① 《明太宗实录》卷75，永乐六年正月丙辰，第1029页。
② 《明史》卷156《吴允诚传》，第4296页。
③ 《明太宗实录》卷86，永乐六年十二月癸巳，第1142—1143页。

广等往亦集乃觇虏情实。敕甘肃总兵官何福、镇守宁夏宁阳伯陈懋等出
兵为吴答兰声援。时虏人多来归者言：本雅失里新立，众情不附故也"①。
蒙古鬼力赤可汗被杀，本雅失里新立引发的漠北斗争为明朝采取军事行
动提供了可乘之机，从长远看，甚至可以说揭开了永乐帝一系列北征的
序幕。随后的明朝使臣郭骥被杀只是北征的借口，丘福惨败无非是永乐
亲征的导火线罢了。那么吴允诚父子在永乐七年初的军事行动在某种程
度上可以被理解为朱棣对蒙古发动战争的端倪和试探。吴氏父子出边活
动的地域当在阴山西部以至亦集乃的甘肃、宁夏边外，这也是他们降明
前驻牧的故地。

两个月后结束军事行动时，"都督佥事吴允诚等送所获鞑靼完者帖
木儿、哈剌吉歹等二十二人。完者帖木儿等俱言：虏中立本雅失里为可
汗，及言虏中人情甚悉。赐袭钞币"②。《明故恭顺伯吴公神道碑》也提
到了此次出塞的一些信息，谓"岁乙丑，虏出没而为寇者，公乃率百
骑深入卜哈思地，生获寇首哈剌乞台等"③。联系出发前的指令看，卜
哈思之地当在亦集乃地区，即今额济纳旗境内。然而，和田清曾提出卜
哈思或许就是鄂尔多斯部四营之一的哼合斯（《蒙古源流》作"布哈
斯"，Bukhas），④ 则卜哈思之地又似在河套，当另考。卜哈思首领哈剌
乞台就是实录之哈剌吉歹。于是明朝"以都督佥事吴允诚获完者帖木
儿等之功，赐敕嘉奖。升为右军都督府同知，赐白金百两、钞六千贯、
文绮十五表里、金织绮衣四袭、米百石、牛五十头、羊二百羫。都指挥
柴苦木帖木儿、允诚子答答兰等赐赉有差。仍命征虏前将军左都督何福
宴劳之"⑤。对此，《明故恭顺伯吴公神道碑》追述为"捷奏，升都督同

① 《明太宗实录》卷87，永乐七年正月戊午，第1154—1155页。
② 《明太宗实录》卷89，永乐七年三月戊辰，第1182—1183页。
③ 《明故恭顺伯吴公神道碑》，载《凉州府志备考》，第751页。
④ 《明代蒙古史论集》，第395页。
⑤ 《明太宗实录》卷90，永乐七年四月癸酉朔，第1185页。

知，赐敕奖谕，有'智谋深远，才识超迈'之语"①。

（二）招降

永乐七年七月，蒙古脱脱不花王、把秃王、都指挥伯克帖木儿、都指挥哈剌你敦留驻于亦集乃之地，准备归附明朝。当时"上遣右春坊右庶子兼翰林院侍讲杨荣赍敕谕福曰：脱脱不花等既来，而止于亦集乃，迟回日久，或至生变。尔可与杨荣计度，从长行事。其哈剌你敦、伯克帖木儿初与把都帖木儿同来，已而叛去。今者复来，必心未安，故徘徊近塞，欲进未果。朕于远人来即抚之，未尝尤其前过。可遣把都帖木儿及将校数人往亦集乃，以朕意谕之。或与俱来，或令居亦集乃，招抚归附之众，用安边陲。尔等须斟酌权宜处之，务在得当"②。根据诏命，吴允诚又同杨荣、何福等共赴亦集乃招降故人。虽然此次归降因何福出兵在前，致使脱脱不花等最终叛去，但是伯克帖木儿、哈剌你敦则真正归降了明朝。永乐七年十月，"甘肃总兵官宁远侯何福遣送鞑靼归附头目把秃等二十七人至京。以把秃为北京留守行后军都督金事，伯克帖木儿、哈剌你敦皆为右军都督金事，演只不花、撒儿桃皆为陕西行都司都指挥金事。赐姓名：把秃为赵忠美、伯克帖木儿为宋一诚、哈剌你敦为张隆善、演只不花为王懋忠、撒儿桃为刘允信。其余皆赐姓名，以为指挥、千百户、卫所镇抚，赐衣服、金织文绮、彩缯、牛羊米有差"③。伯克帖木儿等人的归附必然与吴允诚的劝降有关。

（三）北征

永乐七年九月，"甲申，敕甘肃总兵官宁远侯何福选练陕西行都司马步官军一万，候有敕即率领至京。其都督吴允诚、柴秉诚及诸来归鞑官所部，但能战者皆令训励以俟"④。永乐七年冬，吴允诚奉诏赴京，

---

① 《明故恭顺伯吴公神道碑》，载《凉州府志备考》，第751页。
② 《明太宗实录》卷94，永乐七年七月丁亥，第1248页。
③ 《明太宗实录》卷97，永乐七年十月戊辰，第1287页。
④ 《明太宗实录》卷96，永乐七年九月甲申，第1273页。

准备参加永乐帝的第一次亲征。《明功臣袭封底簿》载："永乐八年随驾征进,杀败胡寇阿鲁台等有功。"① 《明胡恭顺伯吴公神道碑》载:"明年(永乐八年)春,从驾北征,至元冥河追本雅失里,继攻静虏、广汉戍之地,败阿鲁台之党。"② 根据上述记载,结合永乐八年北征的过程,大致可以认定吴允诚父子(二子为答兰、也儿克台)一直跟随朱棣的主力部队参加军事行动。此次北征的第一个目标是本雅失里,双方战于斡难河(今鄂嫩河),本雅失里以七骑败奔瓦剌。《明故恭顺伯吴公神道碑》所载至元冥河追败本雅失里之说则与此不同。据和田清考证,永乐帝在击破本雅失里后调头向东,经过所谓玄冥池。这个玄冥池即阔滦海子(Kölön-Naghur),地在今内蒙古呼伦湖,朱棣赐名为玄冥池。③ 笔者认为《明故恭顺伯吴公神道碑》之元冥河实为玄冥池。永乐帝向东进攻的第二个目标则是阿鲁台,《明故恭顺伯吴公神道碑》中的静虏、广汉戍亦可据和田氏所考略加说明。关于静虏镇,和田氏认为在兴安岭顶峰一带;又猜测可能是答兰那土儿哥,今哈拉哈河地区。至于广汉戍,应作广漠戍,繁体汉字"漢""漠"形近,也常有混淆。至于广漠戍的地望,和田氏将其置于今齐齐哈尔南的原野西部④。赖《明故恭顺伯吴公神道碑》记录,我们约略看到了吴允诚行军作战的主要地点和活动区域。

永乐十二年(1414),"帝征瓦剌,允诚父子皆从"⑤。《明故恭顺伯吴公神道碑》称:"岁甲午(永乐十二年)又扈从出塞,败胡寇于红崖,归受赏赉,还居于凉。"⑥ 朱棣第二次出征时曾在忽兰忽失温之地大战瓦剌答里巴、马哈木、太平、把秃孛罗所统之军,并追至土拉河。

① 《明功臣袭封底簿》,载周骏富辑《明代传记丛刊》第55册,明文书局1991年影印本,第427页。
② 《明故恭顺伯吴公神道碑》,载《凉州府志备考》,第751页。
③ 《明代蒙古史论集》,第118页。
④ 《明代蒙古史论集》,第120页。
⑤ 《明史》卷156《吴允诚传》,第4270页。
⑥ 《明故恭顺伯吴公神道碑》,载《凉州府志备考》,第751页。

和田清说，忽兰忽失温（Hulan Khushighun）为蒙古语红鼻子（山嘴）之意。① 查《华夷译语》红色读音"忽剌安"，嘴作"火石温"②，可资佐证。那么，忽兰忽失温无疑就是《明故恭顺伯吴公神道碑》所说的红崖。

（四）平叛

吴允诚部所在的凉州卫乃至整个陇右、河西都是明朝安置归附少数族裔的主要地区。明朝除了在普通军卫中管领少数民族降众之外，还设有土卫、土官相参治理，加上河西地处边陲的特殊形势，比较容易出现少数族裔军人哗变的现象。吴允诚所部也不例外。正当吴允诚父子奉诏参加第一次永乐亲征之际，凉州土鞑军队中就发生了叛乱。《明太宗实录》载其事颇详：

> 陕西凉州卫土鞑千户虎保、张孛罗台、鞑军伍马沙等及永昌卫鞑千户亦令真巴、土鞑军老的罕等叛，杀虏人口，掠夺马畜，屯据驿路。陕西行都司都指挥李智率军捕之。贼盗猖獗，欲攻永昌、凉州城。事闻，皇太子命后军都督佥事费瓛往讨之，又命刑部尚书刘观赞其军事。盖虎保等归顺已久，安于其地。至是有诈言朝廷欲移置别卫者，虎保等惧，遂叛。胁都督吴允诚所部与俱。时允诚扈从北征，其子管者不从。贼既去，管者谋于其母，率所部逐之，至红岸山（《校勘记》：广本、抱本、库本岸作崖），获五马儿沙、米剌、伯颜帖木儿等三十人。都指挥李智及凉州卫指挥李旺等亦获哈剌张等五十四人，悉下凉州狱。及智等战炭山口不利，贼欲攻凉州，劫取其党，遂即狱中皆斩之。③

---

① 《明代蒙古史论集》，第 67 页。
② （明）火源洁：《华夷译语》，载《涵芬楼秘笈》第四集，国家图书馆出版社 2000 年影印本。
③ 《明太宗实录》卷 102，永乐八年三月辛未，第 1324—1325 页。

《明太宗实录》所载凉州千户虎保等人叛乱的原因、经过较为完整。其时，吴允诚父子在北征途中，留居凉州的吴氏家族主要成员是允诚妻与允诚子吴管者，吴管者母子二人在拒绝叛逃之后，调集所部人马，在红崖山地区击败了虎保所部。由于《明太宗实录》着眼于整体叙述虎保之乱，从中很难看到管者母子更多的表现。《明故恭顺伯吴公神道碑》于允诚事迹之外，特别谈到了允诚妻在平叛中发挥的作用。"配夫人杨氏，淑善有谋智，克相夫子，凉州鞑官尝以公从征于外，遣众谋叛，欲劫其母子以行。夫人伺知之，潜与次子管者以计擒其人，戮之，众皆帖息。"① 另据《明书》载："先是，允诚父子从太宗出塞，留家凉州。其部将虎保胁允诚余众，劫其妻及其少子管者叛去。妻召部将都指挥保住、卜颜不花等出兵，擒杀诸叛者。"② 《明史》《明史稿》所载略同。

虎保叛乱的原因，《明太宗实录》前已述及，实出于流言惊惧所致。对此朱棣自然心知肚明。于是，永乐八年十一月，"上以凉州鞑官千户虎保、亦令真巴等叛，由感于留言，非其本心，而挈家远遁。遣指挥哈剌那海等赍敕往宥其罪，使皆复业。虎保、亦令真巴等率其妻子万二千余口来归罪。上悉赦之"③。最终比较稳妥地处理此事，平息了叛乱。由《明书》所述可知，虎保为吴允诚部将，叛乱事件本身很可能对吴允诚家族产生了非常消极的影响。杨氏和管者的坚定态度以及迅速果断的处置方式最终赢得了朝廷的信赖，也维护了家族的荣誉，为此他们得到了了朱棣的高度评价。朱棣"谓礼部臣曰：都督吴允诚累从征战，多有勋劳。其妻在凉州确然不为叛贼所诱，贤德克配其夫，宜加褒锡。命遣中官赐之钞二千锭、彩币二十表里、米百石、羊三百羫。仍命所司宴

---

① 《明故恭顺伯吴公神道碑》，载《凉州府志备考》，第 751 页。
② （清）傅维麟：《明书》卷 99，载周骏富辑《明代传记丛刊》第 87 册，明文书局 1991 年影印本，第 332 页。
③ 《明太宗实录》卷 110，永乐八年十一月壬辰，第 1413 页。

劳之"①。《明故恭顺伯吴公神道碑》载："事闻，太宗嘉之，赐白金采币，称为贤德夫人，仍赐敕奖谕公曰：'尔妻能忠以报国，智以脱患，妇人而秉丈夫之节，虽古亦罕有焉。'"②

北征结束后，吴允诚父子返回凉州，旋即参加了第二次平叛行动。《明史》称："（允诚）寻进左都督。与中官王安追阔脱赤，至把力河获之。"③ 此事系发生于允诚受封"左都督"和"恭顺伯"之间。吴允诚转左都督在永乐九年（1411），封恭顺伯事在永乐十年正月，则追讨叛人事件发生在永乐九年无疑。《明功臣袭封底簿》记此立功过程比较准确，"永乐九年四月升左都督。本年十二月内，追赶叛贼阔脱赤等处，与贼对敌，获到人口有功，钦封恭顺伯"④。《明故恭顺伯吴公神道碑》谓："既而凉州辁官都指挥阔台赤叛去，公追之，败其众，获辎重以归。敕封恭顺伯，岁食禄千二百石，复赐诰命。未几，同丰城侯征石灰秃，擒阔台赤还。寻追叛贼奥列秃阿剌乞八等，斩获之功居多。"⑤《明太宗实录》所载为："与中官王安追叛虏火脱赤，至把刀河，获虏人口、马驼、牛羊而归。"⑥ 以上叙述详略互异。综合分析，应当说吴允诚在永乐九年底追剿凉州辁官都指挥阔脱赤，初战获胜。这次战斗中，明朝派出曾经驻守河西的镇守太监王安与吴允诚共同出战。虽然击溃了阔脱赤所部，但是并未俘获阔脱赤本人。《明史》《明史稿》所载本自《明太宗实录》，惟删节过当，遂不得要领。实则吴允诚在永乐十年正月受封恭顺伯之后，旋即会同丰城侯李彬在石灰秃之地擒获了阔脱赤。而《明故恭顺伯吴公神道碑》中继而提到的奥列秃、阿剌乞八等人很可能是阔脱赤的残部。

---

① 《明太宗实录》卷114，永乐九年三月丁亥，第1460页。
② 《明故恭顺伯吴公神道碑》，载《凉州府志备考》，第751页。
③ 《明史》卷156《吴允诚传》，第4270页。
④ 《明功臣袭封底簿》，载《明代传记丛刊》第55册，第427页。
⑤ 《明故恭顺伯吴公神道碑》，载《凉州府志备考》，第751页。
⑥ 《明太宗实录》卷187，永乐十五年四月己卯，第2000页。"把刀河"，《明史》作"把力河"，当从《明史》。

三 余论

吴允诚归附的经过体现了永乐朝在对待少数族裔内附者问题上，具体说在心理层面、制度保障、依靠程度上都与洪武朝有明显的不同。朱元璋对于异族、异姓上层人物始终保持高度警惕，"胡蓝党案"中就有不少归附者被杀。而朱棣的成长环境与其父完全不同，燕王的护卫中和他在洪武朝后期出塞作战时都有相当数量的少数族裔官兵，并得其效力。所以，心理上，朱棣显然没有朱元璋那么多对少数族裔的排斥性。表现在朱棣即位后，在对待归附蒙古人的态度方面较其父有了明显提高。在安置方式、授职赐物等制度上都开创了优待的新例，作为明朝对内附少数族裔政策的转变而延续下去。而具体事例则是从吴允诚的归附开始的。

永乐朝归附的蒙古降将基本都参加了明朝主要的军事行动，建立功勋，在明朝边防巩固上的意义不能视而不见。出边巡逻、永乐北征中的蒙古军多为宁夏、凉州的归降官兵。他们以战功获得武职提升甚至封爵，这种趋势也一直保持到明朝中后期。尤其是吴允诚在永乐第一次北征之际，家族成员会同凉州地方驻军平定属部叛乱，也在相当程度上消除了北征的后顾之忧。当然，明朝中期以后很难再见到军卫带俸的少数族裔在军事上发挥类似其祖辈那样的作用。其原因并不在于"达官"本身，而是明代世职武官制积弊造成的冗官冗员、低能低效的制度通病。

在众多蒙古降官中，惟有吴允诚一系的表现出类拔萃。明人称："番将吴允诚来归，居凉州，累功封恭顺伯。长子克忠进封侯，孙瑾嗣侯。克忠、瑾俱以殉节开公号，赐美谥。次子管者以都督累功封伯，少子克勤复以都督同克忠殉节，封伯赐谥，虽曰碑之盛，不得专于前矣。"[1] 吴氏家族的婚姻关系也较其他降官复杂。吴氏家族两代皇亲，同

---

① （明）王世贞：《弇山堂别集》卷3，中华书局1985年点校本，第41页。

时也与其他高级武官家族联姻，已经适应了明朝的政治社会制度，并融入其中。从而与明朝相始终，成为附明"达官"家族中的突出代表。

本文原名《入明蒙古人政治角色的转换与融合——以明代蒙古世爵吴允诚（把都帖木儿）为例》，原载《北方民族大学学报》（哲学社会科学版）2009 年第 1 期，收入本书时补充调整了注释格式。

塔滩新考

　　明代早期常有来自塔滩地区的蒙古人归附明朝，明政府也曾遣人远赴塔滩对其招抚。然而人们对于塔滩位置的认识长期朦胧模糊，未有定论。清初顾祖禹提出塔滩蒙古人曾经活动过的不老山"在（宁夏）镇北塞外"①，塔滩之地就在不老山。日本学者和田清也有"塔滩在宁夏边外"② 的类似看法。两者可合称为"宁夏边外说"。20世纪50年代西方汉学家司律思（Henry Serruys）曾撰《塔滩地望考》（The Location of T'a-T'an）③ 一文讨论此问题。尽管司律思文中几乎囊括了《明实录》见载所有的"塔滩"史料，但是他对塔滩地望的最终结论却是"宁夏边外"和"土默川平原"的"两地说"，所以仍然没有真正解决问题。④ 为此，本文试从地名渊源和方位判定两个方面入手考证塔滩的地理位置，并探讨其在明蒙关系史中的地位。

---

① （清）顾祖禹：《读史方舆纪要》卷62，中华书局1955年排印本，第2688页。
② ［日］和田清：《明代蒙古史论集》上册，潘世宪译，商务印书馆1984年版，第10页注释2。
③ Henry Sermys, The Location of T'a-T'an: "Plain of the Tower", *Harvard Journal of Asiatic Studies*, Vol. 19, No. 1/2（Jun, 1956），pp. 52－66.
④ 基于司律思文章副标题"有塔的平原"（Plain of the Tower）这一理解，司律思在文中将塔滩分别定位于大黑河流域和宁夏镇北部塞外，认为存在着两个塔滩。

一 塔滩渊源

（一）塔坦与塔滩——从族称到地名的演变

明代以前，与塔滩地名最为接近的是宋夏时期的"塔坦"。"塔坦"当时是族称，即鞑靼。鞑靼族构成极为复杂，汉译又有达怛、达靼、达勒、塔靼、塔坦、达坦、塔塔、达旦、达塔等多种译写。法国人伯希和（Paul Pdliot）强调"汉字用 - n 收声字译写外国 - r 收声音，只能在纪元初数世纪中有其事，而在唐时这种译法几已抛弃。当时的收声 - d（dh）在中国北方实在已经转变为 - r"①，因此，宋代不应该出现"塔坦"这样的译法。但是伯希和的说法是针对荷兰汉学家高延（J. J. M. de Groot）和马迦特（Joseph Marquart）"鞑靼"源自柔然大檀说时提出的，伯希和本人并不否认部分版本的《王延德行记》和《续资治通鉴长编》中确有将"鞑靼"译写作"塔坦"的例证。在此基础上，张久和进一步引申，将宋元时期对 Tatar 的 - r 收音作 - n，从而将出现"塔坦"译名的情形作为个别译例看待。②

北宋时期"塔坦"的大致方位据环庆路经略使章楶的奏折可略窥端倪。章楶引述西夏投宋者报告称：元祐六年（1091），"有塔坦国人马于八月内出来，打劫了西界贺兰山后面娄博贝监军司界住坐人口孳畜"。同一奏折中还提到"塔坦国"的位置是"（西夏）其西南则有邈川，东北则有塔坦，皆其邻国"③。实则自 10 世纪起，宋人就已经把西夏东北端（今阴山西部地区）的民族称为"塔坦"。④ 这里活动的塔坦

---

① ［法］伯希和：《库蛮》注一四，载冯承钧译《西域南海史地考证译丛二编》，商务印书馆 1962 年版，第 16 页。

② 参见张久和《关于达怛的名称、族属问题》，《黑龙江民族丛刊》1999 年第 1 期。

③ （宋）李焘：《续资治通鉴长编》卷 471，元祐七年三月丙戌，中华书局 1979 年点校本，第 11238 页。

④ 参见《续资治通鉴长编》卷 10，开宝二年（969）载"塔坦国天王娘子之子策卜迪来贡"（第 237 页）。

或者鞑靼就是历史上著名的阴山达怛。

阴山达怛自唐末五代就广泛分布在阴山地区，王国维将其称作近塞鞑靼或南鞑靼。"此族东起阴山，西逾黄河、额济纳河流域。至北宋中叶，并散居于青海附近。"① 但是阴山地区并非只有鞑靼一族存在，党项、吐谷浑等部族相杂其间，更兼辽夏、金夏的长期政治分据，遂使该地区各部族的政治隶属关系相应复杂化。不同政权、民族的历史记载迥异，试图通过纷繁的部族名号窥知其族属，相当困难，实际上可能无法真正明确其族属，如对居于阴山西部的呆儿族的认识即是一例。② 所以，辽夏时期的阴山地区，党项、鞑靼诸族的混居是客观事实，只不过党项逐渐让位于鞑靼则是 10—13 世纪该地区民族变迁的基本趋势。

总的来看，位于西夏东北方和北方的鞑靼在多数情况下与辽朝的关系更为密切，对西夏多敌对，而且阴山鞑靼常随辽攻夏。辽兴宗重熙十八年（1049）十月，辽"北道行军都统耶律敌鲁古率阻卜诸军至贺兰山，获李元昊妻及其官僚家属，遇夏人三千来战，殪之"③。前述元祐六年（1091）塔坦单独攻夏事是其与西夏关系紧张的又一佐证。

有学者称自五代末年起，"此后 170 余年间，史书不再见有阴山达怛的直接记载，直到辽保大二年（1122），阴山达怛才因助辽抗金而重见于史"④。但是这一判断与宋夏史料中的记载并不相符。可见阴山达怛在这一时期的活动仍是不绝如缕。

及至元代，朱思本言："自洮水与河合，又东北流，过达达地，凡八百余里；过丰州、西受降城，折而正东流；过达达地、古天德军、中受降城、东受降城，凡七百余里；折而正南流，过大同路云内州、东胜

---

① 王国维：《鞑靼考》，载氏著《观堂集林》卷 14，中华书局 1959 年影印本，第 640 页。

② 吴天墀认作鞑靼（《西夏史稿》，广西师范大学出版社 2006 年版，第 101 页），而汤开建则主张党项族（《五代辽宋时期党项部落的分布》，《西北民族研究》1993 年第 1 期）。

③ 《辽史》卷 20《兴宗纪三》，中华书局 1974 年点校本，第 240 页。

④ 张久和：《阴山达怛史迹钩沉》，《内蒙古大学学报》1999 年第 2 期。

州与黑河合。"① 朱思本所谓"达达地"的范围较之于夏辽、夏金时代的阴山地区要广阔得多，涵盖了所有后套以至黄河上游之地。这一带无论是在西夏时期，还是在蒙元时代，除了迁入的蒙古人之外，主要就是党项和所谓"鞑靼"（Tatar）族。王国维的《鞑靼考》在论述鞑靼与党项关系时称："盖鞑靼与党项，自阴山、贺兰山以西，往往杂居，故互受通称。"② 正因为南鞑靼（阴山、贺兰山、河西北部）与居处于同一地区的党项可以"互受通称"，所以到元代党项式微之后，时人就径以"达达地"作为上述地区的泛称了。概括而言，塔坦（鞑靼）从族称向地名的演变是金夏时期以后逐渐形成的习惯。塔滩地名源自鞑靼。

（二）塔滩、塔滩里、塔塔里诸异称之关系

目前所见，在元代见于史载者有"塔塔里"等名称。

宋宝元二年（1039）西夏上表宋朝时曾宣称："吐蕃、塔塔、张掖、交河，莫不从伏。"③ 表文中的"塔塔"主要指西夏东北的塔坦（鞑靼），亦即阴山鞑靼。元代在宁夏地区屯田时曾有记载称："（世祖至元）二十一年，遣塔塔里千户所管军人九百五十八户屯田，为田一千四百九十八顷三十三亩。"④《嘉靖宁夏新志》载："塔塔里城，唐郭元振以西城无援，安丰势孤，置安远镇。此盖安丰镇城也。元为塔塔里千户所居，今黑山北，去城二百里。"⑤ 揆之今地则在宁夏平罗县一带。对比宁夏平原其他屯田的位置，无疑塔塔里屯田应置于宁夏平原的北部。至元二十一年（1284）新立之塔塔里屯田当属宁夏新附军屯田的组成部分，规模很大。鞑靼在元代何以被译写为"塔塔里"需稍做说明。韩儒林先生在讨论蒙古名称时附带提及元代有不少用"里""鲁"

① 《元史》卷63《地理志·河源附录》，中华书局1976年点校本，第1566页。
② 王国维：《鞑靼考》，《观堂集林》卷14，第650页。
③ 《宋史》卷485《外国一·夏国上》，中华书局1977年点校本，第13996页。
④ 参见《元史》卷100《兵志三》，"宁夏等处新附军万户府屯田"条，第2569页。
⑤ （明）胡汝砺编，管律重修：《嘉靖宁夏新志》卷2《宁夏总镇·古迹》，宁夏人民出版社1982年点校本，第174页。

等汉字译写－r 的现象。① 所以塔塔里就是塔塔、塔坦（鞑靼、达达）在元代的一种译法。

延祐六年（1319）十二月，元廷在"河西塔塔剌地置屯田，立军民万户府"②。"河西"蒙元时也作"合申"，指西夏故地。"塔塔剌"仅见于此，根据原文理解，塔塔剌应在原西夏控制区之内。韩儒林指出在元代－r 前母音重现于－r 后的情况非常普遍，并举出 Darqan（元译答剌罕）、Turqaq（元译秃鲁华）、Qarluq（元译哈剌鲁）、Qorchi（元译火鲁赤）等例子加以说明。③ 所以，"塔塔剌"也应是"塔塔"（Ta-tar）－r 前的元音重拼之结果，塔塔剌就是塔塔（鞑靼、达达）。

经过 1318 年屯政调整，元廷另立塔塔里屯田万户府统辖原屯田千户所屯地并将其扩大，随之屯田中心也迁至新安州立屯。《元史》和《经世大典》对此记载不同，也引起了研究者不同的见解。王颋依《经世大典》认为"西安州"为"新安州"之误，又考证说新安州为西夏设立，靠近西夏兀剌海城和元代兀剌海路，地点应在"今内蒙古五原县或乌拉特前旗境内"④。这一判断基本准确，只是未能注意到塔塔里屯田万户府位置迁移变化的过程，直接以新附军屯田析出之塔塔里屯田命名为新安州屯田万户府，⑤ 实则于史无征。梳理以上论述，可以形成这样一条线索，即 1284 年立塔塔里千户所屯田，属宁夏新附军屯田。1318 年新立塔塔里军民屯田万户府，迁往后套新安州。而这里正是西夏时期的斡罗孩、元代的兀剌海路之地。塔塔里军民屯田万户府至元末尚存，⑥ 反映了元朝时仍在使用"塔塔里"之类的说法称呼这一地区。塔塔、鞑靼、塔塔里之类的译名存在于有元一代。

---

① 韩儒林：《蒙古的名称》，载氏著《穹庐集》，上海人民出版社 1982 年版，第 157 页。
② 《元史》卷 26《仁宗纪三》，第 593 页。
③ 韩儒林：《蒙古答剌罕考》，载《穹庐集》，第 44 页注释 26。
④ 王颋：《兀剌海方位探索》，《历史地理研究》第 1 辑，复旦大学出版社 1986 年版。
⑤ 参见王颋《元代屯田考》，《中华文史论丛》1983 年第 4 期。
⑥ 参见穆朝庆、任崇岳《〈大元赠敦武校尉军民万户府百夫长唐兀公碑铭〉笺注》，《宁夏社会科学》1987 年第 1 期；朱绍侯《〈述善集〉选注（二篇）》，《史学月刊》2000 年第 4 期等。

明初除了"塔滩"这一使用较为普遍的名称外，尚有"塔滩里"的说法。检明代《武职选簿》中明确记载蒙古武官原籍材料，发现与"塔滩"相关者有 13 条，其中达官原籍作"塔滩"者有 5 条，① 作"塔滩里"者也有 5 条，② 另有作"塔滩县"③ 和"苔里"④ 者各 1 条。其中，"塔滩县"在任何历史时期均无此建置，应为当时《武职选簿》登录者不谙达官原籍，显系误录；"苔里"则是对"塔滩里"简误之结果。

关键在于"塔滩"和"塔滩里"的关系，两者是否为同一地点，须先辨明之。讨论这一问题无需牵钩其他史料，由《武职选簿》本身所载即可明辨。在"塔滩"与"塔滩里"的各 5 条记载中，出现了对同一世袭系统交错使用两个名称的情况。《保定前卫选簿》"王登"条作"塔滩人"，而"王锐、王纯臣、王昇"条却作"塔滩里人"。同样的情况也反映在属于同一武职承袭系统的"王应魁"条作"塔滩人"，而"王绳武"条作"塔滩里人"。由以上各达官原籍的记载分析，在明代的《武职选簿》材料中，"塔滩"和"塔滩里"的使用相当随意，常常将两者混用，均系同一地区的名称。

在明代的史料中还出现了塔滩山和塔塔山，更加明确了塔滩地区的位置。《明功臣袭封底簿》"宁阳侯陈亨"条载：陈懋"永乐七年于塔塔山好来口收捕赤保连有功"⑤。《明英宗实录》追述说："（永乐）七

---

① 参见《保定左卫选簿》"柴芝"条、"安朝臣"条、"戴臣"条、"石纪"条（中国第一历史档案馆、辽宁省档案馆编《中国明朝档案总汇》第 68 册，广西师范大学出版社 2001 年版）；《保定中卫选簿》"杜堂"条（《中国明朝档案总汇》第 69 册）。

② 参见《保定左卫选簿》"柴良弼"条（《中国明朝档案总汇》第 68 册）；《保定中卫选簿》"李臣"条（《中国明朝档案总汇》第 68 册）；《保定前卫选簿》"王锐、王纯臣、王昇"条，"王绳武"条（《中国明朝档案总汇》第 69 册）；《宁夏前卫选簿》"柴福"条（《中国明朝档案总汇》第 56 册）；《临安卫选簿》"火仲和"条（《中国明朝档案总汇》第 59 册）。

③ 参见《保定左卫选簿》"张勋"条（《中国明朝档案总汇》第 68 册）。

④ 参见《保定前卫选簿》"吴昇"条（《中国明朝档案总汇》第 69 册）。

⑤ （明）吏部验封清吏司编：《明功臣袭封底簿》，学生书局 1970 年影印本，第 452 页。按：《明太宗实录》载："庚子，鞑靼头目失保赤等十四人来归，命失保赤为都督佥事，余为指挥千百户，赐衣服、冠带、银币有差。"（《明太宗实录》卷 97，永乐七年十月庚子，台北"中研院史语所"1962 年校印本，第 1280 页）系指此事，惟《明太宗实录》不载收降失保赤（或失保赤都、赤保连）的地点。

年征塔塔山、好来口，获失保赤都，加封宁阳侯。"① 检张雨《全陕边政考》：

> 河外：东北自宣大界起，至西北贺兰山头止，南离黄河甚远。禅水海子、忽力干秃、车车忽都、革鲁察罕、哈剌秃罕、八剌浑都、客儿卜剌、红寺儿口、里足吉口、也可卜剌、兀剌卜剌、里赢山口、阿祝剌、好来口、把沙口、赤确口、生花口、折子口、塔滩山、沙子口、台卜剌、石崖山、李凤口、速麦都、失剌哈答、马阴山、杨山、察罕那革吉、高阙山、小小可可必、赤剌哈山口、陶山。② （史料1）

显然，塔塔山为塔滩山的异称。

明人记塔滩山为塔塔山一事也证明了塔塔和塔滩混用的情况，意味着元代的塔塔里与明代的塔滩里同属一地的事实。

二 "塔滩"地望辨析

（一）明代塔滩的范围

《明太祖实录》中语涉"塔滩"的材料若以时间顺序排列分析，意义不大。笔者将其中含有与其他地名并列的 8 条材料摘出，依照其方位大势，归为三类：

第一类是与行政区域名相连者，有 3 条：

> 戊寅，命故元降臣脱列伯赍诏往甘肃塔滩等处，谕元臣宝

---

① 《明英宗实录》卷354，天顺七年七月癸卯，第7082页。
② （明）张雨：《全陕边政考》卷7《北房河套·山川表》，《续修四库全书》第738册，上海古籍出版社2002年影印本，第144—145页。

咱王。①

大同卫奏：故元平章魁的斤与其兄知枢密院事帖木儿等十四人率其部属千余自东胜塔滩之地来降。②

故元国公九住寇陕西塔滩之地。陕西都指挥司发兵击之，追及于三不剌，获九住及平章不苔失里等四十人，余众遁去。③

第二类是标明了相对地理位置者，有 2 条：

太仆寺丞梁埜僊帖木儿言：黄河迤北，宁夏所辖境内及四川，西南至船城，东北至塔滩，相去八百里，土田膏沃，舟楫通行。宜命重将镇之，俾招集流亡，务农屯田，什一取税，兼行中盐之法，可使军民足食。④

乙卯，河北塔滩达达将校掌家奴等五十五人来降。⑤

第三类是记载含混或称塔塔里者，有 3 条：

官山卫指挥同知乃儿不花叛入沙漠。大同卫指挥使周立率大同、振武等卫将士讨之，追及白寺塔滩，获其辎重，乃儿不花遁去。⑥

上谕中书省臣曰：亦纳失里、喜山往塔滩之地，收集其部众。⑦

① 《明太祖实录》卷 63，洪武四年闰三月戊寅，第 1207 页。
② 《明太祖实录》卷 65，洪武四年五月丙寅，第 1230 页。
③ 《明太祖实录》卷 106，洪武九年九月末，第 1768 页。
④ 《明太祖实录》卷 81，洪武六年四月壬申朔，第 1457 页。
⑤ 《明太祖实录》卷 108，洪武九年九月乙卯，第 1803 页。
⑥ 《明太祖实录》卷 105，洪武九年四月己酉，第 1762 页。
⑦ 《明太祖实录》卷 70，洪武四年十二月乙巳，第 1311 页。

　　甘肃塔滩里长史马哈沙、怯失迭力迷失等来朝，贡方物。[①]

　　其中除"白寺塔滩"尚无法证实其大致方位以外，其他与塔滩相连的地名均不难理解。第一类材料中的"甘肃塔滩""东胜塔滩""陕西塔滩"，如果以并列关系理解（即甘肃、塔滩；东胜、塔滩；陕西、塔滩）更加明了。即使退一步理解为"甘肃的塔滩"，也与其他材料并无矛盾。因为明代地方一级军政区划中没有甘肃，只有陕西布政司和陕西都司、行都司。甘肃行省的首创在元代，宁夏是其组成部分，所以甘肃、宁夏与塔滩的关系都可归入明初陕西塔滩的范畴中，甘肃塔滩的说法只不过因袭了元代甘肃行省的旧称而已，其中最值得注意的是宁夏与塔滩有着不同寻常的联系。同样，东胜州（旋改东胜卫）属于大同都卫（后改大同都司、山西行都司），"东胜塔滩"又将山西行都司与陕西结合在一起。山、陕两布政司的结合带大体沿黄河展开，排除山、陕黄河峡谷之外，剩下的就是河套北部地区，于是塔滩在东西方向上的位置遂被圈定为介于西起陕西宁夏卫，东到大同东胜卫之间的地带。

　　剩下在南北方向上塔滩位置还存在着河套套内、套外之别。第二类材料有助于从更为具体的角度加以分析。河北塔滩的说法明确排除了河套内的可能性，洪武六年（1373）四月的梁埜僊帖木儿奏报也证实塔滩应在黄河以北。[②]"黄河迤北"说明塔滩地处河套之外，"舟楫通行"则表明塔滩离黄河不远。至于"船城"，众书于此处极为费解。如果理解为"四川西南至船城"，则与塔滩相距八百里之说就要将塔滩大约放

---

① 《明太祖实录》卷220，洪武二十五年八月辛未，第3226页。按，《陈竹山先生文集》有《刘同升叙》曰"附近外夷如撒马、畏兀儿、塔滩里等处"，参见（明）陈诚撰《陈竹山先生文集·内篇》卷首，《四库全书存目丛书·集部》第26册，齐鲁书社1997年影印本，第312页；陈诚的《历官事迹》有"（建文三年，1401年）五月初九日，又往迤北塔滩里地面招抚夷人"（《陈竹山先生文集·内篇》卷2，《四库全书存目丛书·集部》第26册，第355页）可资参考。

② 这段话又见于《明史》《国榷》，词句略有不同，唯《明史》删节太过，不得要领，今从实录文。

在川陕交界处，与“黄河迤北，宁夏境内”相左，文意不通，很不合理。李洵先生认为“船城，在今宁夏回族自治区或今甘肃省境内，银川以西，武威以东一带地方。此言在四川，疑误。四川或为银川之误”又说“塔滩，疑在今宁夏回族自治区境内”①。的确，引文中之“四川”往往给读者造成困惑。如果将其理解为一般意义上所指的四川，则在地理位置上存在严重抵牾。但是李洵先生疑作“银川”之误，同样不可取。之所以出现这种情况，本文认为：一、若文本本身无误，则此处“四川”并非常规意义上的四川地区，它和船城一样都应位于宁夏境内黄河沿岸。二、实录本条所记之“四川”或为传钞错讹，可能是“某州”，则文意可通。或者将其理解为四处平川之地，梁份也有类似的说法可资佐证，曰“西宁有四川者，南北东西之川口也”②。元代“迭烈孙路”在宁夏境内灵州境的黄河岸边设有渡口，这个渡口大约就是所谓的“船城”。诚如这一解释，那么梁埜僊帖木儿的建议就成为解决“塔滩”地望的突破口。这样，塔滩所处范围四至可确定为宁夏以东、东胜以西的黄河北岸靠近黄河的地区。

第三类材料中的“白寺塔滩”曾引起司律思的高度关注，他将“白寺塔滩”改为“白塔寺滩”，进而判定塔滩当在今土默川平原的古丰州一带。③ 此论恐难令人信服。东胜塔滩问题也应上溯至元代筹建塔塔里仓和军民屯田万户府时，曾要求“河东宣慰司委官朔州知州苔里牙赤”④ 会同办理，可见元代的东胜辖区曾经延伸至塔滩地区，但它绝非塔滩的中心。

---

① 李洵：《明史食货志校注》，中华书局 1982 年版，第 28 页注释 7、8。另，李并成：《河西地区历史上粮食亩产量的研究》，《西北师大学报》（社会科学版）1992 年第 2 期，赞同此说法。

② （清）梁份：《秦边纪略》卷 1 “西宁卫”，《四库全书存目丛书 · 史部》第 228 册，齐鲁书社 1997 年影印本，第 8 页。

③ 参见 Henry Serruys，The Location of T'a -T'an：“Plain of the Tower”，*Harvard Journal ofAsiatic Studies*，Vol. 19，No. 1/2（Jun.，1956），p. 56。

④ 《永乐大典》卷 7511，中华书局 1986 年影印本，第 3399 页。

元代河南唐兀氏世系表（与塔塔里相关）

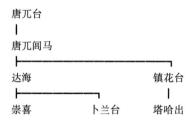

据《大元赠敦武校尉军民万户府百夫长唐兀公碑铭》（碑文写于至正十六年，即 1356 年）载，该家族系出西夏，为党项人，"世居宁夏路贺兰山"。投降蒙元后，随军迁入内地。后裔中卜兰台、塔哈出从兄弟均曾担任塔塔里军民万户府百户。其中卜兰台"攻习儒书及蒙古文字，深通农务，晓知水利"，当时因专业原因任职。① 此人是崇喜象贤之弟，"因观光京师，蒙塔塔里军民万户府剟辟本府百夫长，枢府允其请授敦武校尉，故事品及七级，褒封父母"②。塔哈出初次任职时间已到至元四年（1338）。这些材料与官方记载相吻合，价值很高。从塔哈出任职时间推断，塔塔里军民屯田万户府至少在元顺帝统治时期仍在正常运转。明初一度试图在这里再兴屯田当是顺理成章的举动。但是对于塔塔里屯田废弃时间史无明文，虽然可以以元朝北逃，弃守其地作为解释，毕竟于史无征。《元史》曾载，至正十九年（1359）四月，"己丑，贼陷宁夏路，遂略灵武等处"③。攻陷宁夏路的所谓"贼"大约与北伐的西路红巾军有关，或者是受其影响的部民暴动，从宁夏路到灵武，是

———————

① 以上引文见（元）潘迪《大元赠敦武校尉军民万户府百夫长唐兀公碑铭并序》，焦进文、杨富学校注《元代西夏移民文献〈述善集〉校注》行实卷之三，甘肃人民出版社 2001 年版，第 139、149 页。另见张相梅《河南濮阳元代唐兀公碑》（《中原文物》1996 年第 2 期）；穆朝庆、任崇岳《〈大元赠敦武校尉军民万户府百夫长唐兀公碑铭〉笺注》（《宁夏社会科学》1987 年第 1 期）。

② （元）潘迪：《唐兀敬贤孝感序》，《元代西夏移民文献〈述善集〉校注》行实卷之三，第 177 页。按，校注者作"因观光京师，蒙塔塔里军民万户府剟辟本府百夫长枢府，允其请授敦武校尉故事，品及七级，褒封父母"，断句有误，径改。

③ 《元史》卷 45《顺帝纪八》，第 947 页。

由北向南。加之前一年汪古部赵王辖区灭里内乱，极有可能是在这一次变乱后废弃。附带说明《述善集》校注者认为："塔塔里：元明时代的文献又作塔滩里，即鞑靼的音转"，这一见解正确。可是在地望上讲"塔塔里即达达儿诸部所居的蒙古高原"①，笔者则难以赞同。

（二）塔滩的中心——塔滩山

明人对塔滩的记载除了见载于《明实录》《武职选簿》之外，张雨《全陕边政考》亦提供了部分线索，除前引"河外"第1条史料外，尚载：

> 河外，东北自东胜州起至西北贺兰山止，沿河一带：东胜州、拦马墙、风史峪、红山儿、石山儿、忙合仓、八剌树、籍孩站、梧桐树、神木海子、革足结站、也可卜剌、瑶车儿树、石嘴儿山、沙井、界井、朵迷岔口寺、麦你乾渠口、红柳树、哈剌卜花渠口、叉罕虎客儿。②（史料2）

"河外"（河套黄河以北）部分史料1从大方向上自东向西罗列了32个地名，情况较为复杂，既有蒙古语地名，也有汉文地名，同时夹杂秦汉时代古地名。其中的11个为"某某口"，6个山名，4个尾部是"卜剌"的地名。卜剌，为蒙古语Bulak，是"泉""江"的意思。《全陕边政考》所列地名包括了山口、山峰和河流、泉水、湖泊的一系列名称。

史料2所载从东到西沿黄河分布的地名中的革足结站、也可卜剌，与史料1中里足吉口、也可卜剌名称相同。于是，塔滩山所在地名系列的"东北自宣大界起，至西北贺兰山头止，南离黄河甚远"与"东北自东胜州起至西北贺兰山止，沿河一带"的说法相对于黄河的距离上有矛盾。解决这些抵牾将有助于更加准确地判定塔滩的具体方位，也就是说"南离黄河甚远"的说法没有那么绝对。在与黄河的位置关系上，

---

① 见《元代西夏移民文献〈述善集〉校注》行实卷之三，注释65，第177页。
② 《全陕边政考》卷7《北虏河套·山川表》，《续修四库全书》第738册，第144页。

笔者认为黄河以北地区地貌除了后套平原之外，全为阴山山系的山地所环绕，山河关联紧密，范围有限。两种山川记录中的部分相同之处正是山河连接最为切近之地，因此，不能完全刻舟求剑于"南离黄河甚远""沿河一带"说法的歧异之处。

其一，史料1河外山川中的大部分地名不在黄河岸边，再加上包括了东起宣府、大同边界的许多山川名称，"南离黄河甚远"总体上并不错。

其二，两组史料地名上的共同点显示：史料1是按照从东北到西南再折向西北的方式记载，整条记录地名的最南端已经接近黄河岸边，从而与"沿河一带"部分地名相重合。

将这一结合部放在地理实境中观察，就在今乌拉山及山南黄河一线。红寺儿口、里足吉口、也可卜剌、兀剌卜剌一线，与神木海子、革足结站、也可卜剌、瑶车儿树、石嘴儿山一线实际上就是在乌拉山东侧相重合，其后往西则分别沿乌拉山西北方向和乌拉山前黄河沿线记述。也可卜剌（义为"大河"）应为昆都仑河，里足吉口（革足结站）就应当在今乌拉山地区，石嘴儿山当指乌拉山西头黄河拐弯处的乌拉特前旗西山嘴镇。如此一来，兀剌卜剌所对应的就成了乌拉山北麓的舍忒河。这里需要说明一下，兀剌卜剌与舍忒河名称上似无联系，但舍忒河发源的敖西喜山，西与赤城山（五蓝拜星）相连，且舍忒河流经赤城山下，所以兀剌卜剌之名很可能是受赤城山影响。①

此外，《明太宗实录》永乐十年（1412）正月记载："察罕歹，本鞑靼人，初为宁夏中护卫小旗，同都指挥毛哈剌等逃居塔滩山。至是率贼党至红山站及察罕脑儿之地，杀掠居民。"② 察罕歹、毛哈剌叛明后躲藏的塔滩山当是与红山站相近的湖泊，应为郭守敬提到的"查泊"。③

---

① 因为把兀剌另译为乌兰（红色）和乌拉（山）均有合理的解释。

② 《明太宗实录》卷124，永乐十年正月丙子，第1559页。

③ 《元朝名臣事略》中曾提及郭守敬："（至元）二年，授都水少监。公言，向自中兴还，特命众顺河而下，四昼夜至东胜，可通漕运。及见查泊、乌梁海古渠甚多，可为修理。"（元）苏天爵：《元朝名臣事略》卷9，中华书局1996年点校本，第193页。

宣德九年（1434）十月，甘肃总兵官刘广奏称"阿鲁台与失捏干只余人马三千徙居母剌山、察罕脑剌等处"，① 证明了这个察罕脑儿的地名与鄂尔多斯高原南缘的察罕脑儿无涉。《（嘉庆）大清一统志》载"插汉泉，在（乌拉特）旗西北五十五里"②，就是郭守敬所说的"查泊"，地在黄河以北。查泊、乌梁海周围有一个特征就是"古渠甚多"，这里在元代以前必然是开发过农业的地方。元以前的具体开发情况此处无须探讨，只是需要注意，郭守敬认为这片灌区"可为修理"。这个意见后来也得到了采纳，元朝于此处兴建了塔塔里军屯并非偶然。这里，诸如母剌山、塔滩山、察罕脑儿（或作查泊）都应当是黄河以北的地名，其分布范围往东不应超出今昆都仑河。

因之，明初塔滩（包括塔滩里、塔塔里等异称）位于今后套平原，即乌加河以北、阴山脚下的黄河冲积平原上。它既是元代黄河中游主要的屯田之地，又当为南来北往、东西交通的要冲，位置十分重要。明初，塔滩是北元残余的主要居处地之一。

考虑到明代又把东蒙古人统称为"鞑靼"，所以本文牵涉到的鞑靼与塔滩均应限定在阴山周边地区，是一个地理概念。事实上，在明人眼中，"塔滩"并不一定仅限于塔滩山一带。本文倾向于将塔滩扩大理解为东胜卫以西整个阴山山系及其山前平原，还包括宁夏贺兰山以北和西北的塞外之地，一言以蔽之，即元代朱思本所说的"达达地"。

三　明代塔滩地区的意义

结合明初史实分析，自洪武朝后期到永乐朝，明廷与塔滩蒙古间来往较多，甚至内乱军兴的建文朝也不例外，多年互动的结果使得不少塔

---

① 《明宣宗实录》卷113，宣德九年十月乙卯，第2545页。
② （清）穆彰阿、潘锡恩等纂修：《（嘉庆）大清一统志》卷542《乌拉特》，《续修四库全书》第624册，上海古籍出版社2002年影印本，第589页。

滩蒙古人在永乐时期归附了明朝。最为著名的是永乐三年（1405）的把都帖木儿归降事件，还有前述永乐七年（1409）陈懋进军塔滩逼迫失保赤都归降等事。

此后，塔滩地区仍然残存了一些蒙古人。针对这一情况，明朝再次派人至塔滩招抚。《锦衣卫选簿》"指挥佥事王七十五"条载："永乐八年八月，王七十五，原系鸿胪寺左少卿，因差往塔滩山等处招抚达达回还……升本卫指挥佥事。"① 永乐九年（1411）、永乐十年（1412）间察罕歹、毛哈剌等人叛逃后即于此活动，永乐十年年初为宁夏总兵官柳昇捕杀。对此，《宁夏前卫选簿》也提供了侧证："永乐十四年七月，仇廉，系宁夏前卫世袭指挥佥事，仇智嫡长男。父永乐十年在塔滩山踏看道路，不知下落。钦准袭职。"② 显然，仇智在塔滩山失踪事系柳昇追讨察罕歹军事行动的一部分。

永乐二十一年（1423）朱棣北征期间，又在塔滩山区收降了漠北的蒙古人。据《明功臣袭封底簿》"武平伯陈友"条载，时为骁骑右卫中所马军的陈友"（永乐）二十一年跟随太监土安等前往宁夏境外塔滩山等处捕获忠勇王也先土干，并部下头目司徒脱脱木儿、金院把荅罕等男妇五百八十七名口，马一千三百七十七匹，驼二百二十八只，擒拿达子坤帖木儿同知等"③。同书"陈懋"条亦云："永乐二十一年征胡虏于贺兰山后，获也先土干有功。"④《明功臣袭封底簿》中两处所载永乐二十一年贺兰山、也先土干事系朱棣第四次北征战役的组成部分。此次北征中朱棣率领主力并未越过大漠，而是停驻于漠南碛口等待战机。宁夏方面的陈懋、王安所部则是在漠南西部的贺兰山组织围堵。《（咸丰）鲁氏世谱·年谱第二》也载："永乐二十一年癸卯七月三十日奉敕：庄浪卫指挥使司敕至即于本卫选取军民及余丁舍人共三百名，令鲁某率

---

① 《锦衣卫选簿》，《中国明朝档案总汇》第 49 册。
② 《宁夏前卫选簿》，《中国明朝档案总汇》第 56 册。
③ 《明功臣袭封底簿》，第 569—570 页。
④ 《明功臣袭封底簿》，第 452 页。

领，前往宁夏，随总兵官宁阳侯陈懋、太监王安打捕野物，如敕奉行。（鲁）贤进贺兰山，袭忠勇王也先土干，擒其众。"① 日本学者和田清注意到明人收降也先土干一事的历史记载颇为混乱，他结合实录、碑传、地志材料认定"陈懋等军出宁夏，绕过黄河，到了阴山山下，也先土干等应该是在这里擒获了"②。只不过和田氏以为明军所经的宿嵬口在今包头以北，有误。查《嘉靖宁夏新志》，贺兰山诸山口中确有宿嵬口之名，③ 今作"苏峪口"。笔者以为，其时陈懋、王安当兵分两路，王安所部直趋塔滩山方向，而陈懋却率军西北出宿嵬口，绕经贺兰山后，包抄塔滩山，使得也先土干无处遁逃，遂降。当时漠北瓦剌与鞑靼混战，阿鲁台战败，形势不明，所以朱棣才采取了静观待变的战术。也先土干的归附实属意外，自然令其喜出望外。

明代塔滩所在的阴山西段地区，北与西均为沙漠戈壁，南有黄河，东侧是连绵的阴山东段。此地对于漠北游牧民族而言是民族迁徙过程中重要的落脚点，也是在与内地政权对抗时攻守自如的根据地，其意义不可低估。

第一，塔滩地区是明代早期蒙古内部斗争中失利者的重要避兵场所。

元朝退出中原后，内部逐渐走向分崩离析，汗位传承混乱，蒙古军阀各据一方，战乱频仍。东、西蒙古两大部的斗争也是持续不断。其间不少在漠北斗争中的失败者往往将包括塔滩山在内的阴山地区作为逃避喘息之地，进而审度形势，决定南下降明，或者另投他处。和田清曾说明代"黄河以北、阴山以南本是残败的北虏逃亡的地区"④，正基于此。

洪武朝曾有多次塔滩蒙古南下归附之事，其中洪武四年（1371）的千余人降明就是比较大的一起。明朝也看到了塔滩蒙古残败的实情，

① 王继光：《安多藏区土司家族谱辑录研究》所附，民族出版社2000年版，第132页。
② 《明代蒙古史论集》上册，第78页。
③ 参见《嘉靖宁夏新志》卷1，第16页。
④ 《明代蒙古史论集》上册，第78页。

所以也多次遣人招抚。这也是明代明、蒙双方在塔滩地区绝少发生冲突的主要原因。永乐朝有更多的塔滩蒙古人投降明朝，尤以把都帖木儿的五千部众归降最为引人注目。永乐二十一年（1423），阿鲁台部下也先土干也在此归降，被封为忠勇王，是明朝对内附蒙古封授王爵绝无仅有的例子。宣德九年（1434）被瓦剌战败的阿鲁台"独与其子失捏干等徙居母纳山、察罕脑剌等处"①。漠北方面常常也把其他蒙古部众徙置于此。为瓦剌所控制的兀良哈也曾在景泰年间，被瓦剌"逼徙朵颜所部于黄河母纳之地"②。明代中期以后整个阴山地区则为成吉思汗弟哈萨尔后裔部属所据。

塔滩地区在明蒙关系中独具特色，值得深入探讨。

第二，阴山地区控制权的归属是南北政权攻守态势的重要表现。

在内地政权一方，一旦据守整个阴山山脉，则会迫使北方游牧民族无法以漠南作为四出迁徙、征战的基地。特别是从军事地理的角度看，势必使得漠北民族在经过长途奔袭之后立即投入阴山作战，从而极大地削弱其战斗力，可以减缓游牧集团对内地的冲击力。这在汉代修筑长城和唐代沿阴山南麓筑三受降城的实效中即可看出。

同样作为内地统一政权的明朝为何放弃了汉唐旧制，转而以控制河套高原、土默川平原为守御前沿呢？笔者认为这与辽夏、金夏长期对峙的政治军事格局打破了以往南北分据的传统有关，辽金夏政权三个世纪里在阴山地区的东西对抗改变了阴山原来的一体性质，反而促使阴山西

---

① 《明史》卷327《外国八·鞑靼》，中华书局1974年点校本，第8469—8470页。按，《明史》卷328《外国九·瓦剌》则在宣德元年后载"遁母纳山、察罕脑剌间"（第8499页）。《明史》此处所载前后抵牾，错误很多：时间有误，且阿鲁台与失捏干也并非父子关系。据《明宣宗实录》甘肃总兵官都督金事刘广奏：获到虏寇言，今年二月瓦剌脱脱不花王子率众至哈海兀良之地，袭杀阿鲁台妻子部属及掠其孳畜。阿鲁台与失捏干止余人马万三千，徙居母纳山、察罕脑剌等处。七月脱欢复率众袭杀阿鲁台、失捏干，其部属溃散。阿鲁台所立阿台王子止余百人，遁往阿察秃之地。完者帖木儿遂南行至哈刺脱欢山为寇。已遣千户王敬等领兵追之，斩首十一级，生擒完者帖木儿及男妇二十人，械送京师。上敕广等曰：穷虏在边，计必为寇。尔等勿以小得为喜，更须昼夜严备，庶几无患。（《明宣宗实录》卷113，宣德九年十月乙卯，第2545页）

② 《明史》卷328《外国九·瓦剌》，第8502页。

部与宁夏、阴山东部与东胜大同地区联系的密切化。这种新形成的地缘关系的变化为元代所继承，进而对明初的防御决策产生一定的影响。明初塔滩地区并没有发生过明蒙斗争的重大事件，也在相当程度上弱化了塔滩地区内在的重要性，一定程度上成为明朝北边防御的"盲点"。明初的军事优势或多或少地掩盖了这一隐患。及至"土木之变"后，明、蒙双方的攻守形势发生了重大变化，因循祖制的明朝政府也不得不面对前朝疏于经略塔滩而造成的退守河套南缘的现实了。

本文原载《中国边疆史地研究》2009 年第 4 期，收入本书时增补了注释。

附记：Henry Sermys, The Location of T'a-T'an: "Plain of the Tower", *Harvard Journal of Asiatic Studies*, Vol. 19, No. 1/2 (Jun., 1956), pp. 52 –66. 该文有原北京大学马顺平博士译稿（未刊），2008 年 11 月 26 日 E-mail。

元代黄河漕运考

黄河是中国北方最重要的河流，习惯上对黄河水运的研究均集中于中下游河段的晋陕黄河以下部分，而关于黄河中上游河段的水运开发利用情况则涉及不多。元代大运河漕运和海运开通之前与元末漕运阻滞、海运失控之后，西北黄河漕运都显现出重要的地位。吴宏岐、陈广恩的相关文章①对元代由宁夏通东胜的黄河漕运之历史沿革、漕运路线、漕运运行情况虽有揭示，但考虑到元代陆上漕运与海运空前发展的背景，西北黄河漕运在当时究竟发挥了怎样的实际效用，黄河沿岸屯田的密集分布与黄河漕运到底存在何种内在联系等问题尚需认真考察。刘再聪曾著文②涉及元代宁夏漕运，但难见全貌，在诸如黄河漕运开辟的时间，所开置水路驿站的分布、名目等环节，也有再行置喙探讨的必要。本文试图通过对以上各问题之分析，纠谬补缺，以求明确漕粮生产、运输、存贮相结合的黄河漕运结构，并联系本地区的内外部条件动态地把握元代西北黄河漕运的整体面貌，进而较为客观地评价其实际功效。这对于全面理解元代西北交通网络构建、农业经济的恢复和发展、北方粮食资

---

① 吴宏岐：《略论元朝的西路漕运》，《河北学刊》1991 年第 5 期；陈广恩：《试论元代开发黄河》，《江苏社会科学》2004 年第 5 期。

② 刘再聪：《甘、宁、青地区的水运航道——甘、宁、青水上交通史研究之一》，《中国社会经济史研究》2008 年第 1 期。

源调配方式的灵活性，以及元代甘青藏区与内地联系的强化具有重要意义。

一　元代西北黄河漕运开辟的条件

元世祖忽必烈称帝后即开始关注宁夏粮食的生产与运输，并由此开始了宁夏东通东胜的黄河漕运。虽然史载中统二年（1261）七月，朝廷"命西京宣抚司造船备西夏漕运"[①]。但它绝不意味着黄河漕运已经开辟。由于运粮目的地、粮食生产条件等因素直接决定了黄河漕运的开置，那么，元代西北黄河漕运开辟的时间不应被简单地系于中统初年，而应是从中统初到至元初的数年中，逐步创造漕运条件，最终确立黄河漕运的发展过程。其中，宁夏等地政治局势的稳定、农业生产的恢复、航运路线的勘查等都是不应回避也无法回避的先决条件。

蒙哥死后，忽必烈与胞弟阿里不哥分别在各自控制区称汗自立，随即爆发大规模内战，军粮供应的紧迫性立即凸显出来。然而当时南宋政权尚未被消灭，依靠江南粮食、财物供应根本无从谈起，所以忽必烈必须想方设法通过各种渠道筹集北边战事所需粮秣。北方前线的军粮问题成为忽必烈一方能否取得胜利的关键因素。中统元年（1260）"六月戊戌，诏燕京、西京、北京三路宣抚司运米十万石，输开平府及抚州、沙井、（靖）净州、鱼儿泺，以备军储"[②]。次年八月朝廷再次"敕西京运粮于沙井，北京运粮于鱼儿泺"[③]。这些举措正是忽必烈确保对漠北战争胜利的重要条件，其实现方式主要是由山西大同府地区向位于漠南碛口一带的沙井（今内蒙古四子王旗大庙古城）、净州（今内蒙古四子王旗土城子古城）、鱼儿泺（今内蒙古克什克腾旗达里诺尔）地区运粮。

①　《元史》卷4《世祖纪一》，中华书局1976年点校本，第72页。
②　《元史》卷4《世祖纪一》，中华书局1976年点校本，第66页。
③　《元史》卷4《世祖纪一》，中华书局1976年点校本，第73—74页。

须知西京（大同）等地原有农业生产水平就难以和中原地区相比，短期内筹集大军军粮的困难程度可想而知，于是必须利用一切可能的方式保证前方粮食供应满足战、守的需要。在这种情况下，宁夏粮源自然成为筹粮所关注的选项之一。这是中统初年元朝初置西北黄河漕运的背景和原因。

地理位置上，宁夏原本与漠南前线及西京地区相去甚远，陆路交通不便。但是黄河河套的大拐弯却将宁夏平原地区与之联系起来，黄河顺流而下，单向水路交通运输极为便捷。这是启动黄河漕运的地理条件。

农业经济上，宁夏平原发展农业生产的自然条件相对优越，基础较好。如果宁夏农业得以正常发展，对于漠南军粮供应必能贡献良多。这是启动黄河漕运的经济条件。

由西北地区的政治形势看，中统元年忽必烈漠南称帝后，阿里不哥所属的阿蓝答儿、浑都海等人即盘踞河西图谋东进。为消灭叛军，当年五月，朝廷"以总帅汪良臣统陕西汉军于沿河守隘"①，控制了宁夏黄河沿岸，配合诸王合丹等伺机平叛。及至九月汪良臣与合丹、合必赤等兵分三路在西凉府姑臧击灭了河西叛军，② 扫除了宁夏以西的叛乱所造成的威胁。这是黄河漕运启动的基本政治前提。

从上述主观愿望和对宁夏农业、运输条件的基本估计以及政治形势出发，才有了忽必烈于中统二年"命西京宣抚司造船备西夏漕运"之事，习惯上以此作为黄河漕运开辟的时间。然而揆诸史料，结合当时西北战局发展的情况分析，恐难维持这样的认识，因为初遭战乱的宁夏尚无法为黄河漕运提供可资调配的粮食。实际上经过蒙古灭夏战争以来的三十多年，宁夏地区惨遭破坏，城镇荒芜，人民逃徙，水利设施废坏，再经浑都海之乱蹂躏，③ 短期内不可能完全恢复农业生产，朝廷运粮东

---

① 《元史》卷4《世祖纪一》，中华书局1976年点校本，第66页。

② 一作在"甘州东"，见（元）苏天爵《元朝名臣事略》卷11《商挺传》，中华书局1996年点校本，第220页。

③ 参见邱树森《浑都海、阿蓝答儿之乱的前因后果》，《宁夏社会科学》1990年第5期。

胜的企图短期内难以实现。

既然制约西北黄河漕运体系实施的瓶颈就是宁夏农业生产的恢复与发展，那么整顿宁夏行政秩序、招徕亡散、组织生产、兴修水利就成为当务之急。从中统二年起到至元元年的四年中一直未见事关黄河漕运的片言只语的记载也反映出黄河漕运被暂时搁置以俟宁夏农业生产恢复的事实，这在当时实属无可奈何。那么，浑都海之乱是导致西夏漕运一度中顿的说法则并不准确，至多可将中统二年视作黄河漕运筹办的起点。原本急迫的黄河漕运缘何步履迟缓，对于其个中缘由有必要略作分析。窝阔台在位时期曾将包括宁夏在内的河西地区分封给次子阔端作为封地，此时由支持忽必烈的阔端子只必帖木儿袭封。① 对忽必烈而言，这种来自阔端后王的支持在平定阿里不哥的战争中显得极为宝贵。浑都海之乱戡定，只必帖木儿重返封地后，"其下纵横，需索无算，省臣不能支"，更"毒虐百姓，凌暴官府"，② 政务混乱。虽然中统二年九月，忽必烈即在宁夏设立中兴等路行中书省，以粘合南合行省事，但是粘合南合次年即迁转，于宁夏并无建树。更兼与阿里不哥战争未止，如果事关宁夏地区的治理措置跟进太繁，有操之过急，影响大局之嫌。所以包括设立漕运在内的整顿宁夏政务的进程从缓亦是在意料之中的事情了。

随着至元元年（1264）阿里不哥战败来降，忽必烈政权获得了巩固。朝廷立即开始强化中央对宁夏的控制，派遣董文用等人任职于西夏中兴等路行中书省，约束诸王势力，招徕亡散，积极组织恢复生产。

至元初年，宁夏的情况并未有大的起色。"中兴自浑都海之乱甫定，民间相恐，动窜匿山谷"，新任西夏中兴等路行省郎中的董文用在努力遏制诸王亲贵跋扈不法的同时，"始开唐来、汉延、秦家等渠，垦中兴、西凉、甘、肃、瓜、沙等州之土为水田若干，于是民之归者户四五万，悉

---

① 参见胡小鹏《元代阔端系诸王研究》，《内蒙古社会科学》1998 年第 3 期。
② 《元史》卷148《董文用传》，第3496页。

授田种，颁农具。更造舟置黄河中，受诸部落及溃叛之来降者"①。此时已到至元三年（1266）。经过"复唐来以溉滪河之地" 等措施的初步治理整顿，达到了"灵、夏储用足"② 的目的。

与此同时，元廷于至元元年"五月乙亥，诏遣唆脱颜、郭守敬行视宁夏河渠，俾具图来上"③。郭守敬等人考察宁夏水利的具体情况兹不赘述。④ 值得注意的是郭守敬在巡视宁夏的报告中特别提道："向自中兴还，特命舟顺流而下，四昼夜至东胜，可通漕运"。⑤ 齐履谦《郭守敬行状》系此事于至元二年。然而史载至元元年十二月"戊辰，命选善水者一人，沿黄河计水程达东胜可通漕运，驰驿以闻"，⑥ 这正是中央得到郭守敬考察结果后，对黄河漕运开置做出反应的印证。所以郭守敬汇报的内容至迟亦应于至元元年底达于朝廷。

宁夏境内获得初步安定，农业生产亦开始复苏，正式开通黄河漕运的主客观条件至此才大体具备了。

二 元代黄河漕运的路线与水站名目

（一）中兴—东胜十水站与茶速秃—燕乙里十四水站的安置及其关系

1. 中兴—东胜十水站的置立

据《经世大典》所载宁夏漕运水站的建立时间是"中统四年"⑦，与《元史》所载不合。通过前面分析可知，中统四年开置漕运之说不确。

---

① 《元朝名臣事略》卷14《内翰董忠穆公》，第281页。又《元史》卷6《世祖纪三》载：至元三年五月"丙午，浚西夏中兴汉延、唐来等渠"。（第110页）同年七月"诏西夏避乱之民还本籍"。（第111页）

② 《元朝名臣事略》卷9《太史郭公》，第193页。

③ 《元史》卷5《世祖纪二》，第97页。

④ 参见《元史》卷164《郭守敬传》；并见《元朝名臣事略》卷9《太史郭公》；《元文类·郭公行状》。三者所载略同。

⑤ 《元朝名臣事略》卷9《太史郭公》，第186页。

⑥ 《元史》卷5《世祖纪二》，第101页。

⑦ 《永乐大典》卷19417《站赤二》引，中华书局1986年影印本，第7196页。

另就史料本身而言，也能发现《经世大典》原文系年显误。《永乐大典·站赤》是按照时间顺序排比编辑的，如对《站赤一》的内容加以简单检索，年代抵牾也可迎刃而解。《站赤一》卷尾所载系年已至至元二年，[①]所以《站赤二》卷首系年"中统三年"无疑有误，当作"至元三年"。

史载至元四年"秋七月丙戌朔，敕自中兴路至西京之东胜立水驿十"[②]。《经世大典》自同年四月至七月详细记录了起中兴，迄东胜的黄河水站置立事宜。文曰：

> 四月中书省遣忙古鱓、锁赤等赍奉御宝圣旨，谕阿出凤哥、东胜达鲁花赤等官及八令迭儿、朵鲁不鱓纳怜站民：仰从应理，下至东胜，站十所。用水手二百四十人，驿船六十艘。宜令应付者。

> 五月二十一日，中书省拠西夏中兴等处宣抚司呈：东胜合立三站，本路合立七站。除从权以东胜见在船二十一艘散给各站行用外，未造船三十艘，拟用已伐到大通山木植。其余物料计该价钞四十余定，及工匠粮食，合无令转运司应办。又忙古鱓回称：只打忽等处旧有船三十六艘，合令修整。

> 七月一日，中书省奏：准新造船三十艘，修整旧船，一切物料、口粮、铁木之工，官为应付。拠水手二百四十名内，拟令各投下差拨一百六十二名，中兴府民户内差拨六名，西京抄海所管水手内，差拨七十二名。每站给牛一十只、祗应羊一百口，起置馆舍衾褥，标拨种养之地。札付制府及西夏中兴等路宣抚司施行讫。[③]

在中兴到东胜的水站建立之前，沿黄河一线已经有纳怜站道连接河西。至元四年新设之东胜十水驿虽然线路相近，但是性质却明显与之不

①《永乐大典》卷19416《站赤一》，第7195页。
②《元史》卷6《世祖纪三》，第115页。
③《永乐大典》卷19417《站赤二》引《经世大典》，第7196页。

同。水站按最初规划是每站有船 6 艘、水手 24 人、牛 10 只，羊 100 口，侧重于大宗物品运输的特色鲜明。① 元代河套以北、阴山以南的行政区划实际上沿袭了辽夏、金夏长期政治对峙的结果，从而分属于两个行政区域。表现在对水站的辖属关系上，同样由中兴路、东胜分别控制。两地除了领属水站数量差别较大之外，还应注意差拨水站站户主要来自沿黄地区的诸王领地。当站应役的 240 名水手内，来自各王投下的有 162 名，占到 67.5%，中兴、西京合计差拨占 32.5%，其中中兴仅占 2.5%。引文中之"八令迭儿、朵鲁不觯纳怜站民"就是出自诸王投下的站户。至元初年，中兴府地区是阔端后王只必帖木儿属地，并且其辖区地跨黄河两岸，② 在忽必烈子爱牙赤分封兀剌海地区前，也应当包括后套地区，范围不小。

元代中期，中兴—东胜十水驿的统属关系发生了变化。成书于 1331 年的《经世大典》载："大同路所辖站二十六处：陆站一十九处……水站五处……牛站二处……水站：东胜五处，只达温站……白崖子站……九花站……怯竹里站……梧桐站……"③ 元初东胜领 3 站、中兴领 7 站的情况说明大部分北黄河沿线都是属于中兴路的辖区，④ 所以只达温（亦即前引之"只达忽"）等三站属东胜，而梧桐、怯竹里站应

---

① 据吴宏岐《略论元朝的西路漕运》所附表一《应理至东胜各水站运输工具表》推断 10 个水站每站有牛 200 只，马 100 匹，于是乎牛、马总量高至 2000 只、1000 匹，显得极不正常。查《永乐大典》卷 19422《站赤七》引《经世大典》"中书省所辖腹里各路站赤·河东山西道宣慰司所辖各路站"条下原文为："水站：东胜五处。只达温站，船一十只，马二十匹，牛四十只，羊一百口。白崖子站，船一十只，马二十匹，牛四十只，羊一百口。九花站，船一十只，马二十匹，牛四十只，羊一百口。怯竹里站，船一十只，马二十匹，牛四十只，羊一百口。梧桐站，船一十只，马二十匹，牛四十只，羊一百口。"（第 7243 页）陈广恩、刘再聪二文不察，均沿其误，都影响了对元代黄河漕运量的准确估计。

② 只必帖木儿辖区地跨黄河之证，可见甘肃环县城北一里古塔之《环州景福寺重建相轮碑铭》。铭文曰："皇帝万岁只必帖木儿大王千秋国泰民安法轮常转……中统五年仲秋上旬有五日。"（环县县志办公室黄志远先生提供）

③ 《永乐大典》卷 19422《站赤七》引《经世大典》，第 7243 页。

④ 这里暗示了兀剌海路在世祖初年并未设立。检《元史》卷 93《食货志》，第 2358 页有：至元"八年又定西夏中兴路、西宁州、兀剌海三处之税"。文中其余两处有"路""州"的行政区划字样，而兀剌海未见，说明甚至到至元八年也没有出现"兀剌海路"的建置。

归中兴路。此时，中兴—东胜水站应役船只、牛羊数量较元初有了明显增长也是水站重要性逐步提升的表现。

2. 茶速秃—燕乙里十四水站的起讫点

然而，《元史》和《经世大典》中至元四年的另一条史料却值得分析。至元四年正月，"壬寅，立茶速秃水十四驿"①。茶速秃为蒙语"雪"，空泛不详所指。所以仅凭《元史》中记载无从知晓十四驿站的性质、方位和走向。而《经世大典》至元四年正月条有更详细的说明，现引述如下：

> 四年正月十四日，线真、脱欢等传旨送茶速秃之地至燕乙里刬立驿馆一十四处图本与中书省，令与制国用使司官同议规划驿船、铺马、人粮之数。续奉旨每站给羊二十口，羝羘三十口，乳牛九只，强牛一只。其价与买驿马钱共斟酌支给。制府钦遵放支钞四百定下陕西等路转运司，于五月内和买，给付各站去讫。
>
> 茶速秃至燕乙里立十四站
>
> 拽船牛二百二十只、驴二百二十头、马二百二十匹、孳生羊二百八十口、羝羘羊四百二十口、乳牛一百二十六只、强牛一十四只、船五十六艘、人工二千名，备三月粮；常役水手二百二十四人、兀剌赤一百一十人、递送小站者七十人，计四百四户。②

这段史料表明：

其一，茶速秃等处的驿站是从"茶速秃之地"到"燕乙里"的14处地点。从驿站数量看高于中兴—东胜漕运线，是一条线路很长的驿路。其二，14处驿站配备的驿船、拽船牛、船只、常役水手等名色与普通的马站、牛站不同，很明显属于水驿。联系本纪壬寅条的内容即可明了并非茶速秃等14驿，而是以茶速秃为起点的水驿14处（"水十四

---

① 《元史》卷6《世祖纪三》，第113页。
② 《永乐大典》卷19417《站赤二》引，第7196页。

驿"应为"十四水驿")。其三，十四水驿的筹建事宜落实到地方上由
"陕西等路转运司"负责办理，暗示了其所处的地理范围当在陕西行省辖
区内。由于至元三年西夏行省被废，至元四年的陕西行省辖境就非常广
阔，包括了今陕西、甘肃、宁夏、内蒙古西部和四川北部地区。

综合上述三方面的条件，在当时的陕西行省辖区内惟有黄河中上游
沿线地区才具备三种共性，也就是说至元四年最初的黄河水驿规划是沿
黄安置十四处水驿。这与最后形成的中兴至东胜十处水驿，不仅数量有
异，而且水驿起止点名称也无法建立对应关系，为此须就茶速秃至燕乙
里水驿的起止点作一辨析。

先讨论茶速秃水驿的位置。茶速秃一词用于山名的情况在蒙语中比
较普遍，早期蒙古史书《蒙古秘史》中即已出现这一地名。可是《蒙
古秘史》研究者们对此的看法颇不一致。道润梯步既不赞同那珂通世
的贺兰山、龙头山说，也未服膺伯希和的六盘山说，而是强调《元史》
中的"浑垂山"可能就是茶速秃山，但仍未给出具体地望[1]。札奇斯钦
认为察速秃（chasutu）并非专有名词，而应是泛指，同样比较笼统地
把"浑垂山"与茶速秃山联系起来。[2] 余大钧则采信了施世杰的茶速秃
为甘肃张掖南山之说，同时还引证了村上正二的看法，将浑垂山作为公
主山的音讹，并视为祁连山之一部。[3] 此外，岑仲勉认为元太祖第五次
攻夏战役中的驻夏之地——雪山（茶速秃）在河套北，他还引述《蒙
古游牧记》证其地位于乌拉特旗以北 90 里的雪山，蒙古名察苏台，从
而与《蒙古秘史》之茶速秃相对应。[4] 这样茶速秃的位置至少有以下四
种说法：①祁连山（浑垂山）说；②贺兰山说；③六盘山说；④阴山说。

第一种说法纵然提倡者众，但它远离黄河，并不符合水驿安置要

---

① 道润梯步译注：《新译简注蒙古秘史》，内蒙古人民出版社 1978 年版，第 356 页。

② 札奇斯钦译注：《蒙古秘史新译并注释》，联经出版社 1979 年版，第 418 页。

③ 余大钧译注：《蒙古秘史》，河北人民出版社 2001 年版，第 462 页。

④ 岑仲勉：《元初西北五城之地理的考古》（初刊于《"中央研究院"历史语言研究所集刊》
第 12 本，1948 年），载氏著《中外史地考证》（下），中华书局 2004 年版，第 537 页。

求，应予剔除。其余三种说法虽然均与黄河相关，但只有经过分析辨别才能确定"茶速秃"的合理位置。

首析阴山说。与中兴—东胜十水驿相比，茶速秃—燕乙里十四水驿的驿站数量明显多于前者，这就意味着茶速秃—燕乙里的水驿线路也较其长得多。基于此，如果认定茶速秃在河套北的阴山，则在远比前者距离大为缩短的黄河上设立远比其数量多的水驿根本无法解释。因此，茶速秃十四水驿之"雪山"，不能被视为阴山西北部的雪峰，而只能于黄河沿线的它处另求之。这是阴山说的最大缺陷，也就成为其被摈除的理由。

再及贺兰山说。贺兰山雪峰当位于宁夏境内山脉的中部地区，而不可能出现在贺兰山山脉南北延伸，低矮干旱的余脉上。以贺兰山雪峰而言，东距黄河至少 80 里，此处黄河沿线业已分布了多个水驿，在其间无论如何也安插不下一个茶速秃站。因此无论立站位置，抑或水驿分布密度，都无法支持贺兰山说的观点。

至于六盘山说，批判者多；另从具体位置考虑也与黄河距离较远，不当取。

那么，茶速秃站究竟应位于何处？本文认为至元四年所称之茶速秃水驿的雪山，首先要满足临近黄河的条件，其次是就其长度而言当在中兴路的黄河上游，并且与中兴路境内各州水路交通不存在天然障碍，最后则应是山峰积雪不消。据此，茶速秃山只能位于中兴路黄河上游，同时又是兰州黄河峡谷以下的无峡谷河段沿岸才是其理论上应当存在的位置。检诸《大明一统志》："雪山，在（靖虏）卫城北一百二十里，山势高峻，积雪不消。"① 以今地度之，当在今靖远县北的哈思山，该山

---

① （明）李贤：《大明一统志》卷 37《靖虏卫·山川》，三秦出版社 1990 年影印本，第 650 页。《秦边纪略》载，靖虏卫（今甘肃省靖远县）北"裴家营……东枕雪山……雪山者冬常积雪，故名雪山"。参见（清）梁份《秦边纪略》卷 4《靖虏边堡》，青海人民出版社 1987 年版，第 278 页。《靖远县志》也报道："在（靖远县）北一百二十里。西距黄河，南接分水岭，峰峦层列，岩壑横峙，松柏丛茂，鸟兽番庶，积雪冬夏不消，遥望晴岚素雾，亦一方之名胜也"。另见（清）陈之骥（道光）《靖远县志》卷 2 上《山川·雪山》，载李金财、白天星总校注《靖远会宁红水县志集校》，甘肃文化出版社 2002 年校注本，第 38 页。

海拔 3017 米，更兼"积雪冬夏不消"，元明时代也被称作"雪山"。这个雪山才是茶速秃山—十四水驿的起点。

至于终点的燕乙里，的确在黄河沿线不见有类似的地名。理论上，根据前面考订的茶速秃位置为起点，沿黄河顺流分布十四水驿后，其终点应置于东胜州一带能够提供航运的水道附近。这一区域除了黄河水运之外，黄河支流的大黑河也早就有了航运的历史。隋大业三年（607），炀帝于"八月壬午，车驾发榆林，历云中，泝金河"①，幸启民可汗牙帐事表明至少在隋代大黑河下游与黄河之间已经形成了水路交通。那么，黄河进入大黑河的航运在元代也能够应用则无疑义。

明初洪武四年投降明朝的蒙古诸千户中有一燕只千户所②，和田清认为"燕只"就是"燕只斤"③，但他认为燕只斤千户所地在套内，则误。据考，燕只千户所在今大黑河流域也就是元代的东胜、云内州地区。④ 燕只斤部是弘吉剌部的一支，大蒙古国早期即已南迁至沙、净州黑水一带，其中部分应据此西徙至大黑河流域，甚至更远。元代大黑河流域有燕只哥赤斤站，⑤ 当与此有关。史载，至元九年八月，"壬辰，敕忙安仓及净州预备储粮五万石，以备弘吉剌新徙部民及西人内附者廪给"⑥。

① 《资治通鉴》卷180《隋纪四》，中华书局1956年点校本，第5633页。

② 《明太祖实录》载："故元枢密都连帖木儿等自东胜州来降。诏置失宝赤千户所一，百户所十一；五花城千户所一，百户所五；干鲁忽奴千户所一，百户所十；燕只千户所一，百户所十；瓮吉剌千户所一，领百户所六。以都连帖木儿、刘朵儿只、丑的为千户，给三所印……复遣侍仪司通事舍人马哈麻赍燕只、瓮吉剌千户所印二，往东胜州命伯颜帖木儿、答海、马里、卜兰歹、也里沙、朵列图、阔阔歹为千户。"（《明太祖实录》卷60，洪武四年正月癸酉，台北"中研院史语所"1961年校印本，第1179页）

③ ［日］和田清：《明代蒙古史论集》（上册），潘世宪译，商务印书馆1984年版，第12—13页。

④ 参见曹永年《从白塔题记看明初丰州地区的行政建制——呼和浩特万部华严经塔明代题记探讨之三》，《内蒙古师范大学学报》1992年第3期；周松《明与北元对峙格局中之东胜卫变迁》，《史学月刊》2007年第5期。

⑤ 陈得芝：《元岭北行省诸驿道考》（初刊于《元史及北方民族史研究集刊》第一辑，1977年），氏著《蒙元史研究丛稿》，人民出版社2005年版，第12页。

⑥ 《元史》卷6《世祖纪三》，第142页。

大黑河流域的燕只或燕只斤（Iljiqin）① 应为燕乙里。早期畏兀儿字体蒙古文中"j""y"为同一字母，故燕只也可汉译作燕乙里。因之，燕乙里站大体位于元代丰州、云内州地区大黑河岸边。

3. 两水站系统的内在关系

概言之，茶速秃—燕乙里水站是西起今甘肃靖远县北的黄河岸边，沿黄绕河套顺流而下，东达东胜州附近，再折入今大黑河流域的水驿线路。它在至元四年初的黄河水驿构建计划中是最早的方案，与数月后作为黄河漕运线路推出的中兴—东胜线路存在着直接联系。茶速秃—燕乙里水驿实际上包括了中兴—东胜水驿。两者的不同之处在于水驿线路的长度和水驿数量。既然中兴—东胜十驿系指"仰从应理，下至东胜站十所"，那么应理州以上的站赤就是茶速秃—燕乙里水驿的组成部分，当然中兴—东胜的十个水驿也应包括在茶速秃—燕乙里十四水驿之中。但中兴—东胜水驿绝非对茶速秃—燕乙里水驿的简单替代。笔者倾向于认为这两条大部分重叠的线路是由其作用的差异而被提出，并且并行不悖。茶速秃水驿是一般意义上的舟船、站马兼备的驿路运输线，它对河流水文条件的要求相对较低，可以最大限度地利用天然河道形成的交通线；中兴—东胜线则是专为黄河漕运设定的运粮专线。由于运粮船载重量较大，吃水较深，因此适合通行的黄河线路长度也就不及前者。

以前的研究者们往往忽视"茶速秃水驿"，认为"延祐三年的东胜至哈温一十四站，就是由元初十站发展而来"②。这就意味着东胜十水驿与东胜—甘肃十四纳怜站道具有同一性。③ 事实上"哈温至东胜一十

---

① 亦邻真先生拟作"Elzhigin"，并称来源于"驴"（Elzhigen，明人译作"额里只干"），见《中国北方民族与蒙古族族源》（初刊于《内蒙古大学学报》1979 年第 3、4 期），氏著《亦邻真蒙古学文集》，内蒙古人民出版社 2001 年版，第 575 页。

② 周清澍：《蒙元时期的中西陆路交通》（原载《元史论丛》第 4 辑，1992 年），氏著《元蒙史札》，内蒙古大学出版社 2001 年版，第 264—265 页。

③ 胡小鹏《元甘肃行省诸驿道考》（《西北史地》1997 年第 4 期）、李云泉《蒙元时期驿站的设立与中西陆路交通的发展》（《兰州大学学报》1993 年第 3 期）均持类似观点。胡文将哈剌兀速脱脱禾孙置于今内蒙古都思兔河，有误。哈剌兀速脱脱禾孙实际设于亦集乃路之黑水（额济纳河）附近。

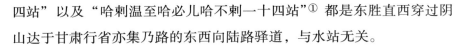

四站"以及"哈剌温至哈必儿哈不剌一十四站"① 都是东胜直西穿过阴山达于甘肃行省亦集乃路的东西向陆路驿道，与水站无关。

（二）黄河水站名目

史籍中对于黄河中上游水站缺乏系统记载，也无从考知其具体情况，唯有借助沿黄屯田、仓储、渡口以及水陆驿道内在联系推求黄河水站名目与地望。

1. 中兴府境内的黄河水站位置

宁夏境内的黄河水站位置多数可考。《经世大典》至元二十五年条载："（正月）二十五日，通政院奏阿蓝哈迹言，中兴府、朵儿灭站、麻沙、应去里、也孙帖里温五站。"② 这里提到的 5 站应为陆路纳怜站道。但是 5 站所在均地近黄河，因之，以 5 站名当水站并无不妥之处。进一步说，应理州以上站名当属茶速秃—燕乙里水驿系统。

也孙帖里温站，蒙语意为"九头"，考之《元史·太祖纪》"秋，取西凉府搠罗、河罗等县，遂逾沙陀，至黄河九渡，取应里等县"，③则"黄河九渡"可当"也孙帖里温"，也孙帖里温位于今甘肃靖远县哈思山以下至宁夏中卫县以上的黄河岸边。

应去里站，《元史·河源志》作"应吉里州"④，《纪世大典·站赤二》作"应理"，当为"应理"，即今宁夏中卫，是中兴—东胜水站的起点。

麻沙站，是"鸣沙"之讹，在今宁夏中宁县东北。

朵儿灭站，即是朵儿篾该（Turmegei）⑤，系宁夏灵州，则朵儿灭站为灵州站，在今宁夏灵武市。

---

① 《永乐大典》卷 19421 引《经世大典》，第 7236 页。

② 《永乐大典》卷 19418 引《经世大典》，第 7208 页。

③ 《元史》卷 1《太祖纪》，第 24 页。

④ 《元史》卷 63《地理志》，第 1566 页。

⑤ 详见陈寅恪《灵州、宁夏、榆林三城详名考》（初刊于《中央研究院历史语言研究所集刊》第 1 本第二分册，1930 年），氏著《金明馆丛稿二编》，上海古籍出版社 1980 年版，第 108—114 页。

中兴府站，就是今宁夏银川市，属于在城站。

省嵬站。宁夏中兴府以北的站名目前并无直接证据。宁夏银川以北石嘴山市一带无论从距离上，还是从军事、政治上的重要性来看，元廷均应在此立站。吴文、陈文都把西夏时期的定州作为中兴以北的水站名目。《经世大典》至元三年曾载："十月，中书右丞相安童等，奏西凉、甘州、庄浪等处增站事。今议除甘、肃、瓜州，其间合立站赤，候阿沙来时区处外，就令凤哥斟酌到中兴、西凉、兰州、甘州、信嵬添设站，可用马一百三十五疋、牛六十八只、驴六十头，于官钱内买置。奉旨准。"① 这是黄河水驿设立之前元朝在原西夏统治的河西地区增设站赤的举措。其中"信嵬"，实际上就是西夏时代著名的省嵬城。《西夏书事》载："（宋）天圣二年（1024）春三月，德明作省嵬城于定州。定州省嵬山在怀远西北百余里，土地膏腴，向为蕃族樵牧地。德明于山之西南麓筑城，以驭诸蕃。"② 定州在今宁夏平罗县南，因此省嵬城无疑在宁夏平原北端。《蒙古游牧记》载："（右翼中旗）西北至阿尔布坦山，旧名省嵬山。二百二十里接赛因诺颜部界。《寰宇通志》：山蹿黄河，因省嵬城而名。黄河东有省嵬口，为防御要地，其下有城，西夏所筑也。"③ 1965 年至 1966 年在石嘴山市庙台南 1 千米处曾发掘一属于西夏时代的城址，边长 590 米左右，总面积约 36000 平方米，被认为是西夏省嵬城遗址。④ 该城早在西夏正式立国前即已兴造，用以控驭蕃族，屏蔽首府兴州。鲁人勇认为它应是西夏中期增置的北地中监军司，防线恰在贺兰山东麓和定州一线。⑤ 它与黑山威福军司（中期更名为官黑山

---

① 《永乐大典》卷 19417 引《经世大典》，第 7196 页。

② （清）吴广成：《西夏书事》卷 10，《续修四库全书》第 334 册，上海古籍出版社 2002 年影印本，第 375 页。

③ （清）张穆：《蒙古游牧记》卷 6，张正明等点校，山西人民出版社 1991 年点校本，第 129 页。

④ 宁夏回族自治区展览馆：《宁夏石嘴山市西夏城址试掘》，《考古》1981 年第 1 期。按历史记载，省嵬城应位于黄河东岸，目前考古发掘所见却位于黄河西岸。汪一鸣《历史时期黄河银川平原段河道变迁初探》[《宁夏大学学报》（自然科学版）1984 年第 2 期]认为这是由于黄河主河道在历史时期不断"跳跃式东徙"造成的结果，使得河东的省嵬城在明末清初以后成为河西废城。

⑤ 鲁人勇：《西夏监军司考》，《宁夏社会科学》2001 年第 1 期。

军司，约当今内蒙古后套平原西部）一起构成了宁夏以北直至阴山的防御纵深，具有重要的战略地位。因此，其重要性不应随着蒙古灭夏而骤然下降。再加上元初忽必烈兄弟争国的政治局势造成宁夏地区政治军事的紧张局面，也就不难理解省嵬（信嵬）置驿的作用及其必要性了。

2. 后套及其以东黄河水站

省嵬城以北直至后套平原之间，黄河流经乌兰布沙漠和河套西北荒原之间，自然条件相对恶劣，人烟稀少，因此缺乏较为理想的安置水驿的条件。《经世大典》称"黄河沿路别无村疃，西至宁夏路七百里"。这种情形直到清代仍然没有什么变化，高士奇曾亲历此地，称"出宁夏百余里，即哨界外地。沿河西北岸行五百余里，至船站，绝无人迹"，[1] 一片荒凉的景观。自后套平原到土默川平原黄河沿线水站名目考证难度很大，史料中偶有涉及也难详所指，利用屯田地、仓储地和转运渡口的位置关系加以考订还是目前较为可行的方案。

梧桐站。周清澍先生主张在后套西夏国新安州故城可以安置一个水驿，[2] 但是新安州的准确位置须结合《经世大典》再加讨论。

（甲）塔塔里仓。英宗皇帝至治元年（1321），河东宣慰司委官朔州知州苔里牙赤言，塔塔里诸屯田相视，议拟各项事理就差苔里牙赤计，裹中书省准，下兵部移文枢府，逐一开具于后：

（乙）纳怜仓见于屯田近南，黄河北岸，内有正教［"教"疑误，似应为"廒"］东西廒房二十一间，缘其空闲，已行呈索，于空闲仓房周围拨地三十亩，作赡仓地甚便。委官议纳怜平远仓既近黄河口十里，西即经行要冲……

（丙）忙安仓去黄河颇远，运粮不便，已别建新仓，其旧仓今

---

① （清）高士奇：《扈从纪程》，（清）王锡祺辑：《小方壶斋舆地丛钞》第一帙第四册，杭州古籍书店 1985 年影印本，第 275 页。
② 周清澍：《蒙元时期的中西陆路交通》，氏著《元蒙史札》，第 264 页。

空闲。如令河东宣慰司拆移前来贮粮便。委官相视，忙安旧仓二十一间，墙壁倒塌，木石俱全，砖瓦三损其二。若移此仓，则陆地相距屯田故城七百余里，可用车千余，约费脚直五千余定。至彼又须添补木瓦诸物，亦不下五千余定。若黄河运载，至忙安仓南，三十里陆路才至渡口，沂流一千里，约费万余定。

（丁）至纳怜平远仓复行十里入陆，至旧新安州又七十里。黄河殊无往来客舟……屯田万户府仓敖廨宇，本府与所委官那海等议，合于兀郎海山下旧新安州故城内建，四向立屯为便……相视兀郎海山下旧新安州故城，方围七里，并无人烟。黄河沿路，别无村疃，西至宁夏路七百里。若修上项公廨，合用木植，令宁夏计料收用买，顺流运至古城，或于纳怜平远仓募夫匠建立，诚便……①

《经世大典》的这段文字包含了大量后套平原地区屯田、仓储、运输、交通、行政建置等方面的信息。本文在分析这部分材料的同时感到首先必须对其分段处理，理清线索，否则至少在道里远近的数字上出现的巨大抵牾都会严重影响对本段史料的理解。本文将至治元年（1321）筹建塔塔里仓的内容分作四个部分，其中后三个部分分别涉及纳怜仓位置、忙安仓与屯田故城水陆两道距离、新屯田万户府位置等三个主要问题。

"丙段"专门讲到了忙安仓与屯田故城间的距离：陆路距离 700 多里；黄河水路距离至少 1030 里。从水、陆距离的差距可见两地间陆路捷直而短，反观水路却迂曲而长。将这一情况落实在后套地区的交通地理实地上，以对应的黄河河段来确定屯田故城与忙安仓的位置关系应得出如下图示。其中 A 点对应的是忙安仓、B 点对应的是屯田故城、C 点是新屯田府；AC 和 BC 连起来构成忙安仓到屯田故城的水路线路、AB 则属于忙安仓到屯田故城的陆路线路，于是水旱两路形成了这样一种三

---

① 《永乐大典》卷 7511 引《经世大典》，第 3399 页。

角形的地理位置关系。

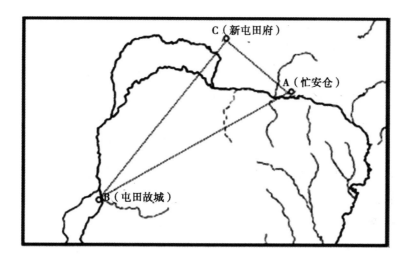

从图示上看忙安仓与屯田故城的陆路距离当是在鄂尔多斯高原内部的通道。以今日情况视之，则经涉沙漠，并非理想坦途。然而《西夏地形图》[①] 等证实西夏使用了西南—东北方向穿越高原的驿道，在元代，这里一定延续和使用着类似的便捷通道。

水路距离迂回较多，一则是因为黄河略呈直角形的弯曲延伸了长度；再则黄河故道主流在北河，[②] 不在南河，一定程度上又加长了距离，以至于水旱两路之差高达300多里。

两条迂直不同的线路的最终交汇点屯田故城在理论上也应位于今内蒙古、宁夏两省的沿黄交界地区。考诸史籍，《嘉靖宁夏新志》载："塔塔里城，唐郭元振以西城无援，安丰势孤，置安远镇。此盖安丰镇

---

① 《西夏纪事本末》所载之顺序为：马练驿、吃啰驿、启哆驿、卒李驿、瓦井驿、布袋驿、连袋驿、陌井驿、乳井驿、咩逋驿、梁唛驿、横水驿，见（清）张鉴《西夏纪事本末》卷首下，《续修四库全书》第387册，上海古籍出版社2002年影印本，第550页。从漠北南下进入河套，可取道有经今乌梁素海、西山嘴渡河入伊克昭盟（鄂尔多斯市），西南行可达宁夏平原；再者经由包头昆都仑沟南行渡河入河套腹地。

② 谭其骧先生认为北河长时间是黄河的经流，这种情况一直持续到明末清初才发生改变。清代前期，南河由支流变为经流，而北河逐渐湮塞为支流——乌加河（禾子：《北河》，《中华文史论丛》第6辑，中华书局1965年版，第180、214页）。因此，元代黄河的主河道仍在今乌加河。

城也。元为塔塔里千户所居，今黑山北，去城二百里"。① 《元史》则提道："（至元）二十一年，遣塔塔里千户所管军人九百五十八户屯田，为田一千四百九十八顷三十三亩。"② 至元二十一年新立之塔塔里屯田当属宁夏新附军屯田的组成部分，规模很大。对比宁夏平原其他屯田的位置，无疑塔塔里屯田应置于宁夏平原的北部。这就是"丙段"所谓的"屯田故城"，即早期的塔塔里千户所屯田故城。

以上是塔塔里屯田万户府与新安州的对应关系。西夏新安州地在"兀郎海山下"，应为西夏之兀剌海城，在元为兀剌海路。

王颋认为兀剌海是兀剌城的意思，并将其来源与《元和志郡县图志》之"牟纳山"联系起来。③ 陶克涛认为："兀剌海亦为族名，它应当就是王延德出使高昌时所历的欧羊梁劾特族，为九姓鞑靼之一，地在今阿拉善境。"④ 陶克涛之说更切近实际，惟有其将欧羊梁劾特族⑤活动地区视为阿拉善境内恐不准确。王颋文考兀剌海城地望，"其地当在今内蒙古五原县或乌拉特前旗境内"，并希望能得到考古发掘的证实。90年代，鲍桐撰文称今内蒙古乌拉特中旗新忽热乡之古城当是兀剌海城，⑥ 可备一说。

西北地区习惯上将干旱区特有的耐旱耐盐碱高大乔木——胡杨，俗称为"梧桐"，因此也有了不少以梧桐为名的地名。梧桐站之得名当源于与植物有关的地名。《嘉靖宁夏新志》载："洪武间，指挥徐呆厮出兵河套，地名梧桐树。一日午间，又一大星坠于河中。"⑦ 这表明梧桐树在黄河岸边。《明太宗实录》载永乐七年十月，"辛丑，镇守宁夏宁阳伯

---

① （明）胡汝砺编，管律重修：《嘉靖宁夏新志》卷2《宁夏总镇·古迹》，宁夏人民出版社1982年点校本，第175页。

② 《元史》卷100《兵志》"宁夏等处新附军万户府屯田"条，第2569页。

③ 王颋：《兀剌海方位探索》，《历史地理研究》第一辑，复旦大学出版社1986年版。

④ 陶克涛：《土达原叙》，《民族研究》1986年第2期。

⑤ 查《宋史》作"卧梁劾特族"（《宋史》卷490《外国六·高昌国》，中华书局1977年点校本，第14110页）。

⑥ 鲍桐：《兀剌海城地望和成吉思汗征西夏军事地理析》，《宁夏社会科学》1994年第6期。

⑦ 《嘉靖宁夏新志》卷2，第150页。

陈懋率兵至下梧桐之地，遇辖官知院秃赤与弟司徒知院伯颜不花率家属来归"①。又陈懋"永乐七年于塔塔山、好来口收失保赤连有功"②。陈懋兵行之下梧桐、塔塔山处于同一地区，相去不远。《全陕边政考》载：

> 河外：东北自宣大界起，至西北贺兰山头止，南离黄河甚远。禅水海子、忽力干秃、车车忽都、革鲁察罕、哈剌秃罕、八剌浑都、客儿卜剌、红寺儿口、里足吉口、也可卜剌、兀剌卜剌、里赢山口、阿祝剌、好来口、把沙口、赤确口、生花口、折子口、塔滩山、沙子口、台卜剌、石崖山、李凤口、速麦都、失剌哈答、马阴山、杨山、察罕那革吉、高阙山、小小可可必、赤剌哈山口、陶山。

> 河外，东北自东胜州起至西北贺兰山止，沿河一带：东胜州、拦马墙、风史峪、红山儿、石山儿、忙合仓、八剌树、籍孩站、梧桐树、神木海子、革足结站、也可卜剌、瑶车儿树、石嘴儿山、沙井、界井、朵迷岔口寺、麦你干渠口、红柳树、哈剌卜花渠口、叉罕虎客儿。③

根据上述材料可见，塔塔山亦作塔滩山，似得名于塔塔里屯田万户府。这样梧桐站与新安州故城渡口直接对应起来，是屯田万户府附近的水站无疑。

怯竹里站。据前考怯竹里站应为元初宁夏所辖水站之最东处，位置推测应在今乌拉山麓之下的黄河岸边或以西的山嘴处。周清澍认为其是《全陕边政考》中提及的革足结站（里足结站）。乌拉山麓周边地区的黄河沿岸分布了数量较为可观的牧户和鹰户，《元史》载至顺元年十

---

① 《明太宗实录》卷97，永乐七年十月辛丑，第1281页。

② （明）吏部清吏司编：《明功臣袭封底簿》，学生书局1970年影印本，第452页。《明英宗实录》卷354，天顺七年七月载陈懋"（永乐）七年征塔塔山、好来口，获失保赤都，加封宁阳侯"（第7082页）。

③ （明）张雨：《全陕边政考》卷7《北虏河套·山川表》，《续修四库全书》第738册，上海古籍出版社2002年影印本，第144—145页。该《山川表》中所列地名并未严格按照某一方位有序排列，因此不宜完全拘泥于张雨的地名序列。

月，"木纳火失温所居住牧人三千户，黄河所居鹰坊五千户，各赈粮两月"①。贾敬颜考证木纳火失温就是木纳山嘴，即乌拉山嘴。② 本文认为，鹰坊五千户就是黄河昔宝赤（Šibauči），它也应该是洪武四年投降明朝蒙古五千户之一的昔宝赤千户所，活动地域正在东胜以西。这就表明东胜以西直到乌拉山西端的黄河沿岸一直活动着不少从事牧放、狩猎的蒙古人。所以，无论是就近提供粮食赈济，还是保障漕运通畅的中继点，在这一地区建仓立站都在情理之中。《经世大典》载纳兰不剌仓"既近黄河口十里，西即经行要冲"③。据"丁段"史料可知，纳兰卜剌仓距塔塔里屯田府 80 里，在塔塔里屯仓未建前，则为后套主要的粮食贮存地。其南 10 里的黄河岸边必设水站以利交卸。

九花站。《全陕边政考》卷七作"籥孩站"。清代陶保廉《辛卯侍行记》在包头镇后记"在黄河北岸，用舟逆流而上，可运宁夏之米下达秦晋沿河诸邑"④。直到清代今包头地区仍然是黄河水运过程中的重要中转站地之一。包头西距后套平原水路应在 500 里左右，符合旧新安州塔塔里屯田万户府驻地距离包头的大致长度。所以，忙安仓的位置也应位于此处。《经世大典》称，忙安仓距屯田故城（塔塔里千户所所在之黑山北）水路千余里，黑山距离宁夏中兴又 200 里，则忙安仓至宁夏的距离为水路 1200 余里。又屯田万户府距离宁夏府 700 里，则万户府至忙安仓的距离应为忙安仓至宁夏的距离减去新安州屯田府到宁夏的距离，结果为 500 里左右。比照实际距离，再考虑到河道的迂曲，大致可知忙安仓的位置应在今包头附近。

再据《辛卯侍行记》自包头向西，陆路"七十里黑儿脑包。以下皆

---

① 《元史》卷 34《文宗纪三》，第 768 页。

② 详见朱风、贾敬颜译注《汉译蒙古黄金史纲》，内蒙古人民出版社 1985 年版，第 25—26 页注释 2。

③ 《永乐大典》卷 7511 引《经世大典》，第 3399 页。

④ （清）陶保廉：《辛卯侍行记》卷 2"山西北路及西北路"条，《续修四库全书》第 737 册，上海古籍出版社 2002 年影印本，第 488 页。

蒙古地。六十里乌喇特，西北七十里乌拉胡同，八十里乌兰板升，一百八十里莫儿古捡梁，七十里乌兰乌苏，五十里竹拉克濠赖"。笔者以为其中的"竹拉克濠赖"当是《全陕边政考》卷七中的"阿祝剌、好来口"，张雨很可能将此一地分作两名。前考好来口在塔塔里屯田府，即今乌拉特中旗新忽热乡附近。按陶保廉所载包头至此道里约560里，减去塔塔里黄河水站北行的陆路70里，仍为500里左右，亦可确定忙安仓是在今包头附近。

20世纪80年代以来，包头南郊燕家梁曾发现元代遗址。据称："燕家梁遗址南临黄河，地处阴山山脉大青山和乌拉山分界的昆都仑河谷南口，向北通往阴山北部草原，地理位置重要，交通便利。元代从东胜州（今内蒙古托克托县）至应里州（今宁夏中卫县）设置了水驿，燕家梁遗址应该是当年重要的水驿之一。从东胜州经亦集乃路（今内蒙古额济纳旗）到哈喇和林的陆驿也经过这里。这里应设置过重要的驿站管理机构。一些出土的比较珍贵的器物除了与从事商业、餐饮等居民有关外，更主要的应当与驿站的设置有关。"① 这一考古发现也为本文提供了关于元代包头地区水站和忙安仓故址的佐证。明洪武二年（1369），李文忠"遂进兵东胜州，至莽哥仓而还"②。《元史》《经世大典》之忙安仓，《全陕边政考》之忙合仓，《明实录》之莽哥仓同为一地，它的废弃当是在元末明初的战争中。

白崖子站。位于九花站和只达温站之间。今天托克托至包头相距约140多千米。元代水陆站赤分布相距自五六十里至百数十里以上不等，实则水站分布的间隔相对更大，据此白崖子站当在今土默特右旗（萨拉齐镇）一带。令人困惑之处是此地属于土默川平原，沿黄河并无明显山地。元代土默川平原的黄河较今日偏北，更加接近大青山，所以其站名恐与平原北缘的山地，亦即《全陕边政考》卷七之"石山儿""红

---

① 塔拉、张海斌、张红星：《水旱码头燕家梁》，《文物天地》2007年第2期。
② 《明太祖实录》卷44，洪武二年八月，第860页。《校勘记》：旧校改"莽"作"莽"。

山儿"等地名有关。

只达温站。据《经世大典》载可知该站是东胜州所辖与东胜州最近的驿站，可视作东胜水站。本文前引"西京宣抚司造船""西京抄海所管水手""只打忽等处旧有船三十六艘"等语从拥有船只数量、管领水手、负责造船的职司表明了东胜州在水陆交通中的中枢地位。只达温站（或只达忽站）当位于黄河与大黑河的交汇处。

燕乙里站。前考该站应位于大黑河流域，大黑河的水文条件也不允许该站距东胜州只达温站过远。

通过以上分析，初步拟构了包括中兴—东胜十水驿在内的整个黄河水站（茶速秃—燕乙里）名目十三个。但是北出宁夏直到梧桐站（或塔塔里屯田）之间，理论上还应该存在一个水站以利接济，惜于文献无征，目前尚不可考。

（三）元代黄河水驿向河源的延伸

黄河上游的水文地理条件决定了自甘肃靖远县以北到内蒙古托克托县一带的黄河水道最具有进行水路交通运输的现实可操作性[1]。由靖远县上溯至甘青黄河上游直至河源一线，几乎全为高山深谷与山间盆地交错断续排列，事实上并无全线通航的条件。自然无法使用前述黄河水驿继续延伸并加以利用。

另一方面，甘青黄河上游地区是内地与"西番"的主要接合部之一。历史上，无论是内地政权经略西羌，还是吐蕃政权东进拓地，都离不开这个跳板，蒙元时期的吐蕃之地是较早归附的地区，蒙哥汗时期又曾被划分为不同的蒙古宗王属地[2]。于是在蒙元统治者的眼中，吐蕃始

---

① 参见汪公亮《西北地理》，正中书局 1936 年版，第 136 页。

② 参见达仓宗巴·班觉桑布《汉藏史集》，陈庆英译，西藏人民出版社 1986 年版，第 138 页；东嘎·洛桑赤列《论西藏政教合一制度》，陈庆英译，中国藏学出版社 2001 年版，第 36 页；[意] 伯戴克（Luciano Petech）《元代西藏史研究》，张云译，云南人民出版社 2002 年版，第 10—11 页；较为详细的论述参见张云《元代吐蕃地方行政体制研究》，中国社会科学出版社 1998 年版，第 12—20 页等。

终具有某种特殊重要性，所以蒙古政权很早就建立了吐蕃连接内地的驿站系统。忽必烈即位初年在派遣郭守敬等人整饬中兴各地河渠的同时，也赋予了其搜集河源信息的任务①。可惜，我们现在无法透过片言只语窥测当时考察河源的真正意图了。

1269 年，南宋覆亡，中原一统，元世祖得以着手加强对边境地区的控制。虽然吐蕃归附日久，但直到元世祖朝中期，元朝并未在吐蕃之地真正驻军防守，加之吐蕃各种政教势力矛盾发展的复杂内外因素影响，形势微妙，常有纷争，对元世祖扶植萨迦一系控驭吐蕃的基本政策造成了一定的威胁，所以，忽必烈选择以军事手段强化元朝在吐蕃的统治地位。

至元十七年（1280），忽必烈毅然派遣桑哥（又作相哥，sang-gah），率蒙古军入藏，诛杀了萨迦本钦公哥藏卜（dpon-chen kun-dkav-bzang-po）。此后，桑哥留军驻守藏地，全面接管了藏地的驿站系统。与此同时，元世祖又委托都实、阔阔出兄弟再探河源，开置驿站。都实是女真族蒲察氏人，颇受世祖器重。此次领受勘察河源任务的目的绝非现代意义上的地理探险，对此，世祖曾讲道：

> 黄河之入中国，夏后氏导之，知自积石矣。汉唐所不能悉其源。今为吾地，朕欲极其源之所出，营一城。俾番贾互市，规置航传。凡物贡水行达京师。古无有也。朕为之，以永后来无穷利益。②

从中可见，元世祖的真正目的是确保元朝西部边疆与中央政府关系的进一步密切，关键在于保持内地达至吐蕃驿路的畅通③。元世祖"凡

---

① 《元朝名臣事略》卷 9《太史郭公》，第 186 页。
② （元）陶宗仪：《南村辍耕录》卷 22《黄河源》，中华书局 1959 年点校本，第 265 页。
③ 藏文史书中提到整治内地到吐蕃驿路是为了方便帝师往来，参见《汉藏史集》。不可否认，这是原因之一，但更为重要的则是为了提高行政命令、人员往来的效率与便利，即在本质上，就是要强化对边疆的控制。

物贡水行达京师。古无有也。朕为之，以永后来无穷利益"的宏大构想确为前宋后明的汉族君主无法企及，具有独特的战略眼光和恢宏气势。

进一步分析，都实肩负的任务是根据黄河上游地理水文条件的制约，相择合宜的地点安置水驿。我们知道甘青黄河上游不可能像宁夏—东胜那样实现全河段通航。于是本段驿传线路只能采取水驿与陆驿相结合的方式构建驿传系统。它与此前的内地—吐蕃驿路的区别在于不再像以前那样单纯依靠马站，而是在部分路段尽可能依托黄河以利用其水路运输载重量大这一优势条件。所以，从更为现实的角度看，忽必烈的本意恰恰是从强调货物运输量的提升这一点出发的。

经过至元十八年的实地踏勘，都实将勘察结果、置驿计划上报朝廷，准备从内地征调人工、物料建置水陆驿站①。笔者认为《辍耕录》所附之《黄河源》图当出自潘昂霄《河源志》，潘氏所本则必源自于"图城传位置以闻"所涉及之河源地区置驿图本。图中所列水旱站名有10处，其中水站名4个（三巴水站、上桥水站、寺子保水站、安乡关水站）。水旱站的分布表现出一定的规律性，即在《黄河源》图中靠近下游水站分布的密度越大；再者水站与旱站呈现间隔分布。这两个特点是由甘青黄河上游地区的地形条件所决定的。因此，都实计划中的黄河源地区的驿站是水旱两路相结合的驿站系统。以上4处水站平均每站拥有15艘船只，其保有量也不算小。

然而此时完成吐蕃善后工作的桑哥出面极力反对，其事遂寝。汉文史料中看不到桑哥反对都实计划的理由。对此，可通过藏文史书略窥桑哥用兵吐蕃及其善后措施的端倪。《汉藏史集》称："从此，乌斯地方之人，不必在藏北驻站，而是每年派人把应交付给驿站的物资运送到藏北交给蒙古军，驿站常有乌拉供应，对众人俱有利益，这也是桑哥的恩德。"② 概言之，在桑哥看来，完全按照汉地驿传制度新建的甘青黄河

---

① 《南村辍耕录》卷22《黄河源》第265页云："工师悉资内地，造航为艘六十。"
② 《汉藏史集》，第160页。

本图引自（明）陶宗仪撰：《南村辍耕录》卷22，版本来源为美国加利

福尼亚大学伯克利分校藏明嘉靖玉兰草堂刻万历六年（1578）徐球重修本。

水陆驿站计划并不完全适用于吐蕃，它的实施可能会造成吐蕃当站站户的差役负担过重，引发站户逃亡，进而严重影响驿站系统的稳定性、有效性。因此，桑哥力主以自己规划的驿站模式取代都实的方案。桑哥在吐蕃置驿的基本思路是将以前由各万户人户直接对应支应驿站的方式改为蒙古人驻站，各万户提供物资支持的方式①。从日后吐蕃驿站发展的效果看，桑哥方案的确在追求中央强化控制和减轻吐蕃站户负担间找到了平衡点。终元一代，吐蕃的驿传之所以能够长期有效维持，桑哥功不可没。

当然，我们不能由此得出黄河源地区水驿建设中顿的结论。实际上，从藏区与内地持续存在的交通联系看，黄河源地区的水旱驿站是在充分考虑了当地环境与民族特点之后的折中选择。

---

① 详见《汉藏史集》，第159—160、165—166页。

三　沿黄屯田、仓储的分布

（一）沿黄屯田布局

整个蒙元时期，朝廷在西夏故地平原上积极创造条件，大力组织农业生产，大致形成了六大屯田区域，综合元代宁夏以及后套屯田情况制成下表。

元代黄河上游屯田表

名称	时间	地点			人口		屯地数		
		《元史·兵志》	《元史·地理志》	《经世大典序》*	《元史·兵志》	经世大典序	《元史·兵志》	《元史·地理志》	《经世大典序》
宁夏等处新附军万户府屯田	至元十九年（1282）	宁夏等处	—	西安州置司，塔里里置屯	1382 户	2300 户	1498 顷 33 亩	—	1490 顷
	至元二十一年（1284）	塔塔里千户所			958 户				
宁夏营田司屯田	至元十一年（1274）	中兴居住	本路枣园、纳怜站等处屯田	枣园、纳怜站、唐来渠尾屯田	1107 户	2100 户	1800 顷	1800 顷	1800 顷
	至元二十三年（1286）				300 丁				
宁夏放良官屯田	至元十一年（1274）	—	鸣沙州	鸣沙州置司	904 户	900 户	446 顷 50 亩	440 余顷	440 顷
塔塔里军民屯田万户府屯田	延祐六年（1319）	《元史·仁宗纪三》	河西塔塔剌地		—			—	
	至治元年（1321）	《经世大典》	新安州故城						
六盘山军屯	至元十五年（1278）	《元史·李进传》《元史·世祖纪九》《元史·成宗纪二》	六盘山、六盘山至黄河		—			—	
宣镇侍卫屯田万户府屯田	至元三年（1337）	《元史·顺帝纪二》	宁夏府路		—			—	

元代沿黄屯田分为军屯和民屯，以军屯为主。其中新附军、塔塔里、宣镇侍卫、六盘山均属军屯；营田司与放良官则为民屯。军屯的情况远较民屯复杂。

1. 宁夏等处新附军万户府屯田

元廷于至元十九年（1282）将南方新附军调往宁夏成立万户府进行军屯。一般认为"西安州即今宁夏海原县，塔塔里在海原县西"。① 还有人认为塔塔里屯田应在镇远关和黑山之间的今石嘴山市境内②；更有人指出《经世大典·序录》中的"西安州"当为"新安州"之误，地在今内蒙古五原县北。③ 本文总体上赞同否定新附军屯田在宁夏海原的看法，但是对于新附军万户屯田的真正位置另有所见。

其一，判定西安州为宁夏海原县的依据当出自北宋西安州和明代西安所，金代地归西夏，元代废。因此王颋之说颇有见地。

其二，自然条件上，海原县以西并无河流流经，兼属黄土丘陵区，水分、土壤等条件较差，并不适于发展农业。

其三，元代的宁夏地区缺乏的是人力，因此在屯田中均将注意力放在宁夏中卫沿黄平原区，没有必要选择生产运输条件均不佳的海原以西。当然这不是最主要的原因。

其四，塔塔里千户所的位置，并非如《古代西北屯田开发史》中所揣测的那样在海原以西。《嘉靖宁夏新志》载塔塔里城位于今银川市以北二百里处的石嘴山境内④，史料言之凿凿，可见所谓今海原以西为新附军屯田的看法的确值得商榷。

其五，表中所依据史料事实上具有先后顺序，那么通过分析史料的时间界限就能够发现万户府屯田的位置变动情况。《元史》各志来源并

① 赵俪生：《古代西北屯田开发史》，甘肃文化出版社 1997 年版，第 268 页。

② 张维慎：《宁夏农牧业发展与环境变迁》，博士学位论文，陕西师范大学，2002 年，第 92 页。

③ 参见王颋《元代屯田考》，《中华文史论丛》1983 年第 4 期。

④ 《嘉靖宁夏新志》卷 2，第 174 页。

不相同，总体上看各志的依据多是《经世大典》，但是《元史·地理志》部分很明显源于《大元一统志》。所以，元代宁夏地区屯田的记载在不同类型史料中表现为不同时间段上的屯田措置记录。《大元一统志》成书于 1303 年，而《经世大典》成于 1331 年，两书在新附军屯田位置上的记载明显有差异，对此唯有两种情况可以解释：一是万户府屯田位置根本不在宁夏府路境内；二是万户府成立于 1303 年以后，遂为《大元一统志》不载，而为《元史》沿袭，或者万户府的位置在 1303 年到 1331 年的时段内有过迁移。

2. 塔塔里军民万户府屯田

塔塔里屯田万户府系由宁夏新附军屯田分离而独立的军屯单位。在世祖朝，塔塔里屯田是从属于宁夏新附军屯田的组成部分，其地位于塔塔里千户所所在的宁夏平原北部今石嘴山市地区。可是宁夏平原北部在整个平原的农业自然条件中属于排水不利，易成盐碱的瘠薄之地，因此就地屯田虽有可能，但可以肯定规模有限。真正意义上的塔塔里屯田应该是在延祐六年（1319）十二月，"河西塔塔剌地置屯田，立军民万户府"①。这次新立的塔塔里军民万户府并未置于宁夏北部的沿黄荒僻之地，而是在内蒙古后套平原上。前述"丁段"史料载军民屯田万户府筹建时的情况，谓"相视兀郎海山下旧新安州故城，方围七里，并无人烟。黄河沿路，别无村疃，西至宁夏路七百里"。该万户府选址或迁址时间是至治元年（1321），它被列于"塔塔里仓"条下，谓修建万户府系"塔塔里诸屯田"。据此，新安州屯田的正式名称就是塔塔里军民屯田万户府屯田。

对于塔塔里屯田尽管史料极少涉及，但是其经营情况反而较为稳定，延续时间也长。元末至正十六年（1356）的《大元赠敦武校尉军

---

① 《元史》卷 26《仁宗纪三》，第 593 页。注：河西，蒙元时代指西夏故地（又作合申），包括了原西夏控制的阴山西段，黄河沿岸以及河套高原。"塔塔剌地"可理解为"塔塔地"。蒙元时期词尾带有 – r、– l 者往往与其前的元音有再拼的现象，则"Tatar（塔塔）"亦可读作"塔塔剌"。

民万户府百夫长唐兀公碑铭》以及《述善集》载：濮阳杨氏始祖唐兀台家"世居宁夏路贺兰山"（《述善集》危素文作"武威处士"）。唐兀台本人 1235 年随拖雷出征。其重孙塔哈出、卜兰台均任职于塔塔里军民万户府，"卜兰台，攻习儒书及蒙古文字，深通农务，晓知水利，蒙塔塔里军民屯田万户府选保，充本府百户"；"塔哈出，天历兵兴，出征有功，至元四年（1338）蒙枢密院除塔塔里军民万户府百户。"① 前者以专业任职，后者以军功得职，渠道不同，屯田军民万户府的经营至元末的情况由此可见一斑。

3. 六盘山屯田

六盘山自蒙古入侵漠南的早期就连续不断地出现在历史记载中，成吉思汗征夏、忽必烈远征云南均在此驻扎过。六盘山区成为蒙古重要的驻军地之一，因此也有了六盘山的军屯。李进"（至元）十三年，领军二千，屯田河西中兴府。……十五年，移屯六盘山……十九年……命屯田西域别石八里。"② 至元十九年六月"乙未，发六盘山屯军七百七十人，以补刘恩之军"③，即是明证。此后在元贞二年（1296）二月"自六盘山至黄河立屯田，置军万人。"④ 当是在李进屯军调往西域之后而新置的六盘山军屯。这一军屯从位置上看，系自六盘山至黄河一带设立屯田，实际就是沿清水河流域，特别是在清水河流入黄河的下游地区设立的屯田。受地形和清水河河水矿化度很高的限制，这一屯田不可能完全依照清水河南北走向呈现带状分布，而是相对集中在河谷范围较宽、河水矿化度较低的有限区域中。它的北部应该与放良官屯田位置接近，在卫宁平原的黄河东南岸平原地带。

民屯中宁夏营田司屯田建立的时间较早。至元八年（1271）元朝

---

① 录文见穆朝庆、任崇岳《〈大元赠敦武校尉军民万户府百夫长唐兀公碑铭〉笺注》，《宁夏社会科学》1987 年第 1 期；朱绍侯《〈述善集〉选注（二篇）》，《史学月刊》2000 年第 4 期。

② 《元史》卷 154《李进传》，第 3639—3640 页。

③ 《元史》卷 12《世祖纪九》，第 243 页。

④ 《元史》卷 19《成宗纪二》，第 402 页。

将 1259 年投降的随、鄂等州的民户 1107 户迁往中兴居住，在 1274 年
正式编为屯田户，因此从性质上说其是民屯。《元史·袁裕传》的记载
较为详细："（至元八年）时徙鄂民万余于西夏，有司虽与廪食，而流
离颠沛犹多。裕与安抚使独吉请于朝，计丁给地，立三屯，使耕以自
养，官民便之。"① 到 1286 年元朝再签成丁屯丁（渐丁）300 人。屯田
的位置所指是"中兴居住"，系指在整个中兴府路辖区内安置，具体地
点在《元史·地理志》和《经世大典》中均有明确交代，分布于枣园、
纳怜站、唐来渠尾，可知不在一处，也正好对应了《元史·袁裕传》
"立三屯"之说。枣园屯田应位于今卫宁平原东部的枣园堡地区；纳怜
站屯田是在行经宁夏境内的纳怜站道周围；唐来渠尾屯田，唐来、汉延
诸渠在中统至元之际业经郭守敬等人治理，当位于今银川附近地区②。
整个宁夏营田司屯田在宁夏军民屯田中属于垦地面积最大的一个。

　　1274 年还组织放良人口 900 户从事民屯，屯地在鸣沙州，即今宁
夏中宁县东。放良人口屯田亦出于袁裕的建议，史谓"（至元八年）又
言：'西夏羌、浑杂居，驱良莫辨，宜验已有从良书者，则为良民。'
从之，得八千余人，官给牛具，使力田为农。"③ 有学者径直将营田司
屯田和放良官屯田作为民屯合并处理统计，自有其道理。④

　　经过营田使朵儿赤等人的努力，至元二十九年（1292）"（八月）辛
丑，宁夏府屯田成功"⑤。屯田的成功为实施粮食转运创造了前提。

---

① 《元史》卷 170《袁裕传》，第 3999 页。
② 《秦边纪略》卷 5《宁夏卫·宁夏边堡》载："枣园堡，其渠源远而流长，其滩地平而草
茂……昔余碤口筑唐来、汉延二渠，引水灌田，故朔方之地，媲美江南，渠之力也。"（第 301 页）
《嘉靖宁夏新志》卷 1《宁夏总镇·水利》载，唐来、汉延渠"汉渠自峡口之东凿引河流，绕城东
逶迤而北，余波仍入于河，延袤二百五十里。""唐渠自汉渠口之西凿引河流，绕城逶迤而北，余
波亦入于河，延袤四百里。"（第 20 页）又《中国自然地理图集（第二版）》"宁夏灌区"图附表
载宁夏灌区主要渠道基本情况有：汉延渠长度 87.7 千米，唐来渠长度 154.1 千米。见《中国自然
地理图集（第二版）》，中国地图出版社 1998 年版，第 186 页。
③ 《元史》卷 170《袁裕传》，第 3999 页。
④ 《元代屯田考》附表一《元各司、路、府、州屯田情况表》。
⑤ 《元史》卷 17《世祖纪一四》，第 365 页。

（二）沿黄仓储的分布

粮食存贮仓库常置立于交通运输点——水站附近。"中统二年，远仓之粮，命止于沿河近仓输纳，每石带收脚钱中统钞三钱，或民户赴河仓输纳者，每石折输轻赍中统钞七钱。"① 这里面所反映的仓库分布于交通线的原则同样也适用于黄河沿线。仓库一般位于生产、运输条件兼备的地点上，质言之，应分布于黄河沿岸的屯田区、军政中心附近以及多条交通线的交汇点上，由此看来，几乎黄河沿线所有的屯田区都具备了上述特征。

至元二十五年"秋七月甲申朔，复葺兴、灵二州仓，始命昔宝赤、合剌赤、贵由赤左右卫士转密输之，委省官督运，以备赈给"。② 宁夏沿黄河一带的灵州、中兴府都有此类的仓储设施。实则元代陕北屯田开始得也很早，史称"延安屯田打捕总管府，秩从三品。管析居放良人户，并兀里吉思田地北来蒙古人户。至元十八年始设，定置达鲁花赤一员，总管一员，同知一员，经历、知事各一员。官打捕屯田官员一十二员"③。正是在陕北毗邻河套这样的农牧交错地带设置了兼及打捕和屯田的管理机构。但是仔细分析，其中屯田部分不应是最早包含的职事，即屯田应是在原延安打捕总管府基础上增设的新内容。另据《元史·兵志》载："贵赤延安总管府屯：世祖至元十九年，以拘收赎身、放良、不兰奚及漏籍户计，于延安探马赤草地屯田，为户二千二十七，为田四百八十顷。"④ 对比上引材料，初设的"延安总管府"只是管领所谓"兀里吉思田地北来蒙古人户"，专司打捕之事，属于贵赤军管辖⑤。到次年由于增开放良等属民屯田而成为"延安屯田打捕总管府"。延安路屯田与宁夏诸屯田相比具有人地比高的特点，产量较为稳定，有粮食长

---

① 《元史》卷93《食货志》，第2358页。
② 《元史》卷15《世祖纪十二》，第313—314页。
③ 《元史》卷86《百官志》，第2169—2170页。
④ 《元史》卷100《兵志》"陕西等处行中书省所辖军民屯田"条下，第2568页。
⑤ 《元史》卷86《百官志》又载贵赤卫亲军都指挥使司初置于至元二十四年。（第2169页）

期外运的可能，侧面证明了延安余粮很早就形成了西送宁夏存贮的传统。

纳兰不剌仓也是黄河沿岸著名的仓库之一。对此，《经世大典》载："（至元）二十六年（1289）十二月二十日丞相桑哥、平章阿鲁浑、撒里等奏纳兰不剌建仓。宁夏府粮船顺流而下，易于交卸；忙安仓粮虽是泝流，亦得其便。迤北孔居烈里、火阿寒塔儿海里、镇海等处住冬军人及和林送粮俱近，进呈仓图。上从之。"① 在纳兰不剌建仓是基于运输便利的角度考虑。该仓既能吸纳来自黄河上游的宁夏粮食，又可存贮来自下游的忙安仓仓粮，它还承担着为岭北边地屯聚粮料的任务。纳兰不剌之地设立的仓库，其正式名称很可能就是纳怜平远仓。

塔塔里新仓建于 1321 年，在纳怜平远仓以北 70—80 里处。此处建仓贮粮运输漠北，与纳兰卜剌仓一样是北行穿越阴山山脉，汇入木怜站道，度碛到达岭北目的地，这一线路较迂回东胜入木怜道要径直许多。

另外一个重要的仓库就是忙安仓，其地当在今包头附近地区②，它同纳兰不剌仓、塔塔里仓性质相同，均属黄河沿线粮食转运重要仓储之一。

元代粮仓平均每间存粮约 2500 石。塔塔里新仓、忙安仓都是拥有 21 间仓房的仓库，所以，其贮粮量都在 52500 石上下。纳兰卜剌仓的情况想来也是如此。

以上沿黄各处屯田从元朝早期一直延续到晚期，屯田性质从军屯到民屯兼备，屯田地域遍及卫宁平原、银川平原、后套平原以及土默川平原。各处屯田均密迩黄河水口，更兼遍设仓廪，尤其是那些集中于后套

---

① 《永乐大典》卷 7511 引《经世大典》，第 3399 页。
② 有学者称："地形上还有一项优势，阴山是由河套到后山的障碍物（阴山在包头以西称为乌拉山，以东称为大青山，两山以北的地方，通称'后山'，乌盟的大部分在此）。根据地形的观察阴山在包头附近，似乎发生了一个水平断层。结果，包头以西，山麓向北移；以东，向南移。这样又增加了包头的两个优点。第一，因为山麓南移，黄河在包头附近最接近山麓，也就是最接近交通大路，所以包头除了是一个陆路集中点之外，更为水陆转运最理想的地点。第二，水平断层造成了一条穿过阴山南北的通道。河套到后山的交通路线集中在这条孔道上，也就是集中到包头。"（见罗开富、楼同茂、罗来兴、张荣祖《论包头的城址与建设》，《地理学报》1952 年第 Z1 期）

平原的北黄河北岸地区，呈带状分布者。诸仓之北就是阴山山脉。阴山中自然形成的众多隘口成为联系漠南与漠北的交通孔道。诸仓、屯田承载了安置军民、储备粮料、赈济灾荒、运粮岭北的众多职责，事关重大。史载，至元九年八月"壬辰，敕忙安仓及净州预备储粮五万石，以备弘吉剌新徙部民及西人内附者廪给"。① 大德十一年（1307）八月"甲辰，以纳兰不剌所储粮万石，赈其旁近饥民"。②

于是，经过有元一代的经营，宁夏到东胜沿黄河地带的农业生产区、粮食贮藏地都被水路运输线联系起来，成为一个有机的整体。

四　元代黄河漕运管理机构之辨析

至于元代黄河漕运的管理制度层面，虽然元世祖朝已经形成了结合水驿、屯田、仓储的完整系统，至今未见有材料证明曾有过专设的管理机构，有人以"黄河漕运提举"一职作为元代加强黄河漕运管理的证据，实则似是而非。

陈广恩《试论元代开发黄河》引《大元宣差陕西京兆府总管大夫人尼庞窟氏墓志铭》（以下简称"《尼铭》"）③ 文字证明元朝设立"黄河漕运提举"一职。然而仔细研读《尼铭》及《大朝宣差京兆路总管仆散故夫人温迪罕氏墓志铭》（以下简称"《温铭》"）④，发现与该官职有关的仆散氏家族系金代名宦大族，此时其家庭成员的主要活动均集中于金蒙政权更迭时期的陕西地区。在追述该家族男性成员社会政治地位时所及之官称大多属于金代旧号，所以"黄河漕运提举"一职作为元代初设的官职之说明显说明力不足了。以下自三方面再进行辨析：

---

① 《元史》卷6《世祖纪三》，第142页。
② 《元史》卷22《武宗纪一》，第486页。
③ （元）李庭：《寓庵集》卷6，《元人文集珍本丛刊》第一册，新文丰出版公司1985年影印本，第38页。
④ 《寓庵集》卷6，《元人文集珍本丛刊》第一册，第40页。

金末仆散氏家族关系简表

尚书左丞相兼枢密使**仆散端**（延安郡王）

定国军节度使**仆散纳坦出** + **尼庞窟氏**（《尼碑》主人）

黄河漕运提举 　　　　　　　　　宣差陕西京兆府总管**仆散浩**（疑即**仆散**
仆散沂　　　（余子从略）　　　**忙押门**）+ **温迪罕氏**（《温碑》主人）

　　第一，《尼铭》载尼庞窟氏死于中统三年（1262），死时 78 岁高龄。其夫已前于其身故。尼氏所生诸子中，"长曰沂，信武将军，黄河漕运提举"，而且包括仆散沂在内的三个兄弟"皆先节使公卒"。这位"节使公"就是尼氏之夫。这就意味着尼庞窟氏诸子早在忽必烈登基之前已死去，而环河套黄河漕运已是中统至元间事，所以仆散沂的"黄河漕运提举"一职并非元代专司黄河漕运之官职。进一步结合《尼铭》《温铭》可知，仆散沂是金末延安郡王仆散端之孙。仆散端，《金史》有传（《金史》卷一〇一），据《金史·仆散端传》得知所谓节使公正是仆散端之子金定国军节度使仆散纳坦出。根据《尼铭》《温铭》所载，纳坦出死时不晚于中统元年（1260），那么其三子死于纳坦出前更早遂无疑义。此外，参酌《金史》的记载，纳坦出出任定国军节度使的时间不会很长，应为 1217—1222 年之间。其后的天兴元年（1232）纳坦出子芒押门（本文以为此人就是仆散浩）叛金降于蒙古，全家下狱。虽然未遭严谴，但是革职处理是自然之事。所以，仆散沂任职"黄河漕运提举"的时间至多也就延续到这一年。可见，仆散沂担任的"黄河漕运提举"与元世祖朝初年宁夏黄河漕运并无关系。

　　第二，金末以南京汴梁为都，在筹集粮料的过程中，金朝于元光元年（1222）"六月戊寅朔，造舟运陕西粮，由大庆关渡抵湖城"①。大庆关（今陕西大荔县东黄河岸边）至湖城（今河南灵宝县西北黄河岸边）

----

① 《金史》卷16《宣宗本纪》，中华书局1975年点校本，第362页。

的水运恰为今山、陕、豫三省交界处的黄河拐弯处，长度并不长。另，《故京兆路都总管提领经历司官太傅府都事李公墓志铭》① 中提到在正大（1224—1231）末年以前，李仪（李君瑞）曾"佩银符驰传往来关陕，漕运粮储"。可见，"黄河漕运提举"官确是金末专督黄河关陕短途漕运的官职。由于事系金末，值政权鼎革，于是并未被《金史》注意到乃情理中事。但它绝非蒙古创设的管理黄河漕运之机构。

第三，蒙古占领京兆等地后，也部分利用过黄河水路运输。综合《故宣差京兆府路都总管田公墓志铭》（《寓庵集》）及《元史·田雄传》，田雄于 1233 年出任镇抚陕西总管京兆等路事。《田铭》更明确提到田雄到任后，"于是，水路运漕河东之粟以济饥羸"。也就是说，1240 年以前，陕西曾经通过水旱两路输送河东（山西）的粮食到陕西赈饥饥民。此时所涉及的黄河水运应与金末黄河漕运路径有部分重叠，但在经过渭河口时，就转向渭河了，这是其不同之处。或者直接经由大庆关黄河渡口递运粮料，由旱路西入京兆。但是无论如何，从运输路线、粮食筹集与送达的目的地看均与宁夏黄河漕运毫无瓜葛。

总之，《寓庵集》所见之"黄河漕运提举"的机构设置属于金代创设，范围所及至为有限，降及蒙古时期，最多也是部分利用其运送河东粮食。所以，没有充足的理由将这一设置视为元朝管理宁夏黄河漕运的专设机构。"黄河漕运提举"并非元代设置的官职，而是金末迁都南京（汴梁，今河南开封）后为运送陕西粮食而建立的机构，与元代黄河漕运无涉。

五 黄河漕运的作用与地位

（一）元代黄河漕运的实际成效

虽然有人进行过对于黄河漕运量的讨论，但结论尚不能令人满意。

---

① 《寓庵集》卷6，《元人文集珍本丛刊》第一册，第36页。

可以考虑从一般的大运河漕运入手，以此比拟黄河漕运量。元代大运河漕运"每编船三十置为一纲。船九百余艘，运粮三百余万石，船户八千余户"①。船只和船户的多寡是制约漕运量的最主要因素。

中兴路到东胜的黄河沿线船只总数不超过100艘，船工人户及其变动情况无从考证。即使将其全部用于黄河粮食漕运，也不会超过运河漕运量的1/9—1/10，即每年30万石。黄河沿岸平原区的粮食生产主要受到人力不足的严重制约，对其生产能力不宜作过高估计。黄河漕运的作用更多地体现在调剂粮食供应不足、缓和供需矛盾方面。此外，还应该参考船只与船民的比率以及每处水站马、牛牲畜的配置情况。事实上，宁夏水运每站有马20匹、牛40只，总数马200匹，牛400只。水驿牛只数量已较普通马驿为巨，正反映了牛只的作用在于拖曳船只，陆地转运。因为，宁夏粮船顺流而下自不需要外力干预，而船只溯流逆返之际则不得不假以畜力，这是水驿牛只数量较多的主要原因。比较大运河水运的船人比约为1∶9，而宁夏水运的船人比竟是1∶2.4，相差悬殊，难以理解。本文认为，黄河漕运可能更加依靠畜力牵曳而非人力，这是船人比率极低的原因。

北魏黄河漕运的运输量有具体记载，在基本水运条件未发生根本改变的前提下，根据北魏黄河漕运量的情况估计元代黄河漕运量也有其参考价值。《魏书·刁雍传》载："造船二百艘，二船为一舫，一船胜谷二千斛……一运二十万斛，方舟顺流，五日而至，自沃野牵上，十日还到，合六十日得一返。从三月至九月三返，运送六十万斛。"② 南北朝时的3斛多相当于元代1石，北魏黄河漕运的年运输量不过20万石。元代中兴—东胜十驿的船只总量为100只左右，不及北魏黄河漕运船只数的一半；而元代黄河漕运的距离却是北魏的一倍。经测算，北魏时黄河漕运顺流而下，日行达150里以上，每两月往返一次，到元代只能每

---

① 《元史》卷85《百官志》"户部·京畿都漕运使司"条下，第2134页。
② 《魏书》卷36《刁雍传》，中华书局1974年点校本，第868页。

3—4 月方能实现一次往返。进而推断，元代的黄河总漕运量达不到 20 万石。

再者，通过探讨元代宁夏地区的粮食实际产量也可以估计出漕运量的上限。《郭守敬行状》记载宁夏地区的农田总量高达 9 万顷，实际并不可信，据考证，元代宁夏耕地总量只能维持在 1 万顷左右。[①] 而整个元代从包括宁夏在内的整个甘肃行省征调的税粮仅有 60586 石，[②] 再加上宁夏军民屯田籽粒数即可估计宁夏全境上纳粮食的上限。本文附表统计宁夏军民屯田总数约在 3750 顷，明代继承了元代的屯田制度，如果以明初军屯上纳籽粒数则例计算也可窥得元代宁夏屯田的籽粒数量。据《明史》所载可知军屯上纳数在 1 斗/亩—2.4 斗/亩之间，[③] 那么元代宁夏屯田上纳数应在 37500 石至 100000 石之间，取最高值再加甘肃行省税粮之半，可以看出整个宁夏地区的上缴粮食总量无论如何应低于 15 万石。

概言之，元代黄河漕粮运输量不会超过 15 万石。

（二）元代黄河漕运与元魏、李唐黄河漕运之比较

中国古代对黄河中上游漕运大规模的正式利用应始于北魏时期。史载，北魏太平真君七年（446）薄骨律镇将刁雍就各军镇粮食运输问题提出了利用黄河水运的建议，得到朝廷批准，并且规定"自可永以为式"。元代黄河漕运与北魏黄河漕运存在着线路上的部分重迭，北魏漕运起点在"牵屯山（今六盘山）河水之次"，终点是北方新建立的沃野镇（今内蒙古乌加河南岸），距离薄骨律镇约八百里。以今地度之，则

---

① 详见吴宏岐《元代北方边地农牧经济的发展及其地域差异》，《中国历史地理论丛》1989 年第 2 期。另，《嘉靖宁夏新志》卷 2 "郭守敬" 条下亦云 "以河渠副使从张文谦至西夏，浚唐来、汉延诸渠，溉田万顷"。

② 《元史》卷 93《食货志》，第 2360 页。《庚申外史笺证》载："当元统、至元间，国家承平之时，一岁入粮一千三百五十万八千八百八十四石，而浙江四分强，河南二分强，江西一分强，腹里一分强，湖广、陕西、辽阳一份强，通十分也。"[（元）权衡：《庚申外史笺证》卷下，中州古籍出版社 1991 年版，第 101 页] 任崇岳引《元史·食货志》，论后三省实不及一分。

③ 《明史》卷 77《食货志》，中华书局 1974 年点校本，第 1884 页。

是灵武至后套平原的黄河水路运输线。目的和性质也相似，均属于由宁夏产粮区向北方的粮食消费区以水运方式供应粮料。《魏书·刁雍传》称"穀在河西，转至沃野，越度大河"① 则表明粮食来自于黄河以西的平原地区，应在今灵武以西的中宁平原上。此外，它们的共同之处更在于都属于北方政权在没有取得对淮河以南中国的控制之前，解决漠南粮食短缺和调剂的重要途径。元初南宋尚存，北魏与南朝宋、齐对峙，均为同一政治格局；元末的情形在一定程度上类似。黄河漕运的兴盛恰恰是中国南北未获政治统一之时，北方政权经常使用的运输方式。它在国家实现统一后往往因粮源制约、粮食运输损耗过大甚至脚费支出等经济成本过高，而使其作用明显降低。

除去共性之外，两者之间存在着相当大的差异：第一，元代与北魏相比，由于控制了大漠南北，因此，其黄河漕粮运输的着眼点和目的比北魏更为深远。元代是宁夏漕粮支援漠南、漠北、京畿（元末）的更大距离的调配方式。而北魏仅仅着眼于解决北方六镇中的沃野镇即后套地区的粮食短缺问题，这样两者产生的影响就有很大不同。第二，北魏时比较单一地从薄骨律镇作为粮食供应区直接运送粮料。而元代黄河漕运则是覆盖了从宁夏到东胜的黄河沿线所有宜农区的开发、运输于一体的更为复杂的系统。几乎所有的水驿设置地点都有相应的各种类型的屯田与之相联系，每处驿站的设置地都具有粮食产地、储藏地、运输地的三种功能，从而使黄河水道成为实际提领各地的交通脉络。

唐代的黄河漕运盛况不下于北魏。"开元二十九年，除王忠嗣，又加水运使。"②《新唐书》亦载同年"朔方节度兼六城水运使"③。所谓"六城"，当是有异说，不在本文讨论范围，大体而言包括了三受降城外加宁夏地区的丰安、定远诸城，相当于元代宁夏到东胜黄河沿岸地

---

① 以上所引均出自《魏书》卷 38《刁雍传》，第 868 页。
② （宋）王溥：《唐会要》卷 78《节度使·朔方节度使》条，中华书局 1955 年点校本，第 1425 页。
③ 《新唐书》卷 64《表四·方镇一》，中华书局 1975 年点校本，第 1764 页。

区。陈鸿祖《东城老父传》提及开元天宝间"河州燉煌道，岁屯田实边食，余粟转输灵州。漕下黄河，入太原仓，以备关中凶年"①。甚至在唐末，黄河漕运仍在正常运行中，大中元年（847）八月"突厥掠漕米及行商，振武节度使史宪忠击破之"②。与李唐相比，元代黄河漕运在运输线路、屯田保障、持续时间上看，有更多的相似性。

（三）元代北方漕运的比较

元代除了黄河漕运之外，还曾一度设想过滦河漕运。史载，至元二十八年八月，省臣奏："姚演言，奉敕疏浚滦河，漕运上都，乞应副沿河盖露囷工匠什物，仍预备来岁所用漕船五百艘，水手一万，牵船夫二万四千。臣等集议，近岁东南荒欠，民力凋敝，选舟调夫，其事非轻，一时并行，必致重困。请先造舟十艘，量拨水手试行之，如果便，续增益。制可其奏，先以五十艘行之，仍选能人同事。"③ 据此，滦河漕运的规模较之黄河漕运似不相上下。但是在具体实施过程中，却遭遇到意想不到的困难，因而最终放弃。《郭守敬行状》称："（至元）二十八年，有言漕事便利者，一谓滦河自永平挽舟逾岭而上，可至上都；一谓卢沟自麻峪可至寻麻林，朝廷令各试所说。其谓滦河者，至中道，自知不可行而罢，其谓卢沟者，命公与往，亦为哨石所阻，舟不得通而止。"④《元史·洪君祥传》也提到至元二十八年："议者欲自东南海口辛桥开河合滦河，运粮至上都，奉旨与中书右丞阿里相其利害，还，极言不便，罢之。"⑤ 滦河上游地连上都，滦河漕运上都主张的提出正反映出元上都粮食供应困难局面长期存在的事实。联系到黄河漕运漠北输

---

① 周绍良：《〈东城老父传〉笺证》，《文史》第十七辑，中华书局1983年版，第178页。《太平广记》卷484亦载。周绍良先生在《笺证》中将"转输灵州"与"漕下黄河"分作两事，似难解释"漕下"之意，今不取。刘再聪《甘、宁、青地区的水运航道》支持唐代灵州黄河漕运说，并认为"河州敦煌道"为"河州枹罕道"，"太原仓"为"太丰仓"之误，更加合理。

② 《资治通鉴》卷248，唐宣宗大中元年，第8031页。

③ 《元史》卷64《河渠志》，第1602页。

④ 《元朝名臣事略》卷9《太史郭公》，第192页。

⑤ 《元史》卷154《洪君祥传》，第3632页。

粮之意图，可见，整个元代虽然在大漠南北广置屯田，然而实际成效并未达到预期的目标。在一定程度上，屯田只是解决驻在地军队军粮供应的补充管道之一，决非主要方式。因此，元代政府一直关注南粮北运问题，不断试图采取各种方法弥补运输量的不足，提高运输效率。滦河漕运与黄河漕运性质类似，也是在政府看到水运效率较高的优势后所进行的尝试。只是在当时的条件下，许多水利工程因为地形因素上一些难以克服的自然障碍，才不得不导致工程下马，滦河漕运中顿的原因也正在此。

（四）元代早晚期黄河漕运的比较

元代自海运渐兴之后，包括大运河漕运在内的内河粮食运输均让位于海运，中兴至东胜的黄河漕运也逐渐衰落，居于次要地位。元末南方红巾军兴起后，产粮区遂不为元朝所控制，海运、漕运无法发挥南粮北运的作用，不得不再次关注黄河中上游漕运。更为紧迫的是从至正十九年到至正二十一年间，中国北方（包括大都地区）发生了全面饥荒①，就地屯田无法立见成效。为缓解大都地区粮食供应的紧张状况，黄河漕运又出现了一次短暂复兴。史载：至正二十年（1360）五月十九日，廷臣上奏"因为近年调兵，军需仓廪不敷，若不各处筹备呵，怎中。俺商量来，陕西所辖延安路与东胜州相近有。今后专委陕西省官一员，延安路所出粮斛内斟酌交和籴，运赴东胜州收贮，攒运入京等事"，得到朝廷批准。及至七月"已经差官于延安等处和籴粮斛，就于彼处创造船只，径由黄河运至东胜州，权且收贮，攒运入京"②。有人认为这是将延安路所产粮食沿延河下行至黄河，再逆流送至东胜州③，但这一

---

① 《庚申外史笺证》卷下载，至正十九年"京师大饥，民殍死近百万。十一门外各掘万人坑掩之"（第99页）。但《元史》卷46《顺帝纪九》所载大都饥荒时间与此不同，谓：至正二十一年"是岁，京师大饥"。在至正十九年，《元史》卷45《顺帝纪八》载，五月"山东、河东、河南、关中等处，蝗飞蔽天，所落沟壑尽平，民大饥"。

② （元）熊梦祥：《辑本析津志》卷下，徐苹方整理，北京联合出版公司2017年版，第46—47页。

③ 陈广恩：《试论元代开发黄河》，《江苏社会科学》2004年第5期。

认识存在诸多问题。其一，从自然条件看，黄河穿行于晋陕山峡之中，水急滩多，行舟困难，逆流运粮的条件并不具备。其二，即使延河—黄河运粮方案可行，也无必要逆流上行至东胜州辗转调运，只须在延河入黄处附近运至黄河东岸交卸粮料，即可径由山西中部运送大都。何须绕行东胜、增设十四处牛站，以致延长运输线路，增加运输成本。其三，《析津志》明言"骆驼站：宁夏运粮，即延安粮运入东胜，所造船只顺流而下"，实则证明了元末的确是再度启用了黄河中上游的水运通道。

不过，元末黄河漕运与元初相比有一明显不同，就是水陆联运取代了元初的水路运输。元初的中兴—东胜十水驿运路在至正年以前可能已经衰败，否则不会有再次"创造船只"之说。元末的黄河漕运所依靠的粮食供应地也不像元初那样在宁夏，而是以延安路作为粮食来源地，先通过陆路运输方式运至宁夏黄河岸边，再上舟下河递运至东胜。有趣的是，延安至宁夏运粮列于"骆驼站"之下，暗示了以骆驼作为主要运输工具的特点。骆驼取代牛只运输说明延安—宁夏运输路线必然要穿越沙碛之地，也就是穿过毛乌素沙漠的南缘直通宁夏的快捷方式。

至于元末黄河漕运的作用有多大也值得怀疑。至正十九年（1359）四月"己丑，贼陷宁夏路，遂略灵武等处"①。经过元末的战乱，宁夏农业经济再次受到打击，以至于至正二十年筹措黄河漕运军粮时，提供粮源的地区已经不是宁夏而成为延安路了，粮食供应的确有限。相比较而言至正后期勉强维持京师粮食供亿的管道主要是张士诚、方国珍之浙江、福建海运②以及大都周边的屯田③，黄河漕运延安粮食至多只是补

---

① 《元史》卷45《顺帝纪八》，第947页。

② 参见吴缉华《元朝与明初的海运》，《"中研院史语所"集刊》第28册上，台北"中研院史语所"1956年。

③ 《元史》卷45《顺帝纪八》载，至正十九年二月"是月，诏孛罗帖木儿移兵镇大同，以为京师捍蔽。置大都督兵农司，仍置分司十道，以孛罗帖木儿领之。所在侵夺民田，不胜其扰"（第946页）。《元史》卷46《顺帝纪九》载，至正二十一年"屯田成，收粮四十万石"（第958页）。

充罢了，况且这一补充手段也包含着不确定性①。

五　元代黄河漕运的特点与启示

元代黄河漕运始于元初，终于元末，历经有元一代，是元代对黄河水运利用的盛举。其特点在于：

第一，元政府在利用北方天然河流组织粮食跨区域调拨方面进行过多次努力和尝试，尽管最终成效并不相同，但是这种摸索过程反映了开发利用北方当地自然条件的积极态度和注重实效的行政追求，这是其突出特点。元政府根据国内政治格局的发展变化，往往就水路粮食运输问题不断做出调整。如从早期开发黄河漕运，到中期国家统一后大兴运河漕运、倚重海运，元末再度关注黄河漕运的变化轨迹都反映了政府因其控制地域和能力的变化而作的调整。元政府在南粮北运的总体格局未有根本性改变的前提下，善于从实际出发，及时开设或恢复北方大河的粮食水运，北方政治核心区在保证粮食供应的基本稳定和维持政权的物质基础等方面都起了不小的作用。虽然在平宋之前和元末漕运、海运中断以后，黄河漕运的地位突出了，但是在元朝的大多数时间里，元代黄河漕运的价值并非体现在对京师的粮食供应方面，它更多地表现为对漠北的军粮供应以及灾荒应对等领域。

第二，从交通地理的角度分析，元代更加注重交通运输的实效性。在选择交通路线时，往往并不一味沿用传统的交通线，而是尽可能使用那些线路较短的，为北方游牧民族所熟悉的快捷方式。如宁夏运粮亦集乃路不走河西走廊，而走贺兰山后穿越沙漠的路线。这与游牧民族迁徙无常的生产、生活特性有着更为直接的关系。另一方面，在选择物资运输的路线时，元朝更加侧重于选择运输成本较小，实际运量更大的水路

---

① 《元史》卷46《顺帝纪九》载，至正二十二年"八月己亥，扩廓帖木儿言：'孛罗帖木儿、张良弼据延安，掠黄河上下……'"（第960页）。

运输方式，如黄河漕运、运河漕运，乃至海运。这些特点是元朝前后的其他中央政府在开发利用黄河中游地区的过程中很少见到过的。

第三，元代黄河漕运形成了一个包括生产、运输、供应于一体的完整系统。它依托黄河中游有利的地理条件，形成了粮食生产、水路运输、屯聚供给同时兼备的格局。对于推动沿黄平原区农业经济的恢复和发展具有重要意义，在客观上也起到了联系元代中书腹里河东地区与甘肃行省宁夏地区的作用。

启示在于：从更大的背景上看，西北黄河漕运的兴盛反映了国家统一，特别是控制河套地区对边疆经济（交通事业）发展的直接推动作用，尤其是像元代、北魏，甚至清代（黄河盐运）这一类型的少数民族政权更加注重因势利导，推动边疆地区社会经济的发展。

本文原载《中国史研究》2011 年第 2 期，《人大报刊复印资料·宋辽金元史》2011 年第 4 期全文转载，刊发时有删节，现为全文。

明永乐朝的西北乱局和民族迁徙

永乐八年（1410）至永乐十一年（1413）适逢明朝开始发动大规模的北征，刚刚入居西北地区的归附人先后出现了一系列分散但却普遍的变乱。虽然动乱局面很快得到有效控制，但是对于明朝的西北边防格局、归附人的分布则产生了深远的影响。目前学术界对这一现象及其相关问题的探讨尚不多见①，为此不揣简陋，略陈拙见，就正方家。

一　洪武朝西北的土达军与边政体系

洪武时期，明军夺占宁夏、河西走廊等西北地区之后，在河西建立起不同于内地其他区域的地方政治结构，即以军管民，军民合治的军政机关——陕西行都司，控制河西走廊。② 应该注意到的是，明朝在西北建立自己统治秩序之际，东起平凉，中经灵州，跨黄河，西至凉州一线分布着相当数量的少数民族，明人称之为"土鞑"③。相对于迁调至西

<hr>

① 仅有杜常顺先生注意到河西土达在永乐年间反叛，终遭流徙的史实。见杜常顺《史籍所见明清时期西北地区的"土人"与"土达"》，《青海社会科学》1998 年第 2 期。

② 相关研究见马顺平《明代陕西行都司及其卫所建置考实》，《中国历史地理论丛》2008 年第 2 期。

③ 关于"土达"讨论的代表作有陶克涛：《土达原叙》，《民族研究》1986 年第 2 期；杜常顺：《史籍所见明清时期西北地区的"土人"与"土达"》，《青海社会科学》1998 年第 2 期。前者很早提出"土达"问题并首次进行研究，后者针对前文的运用新材料，提出了新的看法。吕建福《土族史》也有相应部分可参阅。近年，对于"土达"问题的探讨很少，有魏梓秋：《论土达在明代西北边防中的双重角色》，《求索》2011 年第 1 期；李艳华：《宁夏地区土达述略——史籍所见宁夏地区土达踪迹考》，硕士学位论文，内蒙古师范大学，2008 年，等不多成果。

北地区的南方军户，他们与本地区的汉族人口一道无疑构成了当地的世居土著。所谓"土鞑"的来源、族属比较复杂，但是可以相信的是明初西北的"土鞑"中一定包含了蒙古、回回人、党项甚至契丹的后裔，如《明太祖实录》载："长兴侯耿炳文言：巩昌、庆阳、平凉三卫土著头目石抹仲荣等三十九人随征甘肃等处有功，请授以职。从之。"① 众所周知，"石抹"出自辽代述律氏，亦即后族萧氏，入金改称石抹，元代有大批石抹氏族人活动，显然，石抹仲荣就是契丹裔无疑。

从军制的角度看，明初针对西北地区特殊的民族地理环境，将元末以来归附明朝的地方民族武装以"土军"（或土著军）的名目整合在军卫体系中。所谓"居久而称为土著者。土著者，谓人民与土地相附著，即世居本地之人。所谓老户也"②。即拥有土地的世居民众，其民族构成复杂，来源亦呈多元混杂的特点。明初对于主动前来投诚的西北各地方势力往往就地设立军卫，以本部首领置官戍守，是为土卫。实则明初西北之岐宁、高昌等卫，包括凉州土卫均属这种类型，表面上带有羁縻性质。但是仔细对比，可以看出其与明朝西北边外设立的曲先、安定各卫明显不同。《明太祖实录》称洪武十年（1377），朱元璋"命陕西等卫土著军士每月人给粮一石。时，上阅庆阳、延安土著军籍，月止给米肆斗。因谕省府臣曰：今军士有客居、土著之名。然均之用力战阵，奈何给赐有厚薄耶？俱全给之。"③ 其中包含的信息非常丰富。

第一，它明确了西北军队中"客居军"与"土著军"的名目不同。

第二，洪武十年之前，客、土两军在待遇上有明显差别，即土著军的俸粮要远远低于客居军。笔者认为，明初之所以在军人待遇上出现土、客之别，主要是因为土著军是老户，都拥有自己的土地，具有就地

---

① 《明太祖实录》卷87，洪武七年正月甲戌，台北"中研院史语所"1962年校印本，第1545页。

② 焦国理总纂，贾秉机总编：《重修镇原县志》卷3《民族志·种类》，《中国方志丛书·华北地方·第558号》，成文出版社1977年影印本，第417页。

③ 《明太祖实录》卷115，洪武十年九月丁丑，第1881—1882页。

解决军粮供应问题的能力。

第三，根据"阅庆阳、延安土著军籍"的说法，此类"土卫"受到明朝中央政府的直接管理，军与官都造有籍册，上交中央以备查考征调。

第四，军籍册簿是世袭军户应服军役差发的依据，但是实际地位比客居军要低下。洪武末年，陕西行都指挥使司都指挥佥事张豫曾言："今迤西所统边卫人稠地狭。供给粮储，惟藉内地转运。况各卫军士多由罪谪，既有壮丁代役，而老幼尚同在营蚕食。如将此辈听于黄河以南，直抵陕州以北，地旷州县寄籍屯种，每岁供给正军。俟三年后，与土著军户一体输租应役。若军伍有缺，就于幼丁内选壮者补役为便。"①洪武朝早中期，西北的"罪谪"军数量不太多。后期，一方面由于陕西行都司军卫大规模开置的实际需要，一方面在"蓝玉之狱"后，有大批受牵连者被发遣至西北边境，亦即"恩军"。张豫提到的罪谪军士数量增加导致西北粮运不济的解决办法中涉及了"恩军"系全家发遣的事实。除在营正军之外的在营老幼已经成为西北的经济负担，所以划出范围，让军余在州县"寄籍屯种"，供养正军以节省军费，还有就地选丁补役的便利。重要的是，他强调了三年之后"与土著军户一体输租应役"。这说明土军军户不仅承担军役，同样还承担着粮食税。不仅经济地位看不出什么优越之处，甚至社会地位与"恩军"相联系，反而有低下之嫌疑。附带指出，根据以后的记载看，朱元璋"俱全给之"的命令并未得到长期贯彻。

明初西北军卫中，有些因为地处多民族混杂的地区，不可避免存留土军；还有一些则是召集、归附而领有土军。凉州、平凉、庆阳各卫属于后一种情况。由于土军与"土达"之间存在着密切关系，可以说少数民族官兵普遍分布在西北军卫中，这成为明朝西北军事体系的一大特点。

---

① 《明太祖实录》卷244，洪武二十九年二月甲午，第3544—3545页。《校勘记》载："人稠地狭"，嘉本"稠"作"贫"。"陕州"，广本、抱本、嘉本"州"作"西"。

二 永乐朝民族内迁与河西变乱的起因

永乐初年到北征之前，西北地区居住了来许多自漠北的归附人①，他们主要被安插在凉州、宁夏、庄浪等处。

（一）永乐朝对西北归附人利用与管控

明朝深知西北归附人的军事价值。洪武朝即已降明的"土军户"就是西北明军的重要来源之一，土鞑军户也是如此。在鞑靼军户之外，明朝还曾在鞑靼民户中开征新的兵源。《明太宗实录》载，永乐三年（1405）镇守宁夏的总兵官何福上奏"灵州鞑靼宜垛集为兵以足边备。敕福斟酌人情可行则行"②。灵州是明初"土鞑"和新附达人的聚居区。何福提出的"垛集"鞑靼兵士就是按照垛集法的原则扩大宁夏明军的举措③，把部分灵州的鞑靼民户改为军户。在把都帖木儿（吴允诚）归降后，朱棣又"选其中壮勇或二百、三百、五百，参以官军三倍，于塞外侦逻，非但耀威，亦以招徕未附者"④。有学者认为内附达人以百户为单位聚族而居⑤，但在西北新附达人的安排上可能有所不同，至少超出了一般百户所统军额的上限。不仅如此，朱棣在随后的连续北征过程中，每次都要事先征集达军与土军共同出征，已成为惯例。

新归附的吴允诚所部在捍御明边，建立军功方面表现得非常积极。当时，镇守边境的将领率兵出征，新附达官军也参与了巡行边外的军事行动。永乐六年（1408），漠北已经历了鬼力赤到本雅失里的汗位更

① 详见周松《明初河套周边边政研究》，甘肃人民出版社 2008 年版，第 232—234 页。
② 《明太宗实录》卷 43，永乐三年六月乙丑朔，第 681 页。注：据《校勘记》，本条"宜垛集为兵"，广本、抱本"宜"作"宜"，今改正。
③ 明代"垛集法"详见于志嘉《明代世袭军户制度》，学生书局 1987 年版，第 10—26 页。
④ 《明太宗实录》卷 44，永乐三年七月己酉，第 695 页。
⑤ 彭勇《忠顺的历史：明代华北内迁民族社会角色演变论略》称"达官军最基层单位很可能是'百户'，同一个千户，既有汉族官军，也有达官军，只不过，汉军和达官是分别屯驻的，达军直接听命于达官"（见陈支平、万明主编《明朝在中国史上的地位》，天津古籍出版社 2011 年版，第 407 页）。

替，政局再度严重混乱。为防备漠北南下者可能对边境造成冲击起见，甘肃总兵官何福准备"遣鞑靼官柴铁住等率骑兵巡逻山后，且侦虏声息"①。年底，漠北乱局导致出现"有不相附而奔溃者"。于是，吴允诚子吴答兰，柴秉诚子柴别力哥、都指挥柴苦木帖木儿、马朵尔只，指挥柴铁柱，千户梁答哈，百户吴汝真卜等声称"戴朝廷重恩，久居边境，愿率精骑巡逻漠北，以展报效"，得到准许。朱棣要求西北的总兵官"更选其所部壮勇者，与汉军相兼，以都指挥指挥有智力者率与俱往"；"选宁夏右卫旧鞑官壮勇者二百人与俱，令都指挥柴苦木帖木儿、马朵尔只、柴铁柱总之，俱给鞍马兵器糇粮"②。同时又命令"居凉州都督金事吴允诚等率骑士，会都指挥刘广等，往亦集乃觇虏情实。敕甘肃总兵官何福、镇守宁夏宁阳伯陈懋等出兵为吴答兰等声援"③。这是丘福兵败之后，朱棣亲征之前，西北边境的一次小规模北征军事行动。因此，战事很快结束，宁夏方面柴苦木帖木儿"于塔滩山后获虏寇十一人，及其马驼"④；甘肃方面，"吴允诚等送至所获鞑靼完者帖木儿、哈剌吉歹等二十二人。完者帖木儿等具言虏中立本雅失里为可汗，及言虏中人情甚悉"⑤。为此西北汉达边将获得朝廷封赐⑥，加强了与明廷的关系。

边外人快速涌入西北地区，对明朝地方控制管理制度提出新的挑战。永乐六年，朱棣对甘肃总兵官何福说，"尔奏甘州五卫番汉官军杂居，难于防制。俟春暖分定地方，使各相聚处，已准行所奏。凉州卫带管土兵五百余人关赏赐不支月粮，虽有军民，未得实用，欲收入正伍，

---

① 《明太宗实录》卷79，永乐六年五月乙亥，第1064页。
② 《明太宗实录》卷86，永乐六年十二月癸巳，第1142—1143页。
③ 《明太宗实录》卷87，永乐七年正月戊午，第1154—1155页。
④ 《明太宗实录》卷88，永乐七年二月戊戌，第1174页。
⑤ 《明太宗实录》卷89，永乐七年三月戊辰，第1182—1183页。
⑥ 《明太宗实录》卷90，永乐七年四月癸酉朔，第1185页；《明太宗实录》卷91，永乐七年闰四月甲辰，第1193页。另，《明太宗实录》卷96，永乐七年九月甲申条载"升凉州卫指挥同知点木（默）为都指挥金事，赐姓名安守敬；舍人撒（彻）里干为千户，俱赐冠带，赏其迤北巡逻之劳也"（第1273页）。

更酌量之。可行即行"①。它表明归附人最初是以"番汉官军杂居"的形式安插，但考虑到甘州五卫的实际情况，改为在永乐七年"分定地方，使各相聚处"，也就是将汉官军与少数民族官军混居杂处，改为归附人聚族而居，以利监控。这样处置必然在短时间内造成居住地的调整，并且小规模聚族而居无形中带有隔绝色彩，也会增加归附者的不安情绪。在凉州方面，据诏旨内容看，原有土军虽为军籍，但不支月粮，属于临时征调，所以才会有"未得实用"的感觉。何福的做法是改土军为正军，支粮操练，将其完全纳入镇守官的直接领导之下。不仅如此，何福还进一步要求"欲于京师选鞑官之材能者诣边，率领所调鞑官军"，遭到朱棣拒绝。朱棣批评他"鞑官素于地理不谙，人情不悉，遽令领军出境，将不知军，军不知将，不相亲附，而于号令或有乖违，则功不成。此事理甚明，不待智者可知矣，于尔有不知耶？得非有人谓尔总蕃汉兵久，虑势重致谗为此言乎？"② 实则何福本人对于管领达官军并无十足把握，意欲率领达官是出于协调兵将关系。当然，更多的是兵权太重，担心朱棣可能对他产生疑忌。这一事件已经暗含甘肃镇守官在管理新附达官军问题时很可能已力不从心，出现达官军失御的潜在风险。

（二）西北归附人动乱原因蠡测

西北达官军内部动荡的迹象并非仅仅停留在分析推断的层面上。宁夏都指挥佥事韩诚曾"言鞑靼别部同居宁夏者，有怀二之心"，朱棣当时并未采取措施，尽管他自我解释说"朕于远人来归者，皆推诚待之不疑。早从尔言，发兵擒叛，何至多损物命。然初之不发兵者，犹欲怀之以恩，不谓豺狼不可驯。今彼悉皆擒戮，皆其自取也。然尔之忠诚，明于几先，朕嘉念不忘。自今更加勉之"③。虽然此事与何福的建议并

---

① 《明太宗实录》卷75，永乐六年正月己巳，第1032页。《校勘记》："甘五卫"，广本、抱本"甘"下有"州"字。"欲收入五政"，抱本"五政"作"正伍"。引文径改。

② 《明太宗实录》卷77，永乐六年三月丙寅，第1048页。

③ 《明太宗实录》卷123，永乐九年闰十二月庚申，第1547页。

无直接关系，并且地在宁夏，事在永乐八九年之间，但是毕竟在一定程度上反映了整个西北地区内附达官军的不稳定状况。有趣的是提出警告的韩诚本人就是归附土达①，相较明朝的地方军事大员，他们更加洞悉归附人的内部变化情况。

永乐七年丘福北征之际，也达到了西北边外人归附的高潮。但是，招降过程并不顺利，原来准备投降的脱脱不花王所部离开亦集乃，重归漠北。②明廷逐渐改变了以前就地安插的政策，朱棣针对"鞑靼伯克（一作客）帖木儿等部属至甘肃，且勿给田土，令俱来北京扈从，渐渐移之南行，散处于便宜畜牧之处。盖近者脱脱不花之事可监也，宜善筹之"③。无独有偶，宁夏方面，鞑靼平章都连等叛去。总兵官陈懋"尽收所部人口及驼马牛羊四万余。敕懋，都连及驼马赴京"④。这种政策的改变虽然是以新归附者为对象，但在地方实际执行过程中，不可能不对旧的归附人产生负面影响。这是西北达人变乱的间接原因之一。

丘福兵败之后，朱棣执意亲征，迅速在全国范围征集精锐部队。西北边军自然也在征集之列，其中归附达官军经过巡行塞外，擒斩获功的考验也成为候征之选。永乐七年九月朱棣"敕甘肃总兵官宁远侯何福选练陕西行都司马步官军一万，候有敕即率领至京。其都督吴允诚、柴秉诚及诸来归鞑官所部但能战者，皆令训励以俟"⑤。新附达官军的首领及其部分精锐部队很快参加了第一次朱棣北征，在客观上造成当地达官军群龙无首，缺少有威望首领管理的局面。而在十一月之前甘肃总兵官还领军远驻亦集乃之地⑥，应该是为了防范漠北的偷袭。仓促出征的

---

① 韩成之子韩当道驴的官职，先做陕西宁夏卫土官指挥同知（《明宣宗实录》卷73、卷75）；后做宁夏达官指挥（《明英宗实录》卷16、卷41），很明显韩氏是原居西北地区，后归附明朝的达人。

② 参见周松《明初河套周边边政研究》，第230—231页。

③ 《明太宗实录》卷96，永乐七年九月庚午朔，第1267页。

④ 《明太宗实录》卷98，永乐七年十一月己巳朔，第1289页。

⑤ 《明太宗实录》卷96，永乐七年九月甲申，第1273页。

⑥ 《明太宗实录》卷98，永乐七年十一月庚午，第1289页。

准备工作造成之纷扰也在一定程度上动摇了西北边军的稳定。此为西北达人变乱的间接原因之二。

大批漠北人员的近边活动，无论是真心归附，还是"近边假息"，都会对西北缘边地区的少数民族产生难以预料的影响。如一份景泰元年（1450）的报告称，"尝遇虏寇潜伏于水金积山牛首寺，窥见土民五人与寇隔沟拒敌。已而，寇以番语诱之。五人者遂弃弓矢，南向叩头，即作椎髻随寇而去。又闻四里土人亦随寇去"①。这种情况不会只有在正统、景泰之际出现，它是一种较为普遍的现象。文中暗示了所谓"土民"、土达虽然早已归附明朝，但是他们还保留着自己的语言和生活方式，熟知本族的外在特征，并未汉化。这种基于血缘、地缘和心理认同的民族情感在相当长的时期内都不曾流逝。再如成化年间满四之乱时，也能看到类似的情形。跨边境同民族的来往终明一朝并未绝迹，因此，近边漠北人的活动也在一定程度上冲击了当地各类达人的稳定现状。此可视为间接原因之三。

至于引发西北变乱的直接原因，史称"盖虎保等归顺已久，安于其地。至是有诈言朝廷欲移置别卫者，虎保等惧，遂叛"②。显然，被安插在河西的达官军对于"移置别卫"的流言非常恐惧，而面对新近归附者迁往内地安插的事实，所谓"流言"很难保证不会落到实处。它最终成为抗拒迁调，发动变乱的导火索。

三　永乐朝西北的五次变乱

永乐北征后，西北变乱并非仅有一起，事实上在西起肃州，东达宁夏的整个河西地区短时间内出现了数次规模不等的变乱，其中影响最大、持续时间最长者就是凉州变乱。

---

① 《明英宗实录》卷188《废帝郕戾王附录第六》景泰元年闰正月乙卯，第3830页。
② 《明太宗实录》卷102，永乐八年三月辛未，第1324页。

（一）第一次凉州之乱

永乐八年（1410），凉州卫达官千户虎保、张孛罗台，达军伍马儿沙等人，永昌卫达官千户亦令真巴、土达军老的罕等人，新附达官伯颜帖木儿等诸部落纷纷举兵。据称"杀虏人口，掠夺马畜，屯据驿路"，"欲攻永昌、凉州城"，为壮大叛军队伍，甚至胁迫吴允诚所部一同参与。明朝除了当地驻军和吴管者（吴允诚之子）母子率兵及时镇压外，还派遣后军都督佥事费瓛、刑部尚书刘观率军亲往西北平叛。明军先在红岸（崖）山①，俘获伍马儿沙、米剌、伯颜帖木儿等 30 人、哈剌张等 54 人。但明军旋即在炭山口②失败，凉州形势危急，遂将上述 84 人悉数斩杀于狱中。费瓛援军赶到凉州，当时虎保叛军尚在镇番城东。费瓛诱敌深入，先战双城，再战黑鱼海③，击败叛军，斩首 300 余人，俘获 1000 余人，马驼牛羊 12 万以上。虎保、亦令真巴等远逃，第一阶段战事结束。④

虎保变乱期间，朱棣尚在漠北，"闻凉州土鞑军叛"，命令史昭为总兵官镇守凉州，统领整个陕西行都司军马以及"河州诸卫步骑三千人"，严令"凡土军土民有梗命者即剿之"。⑤ 但是在首次北征结束，朱棣了解到"凉州鞑官千户虎保、亦令真巴等叛，由惑于流言，非其本心，而挈家远遁"的情况后，并未一味以军事手段解决叛军问题，而

① （清）许容：乾隆《甘肃通志》卷6，《景印文渊阁四库全书》第557册，台湾商务印书馆 1986 年影印本，第 225 页称"红崖山，在（镇番）县南七十里，山赤色，故名"。又第 236 页西宁县"红崖子山，在县东八十里，其土赤，因名。山腰有石洞"。

② （清）穆彰阿、潘锡恩等纂修：嘉庆《大清一统志》卷268《凉州府二·关隘》，《续修四库全书》第618册，上海古籍出版社 2002 年影印本，第 467 页载"炭山口在（永昌）县南八十里"。

③ （清）王颂蔚、王季烈：《明史考证攈逸》卷9，《续修四库全书》第294册，上海古籍出版社 2002 年影印本，第 165 页云"按：双城、黑鱼海俱不见《地理志》。惟有黑河在镇番卫西，或即黑鱼海之别名欤？"笔者认为不可以河流名当湖泊名，《镇番县志》云：镇番县"东北至鱼海子二百八十里"（清）许协修，谢集成等纂：道光《镇番县志》卷1《地理考·疆域》，《中国方志丛书·华北地方·第 343 号》，成文出版社 1971 年影印本，第 47 页。此鱼海子或可当黑鱼海。

④ 参见《明太宗实录》卷102，永乐八年三月辛未，第 1324—1325 页；卷 103，永乐八年四月癸亥，第 1343—1345 页。

⑤ 《明太宗实录》卷103，永乐八年四月壬戌，第 1342—1343 页。

是进行招抚，"遣指挥哈剌那海等赍敕往宥其罪，使皆复业"。结果"虎保、亦令真巴等率其妻子万二千余口来归罪，上悉赦之"①。

（二）肃州之变

永乐八年五月，凉州变乱初定之际，肃州卫又发生动乱。变乱原因据称系由陕西按察司金事马英激变（为此马英被磔），详情不明②，不能排除与凉州变乱原因有相似点。肃州卫寄居回回指挥哈剌马牙等人杀死御史陈锜、都指挥刘秉谦、指挥冀望等人，指挥卢本被俘，陈杰逃出肃州城。当时的情况是千户朱迪领军出哨，因此城内守军军力薄弱，为哈剌马牙等所乘。卢本假装顺从哈剌马牙等人，以"屯军在城者宜令出灌田，庶不误农事，而军饷有资"为名，将总旗杨得用等人放归各屯，哈剌马牙等中计。卢本暗中令杨得用联络朱迪等集结军队攻击南门，自己为内应。结果，朱迪军与卢本里应外合，复得肃州。其间，卢本阵亡，城中未能出逃的叛军被朱迪"围杀殆尽"，残众远遁。哈剌马牙等谋反前，曾派人联系赤斤、沙州、哈密三卫作为应援，但遭到拒绝。如塔力尼所言："尔受大明皇帝厚恩，而忍为不义。我辈得安居，农具种子皆官给。又为之疏水道溉田，我食其利，恩德如此，我不能报，而从尔为逆耶？今伺尔出城，必邀杀尔，以报国家。"因此，外逃之叛军又遭赤斤塔力尼、薛失加、沙州困即来部可台等千余人的联合夹击。所以，肃州变乱之所以得到平定得到了关西羁縻卫所的鼎力支持，这是与凉州平叛的不同之处。③赤斤、沙州在变乱中忠于明朝的表现获得了中央的高度肯定，赤斤所被升为肃州赤斤蒙古卫指挥使司，困即来、朵儿只、察罕不花、李答儿、卜颜哥、兀鲁思、塔力尼、薛失加、

---

① 《明太宗实录》卷110，永乐八年十一月壬辰，第1413页。

② 《明太宗实录》卷127，永乐十年四月癸亥"都察院右副都御史王彰等言：肃州卫寄居'回回指挥'哈剌马牙杀御史陈锜、都指挥刘秉谦，大掠而去，由陕西按察司金事马英激之。当寘英大辟。命磔于市"。

③ 详见《明太宗实录》卷127，永乐十年四月癸亥，第1584—1585页；卷104，永乐八年五月丁亥，第1352—1354页。

速南失加（安思谦）、乃马歹（王存礼）、把不怠、把儿单等60人获得升职及赐名、赐物的封赏。①

（三）宁夏变乱

永乐九年（1411），宁夏地区也发生叛逃事件，为首的是灵州都指挥冯答兰帖木儿等。冯答兰帖木儿，朱楩《宁夏志》谓："冯答兰帖木，河西人。父臧卜，仕元至国公。来降居灵州卒。答兰以军功至都指挥。"② 他的祖先应是西夏党项人，为元朝国公，降明后，居住灵州，所以冯答兰帖木儿家族应属"土鞑"。宁夏总兵官的战况奏报声称明军先在大坝、破石山与百户孛罗等四百余人的叛逃者交战，追击又至黄河以北。叛逃者溺死300余人，被杀25人，被俘91人，明军另获马驼牛合计245。③ 灵州叛逃事件存在一些模糊之处，如果答兰出逃被杀，就不应再出现在地方志中。对照《明太宗实录》与方志，有理由相信即使答兰参与了叛逃，也可能在明人的诏谕之下再度投诚，甚至奉调参加最后一次永乐北征的冯答兰就是他④。这才能解释地方志要专门记载其事迹。

永乐十年正月，宁夏又俘获另一位叛逃者察罕歹。此人原为宁夏中护卫小旗，与都指挥毛哈剌等避居塔滩山⑤。他在红山站、察罕脑儿等地活动之时，与明军遭遇。明军"生擒察罕歹等七人，杀锁只耳灰等十九人，尽获其马骡辎重"⑥。尽管如此，毛哈剌等人仍然以断头山为根据地，伺机入边抢掠。⑦ 毛哈剌对宁夏边防造成了相当大的困扰，以至于总兵官柳升提出修筑在河套以内的察罕脑儿

① 《明太宗实录》卷107，永乐八年八月壬戌，第1391页。
② （明）朱楩：《宁夏志笺证》，吴忠礼笺证，宁夏人民出版社1996年版，第136页。
③ 《明太宗实录》卷117，永乐九年七月丁亥，第1492页。
④ 《明太宗实录》卷255，永乐二十一年正月戊戌条载"敕宁阳侯陈懋、武进伯朱荣，及都督柴永正、都指挥冯答兰、指挥吴管者等赴北京"（第2366页）。
⑤ 塔滩与塔滩山位置考证，参见周松《塔滩新考》，《中国边疆史地研究》2009年第4期。
⑥ 《明太宗实录》卷124，永乐十年正月丙子，第1559页。注：据《校勘记》，"塔山"，广本"塔"下有"难"字，抱本有"滩"字。当作"塔滩山"。
⑦ 《明太宗实录》卷130，永乐十年七月丁未，第1612页。

旧城，① 在冬季黄河封冻之后，拨军巡逻。显然，其目的正是防备毛哈剌扰边。但是，朱棣对他的计划提出质疑，"朕意此城不过关防一二逃卒，若寇猝至，不能御之，反以资之"②，认为宁夏方面劳师动众，得不偿失。最终，毛哈剌等人的结局也像上面提到的叛逃事件一样失去了下文。

宁夏叛逃事件除了受到周边动乱的影响之外，或许还与达人的生活状况有某种关系。因为直至正统末年，明朝宁夏守将还不得不承认"臣切思灵州千户所并瓦渠等四里土达军民虽自国初归附，然无他生业，惟凭孳牧养赡。今虏寇掠其孳畜则衣食艰窘，易于诱引为变"③。那么向前追溯 40 年，灵州等地的情况也不会与之有明显的不同。单一经济的脆弱性面临天灾、人祸时所受的影响很大，也会立即给生产者造成立竿见影的生活困境。

（四）第二次凉州之乱

回头来看，凉州依旧是河西风暴的中心。北征结束，吴允诚等返回凉州。永乐九年底凉州地区再度发生变乱。叛军的情况并不十分清晰，史料记载也是支离破碎，似乎叛军没有一个主要的领导中心，而且迁延的时间也较长，一直延续到永乐十年。太监王安、达官吴允诚及其部下、鲁氏土官军、明朝甘肃守将丁刚等人都实际参与了镇压。

这次变乱的首领之一是阔脱赤，但是变乱的原因不得其详，过程也记载得极为简略。据有限史料大致恢复的片断是："九年冬，达官都指挥脱阔赤逊，（丁）刚领军追至芦沟，败贼众，擒获人口马驼。"④ 在吴允诚册封诏书内也有"比阔脱赤等叛亡，尔率先追捕，斩获有功。虽

---

① 对于察罕脑儿城位置的考证，参见周松《明初察罕脑儿卫置废考》，《中国历史地理论丛》2009 年第 2 期。

② 《明太宗实录》卷 130，永乐十年七月辛卯，第 1608 页。

③ 《明英宗实录》卷 188《废帝郕戾王附录第六》，景泰元年闰正月乙卯，第 3830 页。

④ （明）何景明：嘉靖《雍大记》卷 25，《四库全书存目丛书·史部》第 184 册，齐鲁书社1996 年影印明嘉靖刻本，第 222 页。注："脱阔赤"，它处作"阔脱赤"。

古名将，何过哉！"① 征战的大体时间为"本年十二月内，追赶叛贼阔脱赤等处与贼对敌，获到人口有功"②。在《明太宗实录》的吴允诚附传中略微详细，称："九年四月升左都督，与中官王安追叛虏大脱赤，至把刀河，获虏人口马驼牛羊而归。"③《明宣宗实录》吴守义（把敦）附传又载，守义因"降虏阔脱赤复叛，追至暖泉，歼贼众，获其部属驼马，升都指挥佥事"④。在处理阔脱赤叛军时，朱棣下令甘肃总兵官李彬"所获叛贼阔脱赤人口就给原获官军，马驼令军卫孳养"⑤。其中暗示了阔脱赤叛军是主要依靠吴允诚所部达军镇压的，对"捕杀叛虏阔脱赤等功"⑥ 而加升一级的保住等24人全为凉州达官也证实了这一点。

再据庄浪《鲁氏家谱》记载，永乐九年的变乱尚不止上述所及。《（乾隆）鲁氏家谱》称，鲁贤（鲁失加）"永乐九年，西凉降虏叛。太监王安督兵讨之，公俘虏九十余人，以功升副千户。十年，同都指挥陈怀剿捕叛贼杨狗儿等"⑦。《（咸丰）鲁氏家谱》略多细节，云："永乐九年辛卯，世杰公葬于青石山。夏四月，三世祖贤嗣职。从镇守甘肃内监王安剿西凉叛虏，平之，以功升副千户。永乐十年壬辰，贤从都指挥陈怀剿叛贼杨狗儿等，于己立麻获之。冬，从指挥蔺慕捕叛虏舍歹于松山，斩其首。"⑧ 虽然同为西北土军，鲁氏土军一直在凉州到兰州之间，亦即在其庄浪卫驻地附近围剿叛军，这一点与西宁土军情况有所

① 《明太宗实录》卷124，永乐十年正月戊子，第1595页。

② （明）吏部编辑：《明功臣袭封底簿》，载屈万里主编《明代史籍汇刊15》，学生书局1970年影印本，第425页。

③ 《明太宗实录》卷187，永乐十五年四月己卯，第2000页。《校勘记》载"大脱赤"，抱本"大"作"火"。广本"脱赤"作"禁里"。《明史·吴允诚》传作"阔脱赤"。"把刀河"抱本"刀"作"力"。《明史·吴允诚传》作"力"。

④ 《明宣宗实录》卷55，宣德四年六月乙酉，第1312—1313页。

⑤ 《明太宗实录》卷128，永乐十年五月乙未，第1593页。注：《校勘记》："令军卫孳养"广本"孳"作"牧"，抱本作"收"。

⑥ 《明太宗实录》卷124，永乐十年正月壬子，第1562页。

⑦ 王继光：《安多藏区土司家族谱辑录研究》所附《（乾隆）鲁氏家谱·三世祖传》，民族出版社2000年版，第106页。

⑧ 《安多藏区土司家族谱辑录研究》所附《（咸丰）鲁氏世谱·年谱》，第131页。

不同。

史载："十年秋，（丁刚）领兵追叛贼阿里迭里迷失等，至马蔺滩，获贼首阿力。……十一月领军追叛贼阿剌乞巴，至马牙山，获阿剌乞巴。"① 虽然实录中看不到丁刚在此次军事部署中担负的具体任务，但据《明太宗实录》"甘肃总兵官驸马都尉西宁侯宋琥奏调都指挥丁刚镇凉州，王贵镇肃州，史昭守镇番。从之"② 的记载可知丁刚仍然在镇番防止叛军北窜。因此，他必定是由北向南压迫追赶叛军。马牙山在凉州卫东南，与扒沙相距不远。③ 马蔺滩地望，在凉州东北方向，《全陕边政考》载："（凉州卫）东北至马蔺滩二百里"；古浪守御千户所"本所东至庄浪卫扒沙界二百里，西至凉州一百四十里，南至黄河四百七十五里，北至暖泉哨马营五十里，东北至马蔺滩三百四十里。"④ 暖泉在河西有多处，今武威、古浪均有分布，⑤ 以事理推测，应在古浪所、凉州卫交界处的暖泉哨马营。根据丁刚战事涉及地名判断，与前面吴允诚、吴守义的军事行动属于同一战争部署，并且与前述鲁氏土军的活动范围也类似。

此外，《明太宗实录》又载，永乐十年三月"命丰城侯李彬充总兵官，率兵讨甘肃叛寇捌耳思、朵罗歹等。恭顺伯吴允诚、都指挥刘广、史昭、满都悉听节制"⑥。捌耳思、朵罗歹等人叛逃原因以及战争经过

---

① 嘉靖《雍大记》卷 25，第 221—222 页。

② 《明太宗实录》卷 109，永乐八年十月己亥，第 1405 页。

③ 《明英宗实录》卷 2，宣德十年二月庚戌"肃王瞻焰奏：达贼入凉州卫东南扒沙、马牙山，房去本府牧放人畜。"（第 43—44 页）《大清一统志》载"马牙山，在平番县北八十里，北通镇羌堡"。《（嘉庆）大清一统志》卷 267《凉州府一·山川》，第 460—461 页。又有《马牙山》诗云："岸峇群峰竖马牙，插天拔地向西斜。青松翠点千崖色，白雪寒飞六月花。啮断穹庐清紫塞，望连沙碛涨红霞。更饶爽气宜秋早，揽辔长思博望搓。"参见周树清等纂修《永登县志》卷 3《文艺志》，《中国方志丛书·华北地方·第 344 号》，成文出版社 1971 年影印本，第 97 页。

④ （明）张雨：《全陕边政考》卷 4《凉州卫·至到》，《续修四库全书》第 738 册，上海古籍出版社 2002 年影印本，第 83、84 页。

⑤ （清）许容：《（乾隆）甘肃通志》卷 6，景印文渊阁《四库全书》第 557 册，第 224 页载"暖泉，在（武威）县西三十五里，二穴涌出，四时常温，东北流入水磨川。又一在城东三里，一在城北一里"。第 227 页古浪县有"煖泉，一名漪泉，在土门城南八里，即暖泉坝河源"。

⑥ 《明太宗实录》卷 126，永乐十年三月丁亥，第 1575 页。

史文不详，李彬、吴允诚、史昭的传记对此也不置一词。以事理推求，捌耳思、朵罗歹叛军数量不多，影响不大，很快平定。

（五）第三次凉州之乱

第三次凉州之乱实则是第一次凉州之乱的继续。在宁夏、甘肃连续出现达军逃逸叛变的乱情之后，朱棣对于以前叛而复降土达军产生了极大的疑虑。首先，陕西行都司都指挥史昭上奏，"前凉州永昌土鞑军民老的罕等叛逃。圣恩宽大，宥其罪愆，招使复业。然狼子野心不知感德，且负前愧，终必携贰。今及二年，农事不修，惟务整饬鞍马，结聚偷窃，良善苦之。今稍移屯长城山口，料其复叛非远。伊迩虽已密为之备，然不早赐区处，未免后艰"。朱棣同意史昭的看法，"所奏鞑寇事情，朕固测其必叛"。同时，根据史昭的报告，朱棣下决心解决甘肃土达问题。① 他在给甘肃守将宋琥、李彬的诏旨中明确提出"甘肃土鞑军民终怀反侧，宜从入兰县就粮"。为了确保强制迁移计划的顺利进行，朱棣令宁夏柳升率骑兵 2000 人自东向西驻扎凉州、镇番；甘肃兵自西向东；西宁卫李英率番民精壮者自南向北驻野马川②；汉赵二王府将马匹移至甘州白城山牧放。这样从北、西、东三面围堵了甘肃土达军民可能逃逸的路线。③ 明朝的强制迁徙必然遭到甘肃土达军的反抗，其处境相当危险。

老的罕等率领永昌、凉州土达军民逃叛，具体方向为自长城山口出，奔往野马川。据载，北路明军满都、何铭所部在追击老的罕军的过程中，与之发生激战。陕西都指挥同知何铭阵亡，而"贼死伤亦多"。叛军首领弩（挐）苔儿、伯颜等男女 900 多人被俘。④ 地方志史料中明

① 《明太宗实录》卷 131，永乐十年八月庚午，第 1619—1620 页。（嘉庆）《大清一统志》卷 268《凉州府二·关隘》，第 467 页载"一棵树山口、江陵山口、长城山口皆在（永昌）县西南三十里"。

② 乾隆《甘州府志》卷 16《杂纂》，第 1899 页载"扁豆口南五十里有野马川，出野马"。

③ 《明太宗实录》卷 130，永乐十年七月壬寅，第 1610—1611 页。

④ 参见《明太宗实录》卷 131，永乐十年八月庚辰，第 1621 页。个别文字据《校勘记》径改。

确指出，何铭"九年征甘肃，追虏至沙金城，对敌而亡"①。所谓沙金城及其位置在实录中并未言及。《大清一统志》载："永安营在大通县西……西北有沙金城，亦设官兵防汛。"② 陶保廉所记较为准确，谓："自察汉俄博营东南五十里景阳岭，一名金羊。又二十里狮子崖。《西宁志》有诗云：两崖怪石多，中挂瀑布水。岩雨阴忽晴，涧雪低复起。二十里沙金城遗址，负山临河，不知所始。"③《大通县志》则提到了道理远近和得名由来，"沙金城，去县城西北二百八十里，居沙金山之麓，城以山名也"④。另据档案和家谱资料参相佐证，可以看出，老的罕叛军实在北路明军的追击之下，据守沙金城与明军决战。之所以固守该城主要是因为沙金以南地区已有李英率领的西宁土军堵塞了叛军南下的通道，逼使其不得不与明军做困兽斗。马文升《明故前推诚宣力武臣特进荣禄大夫柱国会宁伯李公神道碑》云："又明年八月，老的罕据沙金城，扰凉州永昌，诏公截捕。公麾偏师，至摆通与贼遇，力战败之，获人口驼马无算。上赐手敕曰：尔收捕叛贼，克效勤劳，特升都督金事。"⑤ 可知在李英土军到达沙金城之前，沙金战事即已结束，老的罕余部西窜。此时北路明军已无力再战，遂由李英等率领土军继续剿

---

① （明）吴桢：《河州志校刊》卷2《人物志·国朝忠节》，甘肃文化出版社2004年版，第80—81页。注：《循化厅志》亦载"何铭……（永乐）九年征甘肃逆虏，沙金城阵亡"。参见（清）龚景瀚编《循化厅志》卷5《土司·河州土司何氏》，青海人民出版社1981年排印本，第233页。此外，《河州志》卷3《文籍志上·诰敕·谕祭文》载："永乐十年，皇帝遣行人程远谕祭于都指挥同知何铭之灵曰：'尔等本皆善战头目，一时不能中机合节，以致尔等失陷，殒于战争。讣音来闻，良深悯悼。虽然，死生者人之常理，尔等尽忠国家，殁于王事，传名青史，虽死何憾。今特遣人祭以牲醴，尔其有知，服斯谕祭。'"（第88页）何铭为明初归附之河州指挥同知何锁南后裔。永乐初年，何铭已是陕西都指挥同知。永乐五年至永乐七年的两年中曾经带领60余人前往朵甘、乌思藏（甘青藏区）"设立驿站，抚安军民"，是明朝重要边将之一。何铭阵亡显示了沙金城之战的激烈程度。参见《明太宗实录》卷25，永乐元年十一月之闰十一月丁巳、卷65，永乐五年三月辛未及卷88，永乐七年二月辛巳。

② （清）穆彰阿：嘉庆《大清一统志》卷270，《续修四库全书》第618册，第495页。

③ （清）陶保廉：《辛卯侍行记》卷4《山丹歧路》，《续修四库全书》第737册，上海古籍出版社2002年影印本，第555页。

④ 刘运新修，廖馓苏等纂：《大通县志》第一部，《中国方志丛书·西部地方·第24号》，成文出版社1970年影印本，第110页。

⑤ 李鸿仪编纂：《西夏李氏世谱》，李培业整理，辽宁民族出版社1998年版，第49页。

捕。家族档案揭示了李氏阖族效命力战的简单情况。《西宁卫土官百户供状》载："至永乐十二年，又蒙调跟本卫指挥李英，前赴沙金城等处，追赶凉州叛达老的罕，追至讨来川等处，赶上贼众，勇敢当先，杀死男子一口报官。平定回卫，造册赴京。"①《西宁卫前千户所世袭镇抚供状》载："永乐十年八月内，因舍人调跟高叔祖李英前往沙金城等处，追剿反叛达贼，追至地名讨来，与贼交锋，杀败达贼。"②《西宁卫右千户所李镇抚供状》载："十年八月内调跟族祖都指挥李英前往沙金城等处截杀。在凉州永昌，杀败反叛达贼老的罕等，回卫。"③ 很明显沙金城战役之后，明军主要依靠李英等西宁、河州土军追击老的罕，直到在讨来川再次大败老的罕。正如《明太宗实录》所载："又调西宁卫土官指挥李英率番兵追捕，战于讨来川，斩首三百余级，生擒六十余人。时夜雪，贼遁，复追蹑，尽获之。敕彬等凡番兵所获人口就以与之。其弩苔儿、伯颜等械送京师。"④ 除了李氏家族成员外，土官祁氏也随同李氏追赶了老的罕，并且参与了更多的任务。《湟南世德祁氏列祖家承谱·皇明镇国将军承袭世次功劳履历考》称：祁锁南于永乐"十年八月内奉调追捕叛贼老的罕等，到讨来地方赶上，与贼对敌，在阵前斩获首级十余颗，报官。十年十一月二十五日，奉敕谕开祁锁南功升正千户职衔，十二月内调往甘肃地方招抚老的罕投诚"⑤。

甘肃总兵官宋琥报告"比叛寇老的罕等走依赤斤蒙古卫指挥塔力尼，亟遣人索之。塔力尼匿不发，此贼凶悖，不除，将为边患"，请求征讨赤斤蒙古卫。明廷也派右春坊右庶子兼翰林院侍讲杨荣到陕西与李

---

① 《西夏李氏世谱》，第90页。《西宁卫土官百户供状》提到的时间与事实不符，据《明太宗实录》和其他《供状》《家谱》可知当在永乐十年。

② 《西夏李氏世谱》，第91页。

③ 《西夏李氏世谱》，第92页。注：《西宁卫右千户所李镇抚供状》未提及讨来川，疑内容有遗漏。

④ 《明太宗实录》卷131，永乐十年八月庚辰，第1621页。

⑤ 《安多藏区土司家族谱辑录研究》，民族出版社2000年版，第176—177页。

彬同往甘肃商讨进兵事宜。① 杨荣、李彬提出了与宋琥不同的意见，"（李）彬谓叛寇固当诛戮，但军行道路险恶，难于馈运。（杨）荣亦谓隆冬非用兵之时，且有罪不过数人，官军所至，不免滥及无辜。彬犹豫，荣请自归奏之。既至见上，具言所以未可进兵之故。遂敕止彬勿进"。于是，朱棣派人告谕赤斤蒙古卫塔力尼："尔等归顺朝廷以来，绝无瑕衅。今乃容纳叛贼老的罕等，甚非计也。盖朕待此贼素厚，竟负恩而叛，负恩之人，何可与居。尔勿贪末利，自贻伊戚。譬如人身本无疾病，乃灼艾加针，以成疮瘢。尔宜审之。如能擒老的罕等送来，当行赏赉。不然，发兵讨叛，非赤斤之利。"② 结果，赤斤蒙古卫按朝廷的命令擒获了老的罕，得到明廷升赏。③ 至于其他叛逃者，也在赤斤的压力下重新降明，《雍大记》载，杨荣"奏饷道险阻，天时寒冱，人疲马脊，不可行。且小丑不足以烦大军。上遂敕彬旋师，无几，叛者复归"④。至此，延续数年的河西变乱告终。

四　变乱的善后及其影响

（一）河西变乱的最终处理

最后一讨叛战争还在进行中时，朱棣即下令"凡番兵所获人口，就以与之。其弩苔儿、伯颜等械送京师"⑤。到永乐十一年弩答儿、伯颜等及其家属被押送至南京（时朱棣尚未正式迁都北京），得到朱棣赦免，全部八九百人问"发广东廉州卫充军"。他们行至赣州（今江西赣州）境内，伯颜率部下 300 人又一次叛逃，"劫掠乡村，有司逐捕"。

① 《明太宗实录》卷 134，永乐十年十一月壬午朔，第 1635 页。
② 《明太宗实录》卷 135，永乐十年十二月戊寅，第 1650—1651 页。
③ 参见《明太宗实录》卷 140，永乐十一年五月壬辰，第 1683 页。
④ 嘉靖《雍大记》卷 25，《四库全书存目丛书·史部》第 184 册，第 222 页。又《明英宗实录》卷 69，正统五年七月壬寅"甘肃守将言叛寇老的罕等将为边患，复命荣往视，归奏小丑无能为，不足烦大军。既而叛者果归附"（第 1330 页）。
⑤ 《明太宗实录》卷 131，永乐十年八月庚辰，第 1619 页。

伯颜等迷路向东南窜入安远（今江西安远县）境内的山中。"时，瘴疠，且乏食，为官军击伤死亡殆尽。"弩答儿所部 500 余人未参加变乱，最终达到廉州卫（今广西合浦）充军。① 《豫章书》载："成祖永乐十一年正月，谪戍弩哈（答）儿、伯颜等于广东廉州。至赣州复叛，伏诛。"② 这似乎就是弩答儿等人的最终结局。然而，同年六月初的一份诏令却显示了更加复杂的结果。据载，永乐十一年六月初二日，朱棣发布了"谕广西都司剿捕土贼敕"，内容如下：

> 奉天承运皇帝敕谕广西都指挥：今浔州府土达军人先因逃叛者，已悉宥其罪，发往迁南，住坐赣州。五百余名逃叛入山，已敕江西都司发马军剿捕。敕至，即严加堤备，以防奔窜。故敕。③

可见，到永乐十一年年中，明廷将部分南迁降俘迁至广西浔州府地区。

第一次凉州之乱结束后，复归明朝的土达军民约有 12000 人。到第三次凉州变乱中，参与者的数量不明，但是明朝将被俘之八九百人尽数发往岭南的决定表明这是数量和重要性都非常突出的叛达团队。由此反推被赤斤擒获的老的罕及其所部数量不会很大，应属残部。总之，第三次凉州变乱的参加者数量远远低于第一次应是事实。我们还可

---

① 《明太宗实录》卷 136，永乐十一年正月庚子，第 1657—1658 页。

② （清）魏瀛等修，钟音鸿等纂：同治《赣州府志》卷 32《武事》，《中国方志丛书·华中地方·第 100 号》，成文出版社 1971 年影印本，第 583—584 页。

③ 《皇明诏令》卷 5《成祖文皇帝中》，《四库全书存目丛书·史部》第 58 册，齐鲁书社 1996 年影印本，第 113 页。这一段诏令有异文。嘉靖《广西通志》谓"敕谕广西都司今浔州府土达军人，先因逃叛，已悉有其罪，发迁南住坐，至赣州，五百余名叛入山"，参见（明）林富、黄佐纂修：嘉靖《广西通志》卷 31《兵防五·番落》，《四库全书存目丛书·史部》第 187 册，齐鲁书社 1996 年影印本，第 373 页。万历《广西通志》则载："永乐十一年，敕谕广西都司：今年浔州府土达军人先因逃叛，已悉宥其罪，发迁南住坐"，参见（明）苏濬纂修：万历《广西通志》卷 21《兵防志一·达官头目》，《明代方志选》，学生书局 1986 年影印本，第 403 页。显然，万历志是对嘉靖志的不完整抄录。

以进一步认为，那些多次参与叛逃的人众再次附明时，都全部被迁往内地。《雍大记》提到永乐十年"是冬，（丁刚）起过叛土达军民一千一百五户，人一万三千一口赴京"①。由于《明太宗实录》不载此事，竟然使如此大规模的强制内迁一直隐藏在历史迷雾之中。此时，明朝的京师仍是南京，所以这一万多人应是迁往南直隶。由此联系到前面《明太宗实录》记载的弩苔儿等人之事，有理由相信，弩苔儿等数百户只是其中的首领，或者说变乱的中坚力量，因此必须将其再度放逐到两广，从而与部众完全脱离。另外还有一些零散复归者的例子，如《明宣宗实录》载，宣德二年"凉州永昌山丹土鞑官军摆摆、罗哈剌等七十家居哈密者，皆思归，令怕哈木来奏，愿赴京师效力。上遣内官李信、林春斋勅谕哈密忠顺王卜苔失里忠义王弟脱欢帖木儿，俾悉遣来"②。对此，杜常顺先生认为他们就是永乐间叛逃之凉州土鞑。③ 笔者同意他的推断，而且明朝对返而复归土达的处理一直在遵循这样的原则。再如"永昌等卫土鞑军满剌、亦剌思、倒剌沙、马黑木等逃逸出境复还。满剌、亦剌思奏愿居京自效，马黑木愿于天津卫随营居住，各赐袭衣钞布，仍命有司给房屋器皿等物如例。"④

（二）河西变乱的影响

永乐朝河西变乱持续时间虽然不长，前后不过三四年，但它恰恰发生在朱棣第一次北征之际和第二次北征之前，显然对明王朝的西北边防产生了严重影响，还在一定程度上促使明廷调整对内附民族的政策。

在变乱发生和镇压过程中，西北上层达官的表现决定了他们与明王朝关系的走向，最典型的就是吴允诚家族及其部将。虎保变乱后，吴允

---

① 嘉靖《雍大记》卷25，第221—222页。
② 《明宣宗实录》卷32，宣德二年十月丙子，第826页。
③ 杜常顺：《史籍所见明清时期西北地区的"土人"与"土达"》，《青海社会科学》1998年第2期。
④ 《明宣宗实录》卷34，宣德二年十二月癸亥，第863页。

诚本人尚在漠北，其妻、子，部将都指挥保住、卜颜不花等拒绝背叛朝廷并且主动镇压叛军得到朱棣的高度赞扬。他特别称赞吴妻"比鞑寇以兵胁尔为叛。尔夫及子从朕征讨，而尔能守节励志，与子管者谋执叛者戮之。以妇人而秉丈夫之节，忠以报国，智以脱患。朕甚嘉焉"①。还说"都督吴允诚累从征伐，多有勋劳。其妻在凉州，确然不为叛贼所诱，贤德克配其夫，宜加褒锡"②。阔脱赤之乱结束后，朱棣再次提及"都督吴允诚首能率众追捕，忠诚可嘉，今已进封为恭顺伯。其都指挥保住等俱升一级，各赐彩币"③。类似者尚有满都，他于永乐八年七月升为陕西行都司都指挥使。《明太宗实录》解释说："时，凉州鞑军叛散初定，急于抚绥，而满都久在西鄙，熟谙边事。故首加升赏，遣还。"④ 史载满都是平凉开城人，身材魁梧，勇悍善战。笔者认为他很有可能就是开城土达，多次参与北征，平定内乱，累立军功，死于第二次北征前线。满都长期活动于西北地区，在镇抚西北达官军方面深受明朝倚重。实际上，经过变乱之后，归附达官军内部的分化最终明确下来。上层高级达官以自身的实际行动加深了与明朝的关系，极大增加了皇帝的信任感，巩固了番将在明朝军事系统中的地位。

永乐八年的凉州变乱结束后，朱棣告诫甘肃总兵官宋琥，"土鞑官军比因人言鼓惑，惊惧逃叛，盖非得已。今既复回，罪亦可恕。尔宜善加抚绥，待之如前。若复有无籍之徒造言鼓惑者，必深罪之，以警后来。如其忘恩背德，无故怀疑叛去者，即发兵擒捕之"⑤。朱棣除了分析土达官军变乱的客观原因，要求甘肃守将"善加抚绥，待之如前"外，更强调了严惩造谣生事者，同时严令对于受到谣言蛊惑而叛去者，要立刻发兵进剿捕捉。不久朱棣又改变了处理叛而复归者的策略。他在

---

① 《明太宗实录》卷111，永乐八年十二月庚子，第1417页。
② 《明太宗实录》卷114，永乐九年三月丁亥，第1460页。
③ 《明太宗实录》卷125，永乐十年二月乙丑，第1567—1568页。
④ 《明太宗实录》卷106，永乐八年七月壬辰，第1373页。
⑤ 《明太宗实录》卷119，永乐九年九月戊辰，第1505页。

提到阿脱赤叛军的失败后，命令宋琥"其诸降虏及新附者，尔与丰城侯李彬熟计，悉送京师，须设法堤备，毋致逃窜。"① 这条史料有异文，据《校勘记》，"悉送京师"广本"京师"作"北京"。笔者认为"南京"而非"北京"的可能性更高。以后更多地将会看到归附人于两京安插的大量事例，永乐九年的政策变化以前很少有人注意该现象，此处不可不提。

永乐朝原来安插在西北地区的主要达官们也先后提出主动内徙的要求，都获得允准，从而消除了朝廷对于西北上层内附达官集团的担忧。永乐九年宁夏地区，"都指挥柴苦木帖木儿、米朵儿只、马朵儿只，指挥铁柱、朵来，千户何青、卢儿立鬼、戴亦里奏请居北京，以图报效。敕总兵官安远侯柳升遣人护送之来，并给途中资费"②。考虑到凉州地区达官军数量众多，需要达官首领监管部众，这里达官的内迁要晚一些。吴允诚死后的永乐十七年（1419）四月，其子"居凉州卫指挥吴管者自陈愿在京随侍，且举都指挥保住等七十四人，从之。敕甘肃总兵官都督费瓛遣送其家属赴北京"③。十月，"居凉州卫都指挥保住等以召至京，献马三十疋。上谕之曰：朝廷召汝，期劾力尔。马者，汝之所资，今留十匹，领尔之诚意，余悉还汝。仍命行在礼部给所留马价"④。凉州达官内迁之后，总兵官费瓛奏"凉州土达官军已遣送赴京，所遗田地令河南、山西诸卫备御士卒耕种，今亦俱回原卫。其田地宜与本处官军之家有丁力者耕种，庶不荒芜。从之"⑤。

经过永乐年间战争与迁徙，河西地区的土达军和达官军数量虽然有所减少，但并不意味着土达军的边防作用有任何减弱。如宣德年间"总兵官都督刘广言：庄浪卫土官鞑军昔常更番于甘州操备，自后遂

① 《明太宗实录》卷125，永乐十年二月乙丑，第1568页。
② 《明太宗实录》卷119，永乐九年九月辛未，第1506页。
③ 《明太宗实录》卷211，永乐十七年四月戊戌，第2134页。
④ 《明太宗实录》卷217，永乐十七年十月壬午，第2161页。
⑤ 《明宣宗实录》卷12，洪熙元年十二月庚辰，第327页。

罢，请乞仍旧。上曰：土官辖兵不须操备，俟有警急调用。"① 这也意味着有相当数量的土达军仍旧留居原地，捍卫明边。

　　总的来看，永乐年间西北土达军出现的变乱及其平定，无论其原因和结果都比较复杂。过去学界的注意力常常被北征所吸引，很少关注永乐朝西北变局的影响。本文认为西北乱局客观上成为明廷甄别降人归附状态的试金石。西北"达变"产生的直接后果是迅速分化了当地土达官军，对保持明朝忠诚的部分多数土达官军仍留居西北，成为明朝捍边不可或缺的力量，深为明廷倚重；少部分则被迁入北直隶地区，处于朝廷直接监控之下。反明失败的土达官军投降后则被发遣遥远的中国南方，形同放逐，开明代中期西北归附人南方安插之先河。

---

① 《明宣宗实录》卷84，宣德六年十月乙卯，第1937页。

明固原土达满氏家系考

明代中叶"满四之乱"的首领满俊为固原开城土达,是自明初以来世居固原地区的土著少数民族家族的重要人物之一。明永乐年间,又有以满都为首的开城世袭武官家族。两者间是否存在内部联系,或者说两个满氏是否本为同一家族。这一问题尚未有人提出,值得探索,为此聊作抛砖臆说,以期指正。

一 满都家族与满俊家族

满都家族仅见于《明实录》记载,称:"满都,平凉开城人,长身勇悍,由正千户以军功超升都指挥使。十二年率其弟及子贵从征北虏。临战以劲骑当先,贵从傍谏曰:贼势方锐,未可轻犯。满都不顾,直前突其阵,奋击大呼,手刃数人。马蹶,为所害。"① 永乐八年(1410),《明太宗实录》又云:"时凉州鞑军叛散初定,急于抚绥,而满都久在西鄙,熟谙边事,故首加升赏,遣还。"② 这两条史料表明了满都的出身、个性特点及其主要功绩和活动范围。具体而言,满都是开城人,入仕之初即

---

① 《明太宗实录》卷 161,永乐十三年二月癸未,台北"中研院史语所"1962 年校印本,第 1824—1825 页。
② 《明太宗实录》卷 106,永乐八年七月壬辰,第 1373 页。

身为中级武官——正千户（正五品）。由于明朝指挥使及其以下武职均属世职，故满都武职无疑承袭自父辈，进而通过年代远近推断其父辈的武职最可能来自于洪武朝封授。"满都久在西鄙，熟谙边事"暗示了他和他的家族一直居住在西北地区，主要活动范围也在西部边境地区。满都在漠北阵亡之时已擢升都指挥使，其子满贵袭职时，根据明制只能袭原职正千户，但永乐帝命其袭平凉卫指挥使，是因为"上念其父殁于阵，故升授之"① 的结果，属于特恩。此后，满氏如遇袭职，仍以正千户袭。

再看满俊家族。《明宪宗实录》载："开城县土达满俊，即名满四等三百余人抢掠苑马寺官马，杀死土官指挥满墙所带官舍十七人，旬日啸聚一千余徒，披明甲，执弓矢，吹响器，势已猖獗。"② 又云："（满）俊，行第四，平凉府开城县固原里土达。曾祖巴丹也，有众七百，洪武中归附，授正千户。俊居三岔沟，号满家营。"③ 笔者认为《明宪宗实录》所本当出自平定满四之乱的官方档案资料，总体可信，只是一些细节问题需要完善。另，马文升撰《西征石城记》《平虏凯旋诗序》等，可在一定程度上起到补充作用，以后大多数明代史籍和地方志书基本沿用了马氏的记载，现录其要于下：

> 残元部落有把丹者，仕于陕西平凉为万户。我太祖既平江南，克燕都，下三晋，兵至陕西。而把丹等率众归附，授平凉卫正千户。其部落则散处开城等县为百姓，抽其壮丁为平凉卫军，使自耕食。彼既以养生射猎为计，而复无徭役，用是殷富，家有畜马数百而羊至数千者，咸仍胡俗为乐。④

> 惟昔元季，有满氏把丹者，雄长西陲，国初输诚款附。我太祖

---

① 《明太宗实录》卷161，永乐十三年二月癸未，第1825页。
② 《明宪宗实录》卷55，成化四年六月辛亥，第1120页。
③ 《明宪宗实录》卷63，成化五年二月庚子，第1285页。
④ （明）马文升：《马端肃公三记》，《四库全书存目丛书补编》第76册，齐鲁书社2001年影印本，第197页。

高皇帝溥天地涵弘之德，斥平凉固原裔地，俾之耕牧，入隶版图，垂百余年。于今生聚日蕃，号满家营，有众数千，人皆骁雄，善骑射，岁以纵猎山野，逐获禽兽为利。①

二 满都、满俊两家族合并之论证

结合以上烦琐引述，笔者认为两个满氏家族为同一家系。

第一，姓氏、职衔一致。两家族拥有共同的汉姓——满氏。这一姓氏人口至今数量也很少，呈多民族、多地域分布，甘肃数量较多，应该有某种历史渊源。也就是在多民族混居的情况下，满氏少数民族虽然可能融入汉族，但在较早时期的甘肃地区，他们更有可能本为少数民族。满俊（四）的族属非常明确，就是明初归附明朝的达人，在元代为平凉万户，有众七百，归附后仍居固原地区，号为土达。元代万户分正副，分列上中下，从正三品到从四品不等。入明归附后，明朝往往降低授职。因此，万户把丹可能是下万户府之副万户，明授正千户。满都一族首次见于史料的时间是永乐七年（1409）闰四月②。其时，满都原职已为都指挥佥事，根据前引史料可知，满都初职为正千户。从正千户到都指挥佥事，已擢升四级，是其累立军功所致。满姓和正千户是两个满氏家族在姓氏和官职上的共同点。

第二，地望、族类相同。满都是开城人。开城自明初以来就是归附土达的聚居地，所以他很可能与土达存在族属上的某种关系。又《明太宗实录》载永乐帝北征之际曾"召甘肃千户满答剌驰驿诣行在。满

---

① （明）马文升：《平虏凯旋诗序》，（明）万表辑：《皇明经济文录》卷41《固原》，《四库禁毁书丛刊·集部》第19册，北京出版社1997年影印本，第584页。注：（明）杨经纂辑：《嘉靖固原州志》卷2《记》所引《诗序》将"满氏把丹"误作"满四把丹"，大误。点校者不查，现拈出说明。（见牛达生、牛春生校勘《嘉靖固原州志》，宁夏人民出版社1985年版，第111页）此外，关于满四之乱的经过和地名考证，已有大量论著涉及，笔者不再蹈袭。

② 《明太宗实录》卷91，永乐七年闰四月甲辰"录擒获鞑贼功，升陕西都指挥同知刘广为都指挥使，都指挥佥事满都为都指挥同知"（第1193页）。

答剌者，都指挥满都之弟，壮勇便捷。自甘肃来从征，后期至京，不敢前进。上闻而召之。"① 满答剌的人名一望而知不似汉名，便可确证满氏一族必是开城土达。我们除了知道满俊之祖把丹也是开城达人之外，还可以了解更多的信息。把丹归降事不见于《明实录》，但根据马文升所言应与洪武二年明军征伐陕西、陇右有关。对此，《明太祖实录》载徐达大军到达六盘山、开城之后"谍报故元豫王驻西安州，遂令平章俞通海立栅守开城，移兵趋西安。次于海那都，遣右丞薛显将精兵五千人袭豫王。豫王遁去，获其人口头目及车辆而还"②。随后，"大将军徐达以所获元豫王人口及头目和林童等，车二百辆送开城州；以西安州所获男女七千余口送北京安置。"③ 那么，把丹应该就是包括在"元豫王人口及头目和林童等"人之中了。在地方志中也有类似的观点，如"（徐达）遂下隆德，越六盘山，至开城。万户八丹以鞑靼降。遣平章俞通海进攻元豫王于西安州。次海剌都。右丞薛显以精兵五千先袭豫王，王驰遁，尽得其人众车畜。达以豫王之家处开城，以西安州之余众千余徙北平"④。《平远县志》称："明洪武二年，徐达、俞通海攻走元豫王于西安州，降其部落，安置开城等县，官其酋领把丹为平凉千户。"⑤《海城县志》亦称："（满）俊为元豫王余裔，洪武初安置开城千户把丹之孙也。"⑥《朔方道志》亦载："东山，在李旺堡满四川之东，

① 《明太宗实录》卷150，永乐十二年四月丙午，第1745页。
② 《明太祖实录》卷41，洪武二年四月乙酉，第824页。
③ 《明太祖实录》卷41，洪武二年四月庚寅，第825页。注：本条所言"北京安置"往往容易误认为是后来的北京地区，实则不然。考明军攻入大都后，改为北平府，永乐年间才升北平为京师，也被称为北京。洪武初年，朱元璋曾在帝都选址问题上作过一番抉择，一度以汴梁（今开封）为北京。因此，"安置北京"当是安置在河南开封地区。
④ （明）赵时春撰，（民国）张维校补：《校补平凉府志》卷3，全国公共图书馆古籍文献编委会编：《中国西北稀见方志续集》第8册，中华全国图书馆文献缩微复制中心1997年影印本，第93页。本条云"徙北平"当是对前条"安置北京"之误读。
⑤ （清）陈日新：《平远县志》卷3《建置》，《中国方志丛书·塞北地方·第6号》，成文出版社1979年影印本，第27页。
⑥ （清）杨金庚等纂修：光绪《海城县志》卷1，《中国方志丛书·华北地方·第341号》，成文出版社1981年影印本，第27页。

距县一百里。乃豫王部落把丹之孙满四川驻牧地也，广宅基址尚存。"①

元豫王就是阿剌忒纳失里，封地在开城地区，抗明失败后，北走。其部属大部归降明朝，仍被安置在开城地区。这是两家族在地望和族属上的共同之处。

第三，世次缺环两相补足。满俊系统在一代和三代之间有缺环。把丹降明在洪武二年（1369），满俊起事在成化四年（1468），时隔百年。马文升称"时把丹曾孙满璹者，四之侄也，袭祖职，以功迁平凉卫指挥佥事"②，则明确指出满璹与把丹及满俊的亲属关系，但是与《明实录》有异。《明实录》称把（八）丹为满俊曾祖，而马文升以满璹为把丹曾孙，则把丹为满璹曾祖，于满俊当为祖。从时间跨度考虑，当采信《明实录》说，即把丹与满俊间相隔应为 2 代，而非 1 代人。这样，满俊之侄满璹当为把丹之玄孙。于是，代次缺环之间适可植入满都父子兄弟两代人，形式上可还原家族世系。

第四，《武职选簿》不载满氏原因蠡测。

两个满氏家族均为平凉卫世袭武职，其家族成员当呈现于现存《平凉卫选簿》中，然而检《平凉卫选簿》文本，却不见片言只语，原因何在？明制，武官犯罪揭黄停袭。满四之乱属于谋逆大罪，自然要清除原有《平凉卫选簿》中的记录和黄册页纸。虽然，满四之侄指挥佥事满璹曾因劝说满四投降遭其扣押，并未参与叛乱，后又有马文升事"后再奏复指挥满璹官，陕西西安左卫带俸，以绝后患"③。《平凉府志》也称"满指挥调西安卫"④"尽获其众，诛八百余人，而释（满）璹，迁之西安。"⑤ 但是《明实录》《西安左卫选簿》、陕西地方志中再没有

---

① 马福祥等修，王之臣纂：民国《朔方道志》卷 2，《中国方志丛书·塞北地方·第 2 号》，成文出版社 1969 年影印本，第 142 页。

② 《马端肃公三记·西征石城记》，第 197 页。"满璹"，《明实录》作"满墙"。

③ 马端肃公三记·西征石城记》，第 203 页。

④ 《校补平凉府志》卷 3，第 95 页。

⑤ 《校补平凉府志》卷 9，第 229 页。

见到满璹，我们有理由怀疑受叛乱事件影响，很难确保满氏武职可以正常承袭下去。

综合以上史料及考证，作"固原满氏家系表"如下：（┊仅表明辈次关系）

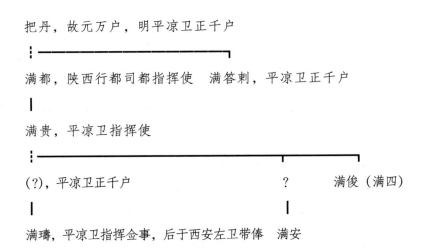

三　余论

固原土达的来历和部众发展情况还应赘言几句。把丹初降明朝带来七百余（人或户，史未明言），应当还包括一些部众酋首。《庄浪县志》载"洪武初，头目八丹收拾土达梁观音保、杨傀傀、聂镇镇、张五十、高明臣、乙丁卜、马五儿、田三保共八人"①，可补史缺。他们归降以后，被集中安置在今隆德县境内，"明洪武初，编户五里，曰里仁，曰辅德，曰曹务，曰宣化，曰弼隆。弼隆，土达里也。元万户八丹归附于明，其部落号为土达。故免其徭赋杂役，尽以为兵，有征发则马械咸自

---

① （清）邵陆纂修：乾隆《庄浪县志》卷9《兵制》，《中国方志丛书·华北地方·第335号》，成文出版社1971年影印本，第137页。

资，常冠军"①。以此观之，固原土达多数被编为土军籍。又《明英宗实录》言："陕西平凉府开城县奏：本县民户数少，差占数多，遇有急务，实难措置。内土军三百八十四户，户有二三十丁者止一军役。乞令无应民差。奏下行在户部议，土军优免五丁，余听科差。从之。"② 不久，镇守陕西右都御史陈镒等又要求"平凉府开城县军余数多，乞取勘明白，除二三丁供给正军外，余令本县带管，将绝户田地拨与耕种，承纳税粮"③，得到批准。很明显，自正统朝起，地方政府已经想方设法在包括土达军在内的军户中分离出更多归行政机构管辖的民户来，呈现出独特的民户化趋势。这是固原土达军在身份特征上的重大转变。

---

① （清）常星景等纂辑：康熙《隆德县志》卷1《户口》，《中国方志丛书·华北地方·第334号》，成文出版社1971年影印本，第54页。《肇域志》载："里五，其一土达，曰弼隆，亦八丹故部。免其徭赋杂役，尽以为兵，而马械咸自资，常冠军。"两相比较，都来于共同的史源。参见（清）顾炎武《肇域志·陕西行都司·隆德县》，《顾炎武全集》第6册，上海古籍出版社2011年版，第2947页。

② 《明英宗实录》卷81，正统六年七月乙未朔，第1609页。

③ 《明英宗实录》卷130，正统十年六月庚申，第2590页。

明代归附人研究述评

　　明代是帝制时代晚期中国最后一个汉族统治王朝。明朝统治时期，有大量来自境外非汉人群体进入内地居住生活，成为明朝的臣民，是为"归附人"。明代史料中留下了许多关于归附人的记载，从中可以看出，他们内迁之后，在身份定位、经济生活、社会关系、心理认同各个方面呈现出与内地居民同质化的演变，逐步融入明代内地社会。

　　明朝覆亡以后，在学术领域已经有人提到了明代归附人的相关史实，如顾炎武《日知录》的《徙戎》《胡服》篇，但是总体而言仍然极为零散，更无系统。在很长一段时间内，明代归附人淡出了历史记忆。

　　20 世纪著名历史学家陈垣先生在广泛搜集资料的基础上，撰成《元西域人华化考》一书，研究元代西域人色目人进入内地后的汉化问题。该书功力深厚，方法新颖，问题集中，研究深入，使中国传统考据学登上了新的顶峰，实现了中国史研究与国际汉学界的接轨，获得了极高的国际声誉。当然也影响了以后的史学家遵循陈先生开创的研究道路和指出的方向，向下延伸至明代乃至以后外族入居内地后自身汉化的研究。他的问题设置和研究路径在今天仍然具有重要的启发性和指导意义。

　　近九十年以来，明代归附人问题受到中外学术界一些学者的关注和研究，形成了许多重要成果。

20 世纪 30 年代，中国学者张鸿翔先生①最早将明代归附人作为研究对象，结合故宫档案进行研究，筚路蓝缕，功不可没。

20 世纪 50—70 年代的 30 年中，明代归附人研究在中国（包括港澳台）均归于沉寂，张鸿翔早年的著作也未能及时出版，遂使这一问题退出了大陆民族史、明史研究的学术视野。与此同时，海外对本课题的研究却仍在持续进行，在研究方法和思路上都有了明显突破，取得重要成就。其中最有代表性的是美国著名汉学家、圣母圣心会传教士司律思先生②，他对明代内附民族，主要是内附蒙古人问题进行了长期系统的研究。

20 世纪 80 年代末期至今，明代归附人研究在大陆学界的边缘化处境才得以改善，进而获得了相当程度的发展，代表性的学者有奇文瑛、彭勇、高寿仙等人。西方汉学界在司律思谢世后，21 世纪又有鲁大维（David M. Robinson）等学者继续耕耘在该领域，不绝如缕。此外在一些通史性质的民族史专著如莫俊卿、杨绍猷《明代民族史》③，翁独健《中国民族关系史纲要》④，王鍾翰《中国民族史》⑤ 等都涉及明代归附人，但是限于写作主旨和篇幅的影响，不可能进行具体叙述。明代归附

---

① 张鸿翔（1896 — 1975），字艺汀，河北廊坊人。著名历史学家，主要从事少数民族史、明史研究。先后毕业于辅仁大学史学系、北京大学文科研究所国学门史学专业，分别师从陈垣、孟森先生。后执教于辅仁大学、北京师范大学。

② 司律思（Henry Serruys, CICM, Ssu Lü - ssu, 1911—1983），又译作赛瑞斯、萨路依斯，比利时圣母圣心会传教士，著名东方学家。生于比利时，1935 年他完成了神学业，次年，被派往中国传教，很快掌握了蒙汉语言。二战爆发后的 1943 年他被关进日本集中营，后来被软禁在北平（今北京），直到战争结束。1948 年返回比利时。1949 年起在美国哥伦比亚大学从事东方学的研究。1954 年获得哲学博士学位，留居美国，继续学习和研究。他的研究集中在明代的汉蒙关系上，代表性著作是《明代的汉蒙关系》系列，第一卷《洪武朝在华蒙古人（1368—1398）》，写于 1956—1959 年；第二卷《封贡制度和外交使团（1400—1600）》，写于 1966—1967 年；第三卷《互市关系：马市（1400—1600）》，写于 1975 年。此外尚有论文数十篇。晚年定居美国弗吉尼亚州阿林顿。司律思论著目录参见特木勒、张军编译整理《司律思神父论著译文目录》（载达力扎布主编《中国边疆民族研究》第九辑，中央民族大学出版社 2015 年版，第 355—375 页）。

③ 莫俊卿、杨绍猷：《明代民族史》，社会科学文献出版社 2007 年版。

④ 翁独健：《中国民族关系史纲要》，中国社会科学出版社 2001 年版。

⑤ 王鍾翰：《中国民族史》，中国社会科学出版社 1994 年版。

人专题研究仍以论文为主，专著很少。

一　早期研究（20 世纪 30—70 年代）：新史料发掘与考证

明代归附人问题的早期研究成果分别是 20 世纪 30 年代张鸿翔的系列研究成果和 20 世纪 50—60 年代司律思的论著。

张鸿翔在继承了传统史料考证的基础上，利用故宫未刊明代档案，整理出大部分明代少数民族世袭武职的基础史料。其《明外族赐姓考》① 以"赐姓"为切入点，统计了 106 名获得明廷封赐汉姓的民族人士，探讨了赐姓原因、赐姓数量的时代变动等一系列问题，是研究明代内附民族的首篇专题论文。《明外族赐姓续考》② 系《明外族赐姓考》的续作。作者就许多前文未及的内附民族活动内容，以《明外族赐姓续考》来辨析同名外族的内附本末，涉及 398 人，极大地扩展了研究范围。该文详细讨论了与赐姓相关的族别、时间、时代差异等环节，并关注了授职等级高低和各地安插分布情况。显然两文的研究思路除了受到陈垣先生《元西域人华化考》的启发之外，明人黄瑜《双槐岁钞·赐降虏姓名》、王世贞《弇山堂别集·赐降虏姓名》应该也在某种程度上对其产生了影响。

史料应用方面，除了《明实录》与档案之外，对于地方志的广泛利用是其重要特色。张鸿翔在《明史卷一五六诸臣世系表》③ 一文中，针对专门记载内附民族将领的《明史》第一五六卷，在家族世系和主要事迹等方面进行了钩稽整理，拾遗补阙，完善了《明史》原文的缺漏错讹。他在《明西北归化人世系表》④ 中汇集西北内附民族 47 户、251 人的来源地区、承继关系和分布地域，主要资料依据是《明实录》

---

① 张鸿翔：《明外族赐姓考》，《辅仁学志》1932 年第 2 期。
② 张鸿翔：《明外族赐姓续考》，《辅仁学志》1934 年第 2 期。
③ 张鸿翔：《明史卷一五六诸臣世系表》，《辅仁学志》1936 年第 1、2 合期。
④ 张鸿翔：《明西北归化人世系表》，《辅仁学志》1939 年第 2 期。

和《武职选簿》，参以明代各类史籍，内容翔实，线索清晰。他最有代表性的明代内附民族研究作品是《明代新氏族同名录》①，该书于1931—1936年间撰述完成。在广泛爬梳近170种史料的基础上，著录了3267名归附民族人物的部族所属、内附安插、武职袭替的基本情况。在《武职选簿》档案未公开面世之前，几乎成为学界利用武职档案从事研究的唯一资料来源。

张先生的论著以考证精详、内容丰富、追求材料穷尽为特点，继承和发扬了传统史学的治学之道。同时也分析了民族内迁与分布规律，以及与内地军卫体制的关系等，为日后中外学者的进一步研究奠定了基础。需要注意的是，张著所引用的《武职选簿》档案直到2001年才正式影印出版②，因此其资料出处与现行版本决然不同。

此后的四十年中，中国鲜有学者涉足这一问题。相反，国外明史学者司律思则发表了许多重要的研究作品，最具代表性的成果是作者对明蒙关系系列研究成果的两篇长文。《洪武朝在华蒙古人：1368—1398》③共分12章，描述了蒙古人在元末蒙汉关系中的一些表现，分析了洪武朝蒙古人归附的相关文献，指出归附蒙古人的主要来源，详细探讨了他们与明朝官僚体制间的关系及其在内地的分布，突出了汉化表现。《在华蒙古人：1400—1450》④ 实际上是《洪武朝在华蒙古人：1368—1398》的续作，作者强调他研究的是永乐朝到正统朝的归附蒙古人，主要是北京地区蒙古人的个体和团体、在京卫中的生存状况；华北地区以及中国中南部的蒙古人；还有包括禄米、草场牧地在内的生活条件等内

---

① 现名《明代各族人士入仕中原考》，中央民族大学出版社1999年版。

② 中国第一历史档案馆、辽宁省档案馆编：《中国明朝档案总汇》，广西师范大学出版社2001年版。其中第49—77册收录《武职选簿》《袭职选底》《选过优给优养簿》等明代武职档案。

③ 《中国和佛教文集》第11卷，布鲁塞尔，1959年（Henry Serruys, The Mongols in China During The Hung-wu Period：(1368–1398)（Sino-Mongol relations during the Ming.）*Mélanges chinois et boudhiques*, Vol. 11, 1959）。

④ 《华裔学志》第27卷，1968年（Henry Serruys, The Mongols in China：1400–1450, *Monumenta Serica Journal of Oriental Studies*, Vol. XXVII（1968）233–305）。

容。以上两文目前尚无完整汉译本。① 在个案研究上，《明代早期封爵蒙古人》② 讨论了 17 位受到明朝封爵的蒙古宗室、高官的情况。《15世纪锦衣卫中的外国人》③ 讨论了锦衣卫中外族人士比例极高现象的原因和锦衣卫中的少数民族官员在明朝的作用，独具慧眼。经济生活方面，《明代在华蒙古人赐地考》④ 认为明政府将大量无主土地赐予内附蒙古人用作牧场。换言之，内附蒙古人掌握了大批内地土地田产。但他们的经营方式很快由畜牧转化为农业生产。作为国外对明代归附人研究的第一人，司律思主要利用《明实录》作为基本研究资料，这一方面表现出他并没有大量吸收张鸿翔的研究成果，也反映出缺少档案新资料支撑的史料短板。国外学者评价他和他的作品"精通语言学，熟悉蒙古语和汉语，研究的兴趣和领域广泛而实用，对其所研究的领域了如指掌。他研究历史和文化的方法，重点在于对所研究课题中的全部问题有一个概括的了解。对历史进程和文化现象，往往不作直接的理论上的论证，而是从经济角度进行基本的分析"⑤。虽然有此局限，但是他的思考角度和分析深度所体现的研究水平至今仍未过时。令人遗憾的是其论著被国内译介不够，其在国内的影响比较有限。

---

① 该书的部分章节有汉译文。如第一章由于默颖汉译《洪武时期在中国的蒙古人·绪论（节译）》（《蒙古学信息》2002 年第 4 期）、第二章《元末的一些情况》和第六章《蒙古团体——妇女和儿童》由王苗苗汉译（《明蒙关系——贸易关系：马市（1400—1600）》之《附录》二、三，中央民族大学出版社 2011 年版），可参考。

② 《哈佛亚洲研究学报》第 22 卷，1959 年。方达汉译本载《蒙古史研究参考资料》第十辑，1964 年。

③ 《远东学报》第 8 卷第 1 期，1961 年（Henry Serruys, Foreigners in the Metropolitan Police during the 15th Century, *Oriens Extremus* 8. 1（1961）：59 – 83.）。注：作者在文中明确提出"the Metropolitan Police"就是"Chin-i-wei or Embroidered-Uniform Guard"（p. 59）即锦衣卫。

④ 《华裔学志》第 25 卷，1966 年（Henry Serruys, Landgrants to the Mongols in China, 1400 – 1460, *Monumenta Serica Journal of Oriental Studies* Volume XXV（1966），394 – 405）。瞿大风汉译：《明朝政府给予蒙古人的封地》，《蒙古学资料与情报》1990 年第 3 期。

⑤ 见［匈］H. 埃斯迪《纪念亨利·赛瑞斯》，徐维高译，《匈牙利科学院东方学报》1982 年，译文载《蒙古学资料与情报》1987 年第 4 期。

二 中期研究（20世纪80—90年代）：恢复与发展

中国大陆在20世纪80年代以后，学术研究逐步走向繁荣。明代归附人问题重新受到学者们的关注。中外学者们对明代内附民族分别在政治（民族政策）、民族历史地理、民族文化和社会与经济等角度开展了多方面、多层次的深入研究。研究方法和视野也较以前有了很大的变化，亦即不再满足于材料搜集和基本事实考订的传统考据方式，而是在归附人生存状态、民族文化和身份认同变迁、民族关系的新变化等前人关注较少的领域进行探索。

学术界认为明代一般民族政策的特点是"恩威并施"，这一精神原则也适用于明朝对内迁民族的管理上。明代对归附人的政策可分为吸引与接受、任用与防范两个层面。前者主要指明代的招抚政策和安置政策，它是政府接收境外民族进入内地的政治前提。后者集中体现在明代的"达官"管理制度之上。

对于前者，研究的成果主要有：宝日吉根的《试述明朝对所辖境内蒙古人的政策》，认为朱元璋对内附少数民族采取了五项措施，客观上符合各民族根本利益，缓和了民族矛盾，也有利于其内地的发展，"在我国民族关系史上起了一定的积极作用"①。王雄的《明洪武时期对蒙古人众的招抚和安置》②归纳了明政府针对蒙古归附者的三项安置措施，描述了洪武朝对蒙古降众的招抚、安置、使用的基本情况。作者认为明朝二百余年中，内地蒙古人生活安定，为明朝效力的结果导源于朱元璋洪武时期的抚置政策。吴云廷的《土木之变前后的蒙古降人》则将研究时段锁定在"土木之变"前后，认为明朝的降人政策经历了由招抚为主到限制为主的转变，认为正是这一政策的变化导致内附蒙古人被广泛的分布在全国各地，

---

① 宝日吉根：《试述明朝对所辖境内蒙古人的政策》，《内蒙古社会科学》1984年第6期。
② 王雄：《明洪武时期对蒙古人众的招抚和安置》，《内蒙古大学学报》1987年第4期。

"在客观上促进了中华民族的大融合"①。奇文瑛的《论"开原控带外夷"》② 对明廷从开原城控制外族的原因、开原卫所的职责和变化三方面进行了讨论，分析了明代东北地区少数民族与内地王朝的关系。

明代内迁民族分布总的特征是全国遍布，重点突出，宏观散居，微观聚居。蔡家艺的《关于明朝辖境内的蒙古人》③ 较为系统地分析了蒙古人的来源、数目、分布、生活情况，很早提出故元遗兵中包含相当数量汉军的事实，得出了蒙古人在全国普遍安置的看法，是一篇系统研究入明蒙古人的论文。邸富生的《试论明朝初期居住在内地的蒙古人》探讨了明朝初期蒙古人入居在内地的原因、地点、生活待遇、职业以及在明朝社会生活中的作用，分析了 3 点内迁原因，提出主要分布于南北两京等 5 个地区，主要职业是屯田、养马、做官、从军，指出他们"为巩固明王朝的北部边防，为中原地区社会安定和经济发展做出了一定的贡献"④。刘冠森的《明朝初期中国内地蒙古人的住地和姓名》⑤ 分别讨论了内地蒙古人的居住地区和改易汉姓汉名的情况，并给予了积极评价。

入明归附人的民族文化特点、生活传统与内地居民之间存在很大差异。明朝统治者继承了赐予姓名，消除外在民族特征的传统，极大地促进归附人的形式趋同。蔡志纯的《元明蒙汉间赐名赐姓初探》一文选取元明间赐名赐姓现象为研究对象，指出其产生的原因与实质，认为统治民族的统治者给被统治民族赐姓赐名是为了巩固自己的统治而实行的民族政策，尤其是民族同化政策。"元明二朝的统治者为了突出统治民族的统治地位，利用特权以强制的手段对被统治民族赐姓赐名，实行民族分化，笼络一些被统治民族为上层，迫使被统治民族的人改变其民族特

---

① 吴云廷：《土木之变前后的蒙古降人》，《河北学刊》1989 年第 3 期。
② 奇文瑛：《论"开原控带外夷"》，《民族史研究》第一辑，民族出版社 1999 年版。
③ 蔡家艺：《关于明朝辖境内的蒙古人》，《蒙古史研究》第四辑，内蒙古大学出版社 1993 年版。
④ 邸富生：《试论明朝初期居住在内地的蒙古人》，《民族研究》1996 年第 3 期。
⑤ 刘冠森：《明朝初期中国内地蒙古人的住地和姓名》，《辽宁师范大学学报》1998 年第 1 期。

征，以强制为同化来巩固自己的统治，同时又存在着民族的自然同化。"①

这一时期研究归附人问题的成果中，明代"回族人"研究异军突起。明代"回族人"研究既是回族史研究的重要内容，也是明代归附人问题不可或缺的组成部分。和龚先生是较早关注明代内迁回族人问题的学者，用力最勤，成果丰富，极为扎实。他的系列文章《关于明代回回的移向问题》②《明代入附回回姓氏汉化考》③《明代西域回回入附中原考》④《明代西域入附回回的职业结构》⑤《明代西域入附回回人口及其分布》⑥基于对史料深入细致的梳理、研究，从迁徙特点、分布规律、汉化表征、职业结构等多个方面完整构建了明代内迁回回人历史的基本面貌。一些观点，如明代回族人仍然沿袭了元代由西北迁往东南迁徙；"职业结构的变化又决定了回族民族经济特点的形成，从某种意义上讲它又促使了回回民族本身的最终形成"⑦等极有见地。和龚的研究证明，明代大量穆斯林入居中原，回族处于形成之中。这些观点获得了广泛认同。

这一时期研究的特点是恢复和接续了明代归附人研究的学术传统，研究的重点相对集中在对民族政策和内地分布状况及其社会生活的基本面貌描述上。作为明代归附人演变和新的民族群体发展壮大的明代回族史研究则取得了较为全面的推进。

三　近 20 年来的新发展（2000 年至今）：深化与突破

随着对国外研究成果的借鉴、新档案材料的公布和研究的深化，21

① 蔡志纯：《元明蒙汉间赐名赐姓初探》，《民族研究》1989 年第 4 期。
② 和龚：《关于明代回回的移向问题》，《中央民族学院学报》1987 年第 6 期。
③ 和龚：《明代入附回回姓氏汉化考》，《中央民族学院学报》1992 年第 2 期。
④ 和龚：《明代西域回回入附中原考》，《宁夏社会科学》1987 年第 4 期。
⑤ 和龚：《明代西域入附回回的职业结构》，《宁夏社会科学》1992 年第 3 期。
⑥ 和龚：《明代西域入附回回人口及其分布》，《内蒙古社会科学》1990 年第 2 期。以上文章中的《关于明代回回的移向问题》《明代西域回回入附中原考》亦收入林松、和龚主编《回回历史与伊斯兰文化》，今日中国出版社 1992 年版。
⑦ 和龚：《明代西域入附回回的职业结构》，《宁夏社会科学》1992 年第 3 期。

世纪明代归附人研究成果的数量和质量都得到了极大的提升，其中奇文瑛先生尤为突出。

(一) 制度研究

这一问题更为深化的研究成果是针对特定对象招抚安置政策特殊性的研究。代表性的是奇文瑛《论明朝内迁女真安置政策——以安乐、自在州为例》① 一文，文章立足于明朝北族大规模归附的背景，提出除了一般的安置措施之外，明朝在东北地区专门设立安乐、自在两州，这是明朝招抚安置女真族不同于其他族类的一大特色。《论〈三万卫选簿〉中的军籍女真》② 的价值在于以三万卫为例区分了少数民族军籍武职和寄籍"达官"的身份差异，指出其是洪永时代军事环境的变化导致政策更替的结果。《明洪武时期内迁蒙古人辨析》分析了南下故元官兵的由来、民族构成和蒙古人特点，认为所谓南下蒙古人中"汉族占有相当比重，其中的蒙古人也具有久居中原、深受儒家文化熏陶的特点。正是因为这些内在因素的存在，才使明朝的招抚政策发挥了有效的作用"③。《论洪武时期故元官兵安置与军事卫所建设》④ 特别强调了故元官兵与明朝军制的内在关系，大量利用《武职选簿》论证了大批故元官兵被安置在北方的事实，同时也指出了明朝的戒备手段存在内在矛盾性的原因在于族属难辨。《明代"安乐州住坐三万卫带俸达官"考》⑤ 利用"选簿"资料指出了"安乐州住坐三万卫带俸达官"与"安乐州达官"的同质关系及其规模大小不同的原因所在，很有启发性。奇文瑛的《论明后期辽东安乐、自在州的变化——兼及辽东行

---

① 奇文瑛：《论明朝内迁女真安置政策——以安乐、自在州为例》，《中央民族大学学报》2002 年第 2 期。

② 奇文瑛：《论〈三万卫选簿〉中的军籍女真》，《学习与探索》2007 年第 5 期。

③ 奇文瑛：《明洪武时期内迁蒙古人辨析》，《中国边疆史地研究》2004 年第 2 期。

④ 奇文瑛：《论洪武时期故元官兵安置与军事卫所建设》，《民族史研究》第八辑，中央民族大学出版社 2008 年版。

⑤ 奇文瑛：《明代"安乐州住坐三万卫带俸达官"考》，《第十一届明史国际学术讨论会论文集》，天津古籍出版社 2007 年版。

政问题》① 在其以往研究的基础上，将研究对象置于明代中后期，认为辽东安乐、自在州作为专管内迁女真达官的特殊建置，明中期以后随着对女真政策的调整，自在州南迁辽阳，改变了原有的管理模式，导致辽东军政体制下文官有权却无相应运行机制的矛盾。刘景纯的《明朝前期安置蒙古等部归附人的时空变化》② 认为明代对以蒙古人为主体的北方"归附人"实行积极的招抚和安置政策，洪武朝经历了从北边、京师和个别地区安置向全国散置的过程。永乐朝以后，形成了京师集中安置的新模式并被以后诸朝继承下来，只是在南北两京之间有调整和反复而已。成化以后的安置地转往江南地区。柳素平的《明代"达人"对朝廷政治影响探析》对内附少数民族持严厉批评态度。该文分别从特权、治安、叛乱、边防的一些事例出发，认为"达人""给明代政治种下了许多隐患"③，而这一切与明朝维护皇权的需要、统治者个性和权宦势力有关，从而全面否定了归附人的政治意义。针对司律思的研究，王雄又作《明朝的蒙古族世家》④，对所谓 18 家 20 爵蒙古世家的事迹作了全面钩稽考述，据此分析了明朝的民族政策和蒙古中国化问题，内容详细。同时也指出了个别世家从族属上说并非蒙古，而是回族等民族，订正了前人研究中的错误。⑤

（二）社会生活研究

近十多年来，学者们开始注意到归附人内迁后的社会经济生活、婚姻关系的特征，扩大了归附人历史研究的范围。彭勇的《明代"达官"在内地卫所的分布及其社会生活》⑥ 讨论了"达官"在内地卫所的分

---

① 奇文瑛：《论明后期辽东安乐、自在州的变化——兼及辽东行政问题》，《中国边疆史地研究》2012 年第 3 期。

② 刘景纯：《明朝前期安置蒙古等部归附人的时空变化》，《陕西师范大学学报》2012 年第 2 期。

③ 柳素平：《明代"达人"对朝廷政治影响探析》，《贵州社会科学》2006 年第 1 期。

④ 中国蒙古史学会：《蒙古史研究》第七辑，内蒙古大学出版社 2003 年版。

⑤ 最典型者如王文将回人世爵陈友家族列入蒙古世爵明显与标题不符。

⑥ 彭勇：《明代"达官"在内地卫所的分布及其社会生活》，《内蒙古社会科学》2003 年第 1 期。

布、任职情况及其社会生活的面貌。高寿仙的《明代北京及北畿的蒙古族居民》① 立足于北直隶地区进行区域研究，从来源与安置（分布地域）、职业与待遇（社会经济地位）、从猜忌到融合（民族融合）的三个角度深入研究了明代北京地区的蒙古族居民。彭勇的《论明代北京的民族构成及其生活》② 分别讨论了汉族、蒙古族、回族、女真族、藏族以及其他民族在明代北京民族构成中的作用，突出了京畿各民族的社会文化生活特点。笔者的《明朝北直隶"达官军"的土地占有及其影响》③ 以被安置在北直隶的军卫中的达官为例，认为在长达两个多世纪的内地生活中，上层达官通过奏求、给赐的方式获得了大量土地，并逐步适应了内地的经济生活模式，其经济身份也演变为汉式地主。明朝通过赐地免征粮科等方式对达官们进行经济笼络，即使在明朝中后期土地清丈之后，仍然在相当程度上保留着对于达官的经济优待政策，广大达军则转化为汉式农民。达官军经济生活的内地化是其融入内地社会的物质基础和根本原因。奇文瑛的《碑铭所见明代达官婚姻关系》④ 利用碑铭达官婚姻资料，结合档案和实录，揭示了明代归附达官进入中原后婚姻关系的面貌和变化情况，在资料运用和研究视角上实现了突破。元亡明兴，明朝正式规定革除所谓"胡元故俗"。事实上，在明代包括皇室在内的社会上层并没有真正摈弃元人服饰。笔者的《上行而下不得效——论明朝对元朝服饰的矛盾态度》⑤ 一文利用传世图像资料认为明朝禁止民间"胡风"的要求和保持"胡风"的现实反映出的是政治需要和文化传承间的矛盾性。

---

① 高寿仙：《明代北京及北畿的蒙古族居民》，《第十届明史国际学术讨论会论文集》，人民日报出版社 2005 年版。

② 彭勇：《论明代北京的民族构成及其生活》，《民族史研究》第十辑，中央民族大学出版社 2011 年版。

③ 周松：《明朝北直隶"达官军"的土地占有及其影响》，《中国经济史研究》2011 年第 4 期。

④ 奇文瑛：《碑铭所见明代达官婚姻关系》，《中国史研究》2011 年第 3 期。

⑤ 周松：《上行而下不得效——论明朝对元朝服饰的矛盾态度》，《西北民族大学学报》2015 年第 3 期。

（三）个案研究

笔者长期跟踪吴允诚家族及其所部归附人在明朝军事体系中的演变。在《洪武朝塔滩蒙古与明朝的关系》①中笔者认为"塔滩"就是阴山山脉以西地区。这里从洪武朝至永乐初年曾活动过一些北元的残余势力，他们一方面与明朝保持着相对平静的关系，一方面也有部众不断南下归附明朝，拉开了永乐初年大规模内附行动的序幕。《入明蒙古人政治角色的转换与融合——以明代蒙古世爵吴允诚（把都帖木儿）为例》②一文以吴允诚（把都帖木儿）降明朝后的活动表现出明朝对待归附人的政策措施，另一方面也折射出归附人极强的适应性。吴允诚所部"达官军"后来大部调入北直隶卫所，《明朝对近畿达官军的管理——以北直隶定州、河间、保定诸卫为例》③的研究展示出明政府采取了以达官世官管领达军，宽严结合应对治安事件，坚持达官优遇政策等一系列行之有效的措施，将达官军改造为明朝倚重的重要军事力量的同时，也推进了归附人内地化的进程。彭勇的《论明代忠顺营官军的命运变迁》④指出忠顺军的前身是由入仕明朝的蒙古、女真和回回等少数民族组成的达官军，并于隆庆二年改称为"忠顺军"。他们与内地汉族各军兵种一起入戍京畿、修守长城等。明清易代后，这批少数民族最终完成了从另类到普通的身份转化，其社会地位与内地汉民族没有区别。笔者在此基础上，作《从西蒙古草原到华北平原——明朝忠顺营源流考》⑤一文认为明代后期的"忠顺营"作为北直隶诸卫的"达官军"后裔，源自洪武时代漠北杭爱山的北元部众，在把都帖木儿等人的率领下归附

① 周松：《洪武朝塔滩蒙古与明朝的关系》，《中国边疆史地研究》2011 年第 2 期。

② 周松：《入明蒙古人政治角色的转换与融合——以明代蒙古世爵吴允诚（把都帖木儿）为例》，《北方民族大学学报》2009 年第 1 期。

③ 周松：《明朝对近畿达官军的管理——以北直隶定州、河间、保定诸卫为例》，《宁夏社会科学》2011 年第 3 期。

④ 彭勇：《论明代忠顺营官军的命运变迁》，《中州学刊》2009 年第 6 期。

⑤ 周松：《从西蒙古草原到华北平原——明朝忠顺营源流考》，《中国历史地理论丛》2012 年第 2 期。

明朝。他们在明朝多次迁徙，得到从杭爱山—塔滩—凉州—北直隶定州、保定、河间诸卫的内迁线索。少数民族的同名现象极为普遍。明代归附人多有汉式姓名，似乎可以避免重名，然而汉名的同名现象同样存在，给研究造成了一定程度的困扰。笔者的《明代达官民族身份的保持与变异——以武职回回人昌英与武职蒙古人昌英两家族为例》① 选取明朝的回族人和蒙古人中以昌氏为汉姓，甚至还拥有共同汉名的家族，在比较两个昌氏家族演变的基础上，探讨明朝内附少数民族武职的历史活动，分析其共性与个性，指出不同民族在内地发展的结果也明显不同，认为影响少数民族在内地发展的关键因素在于其自身的特质。和宁王阿鲁台是永乐—宣德时期东蒙古最重要的领袖。笔者的《明代内附阿鲁台族人辨析》考证了南宁伯毛氏家族与阿鲁台的亲缘关系，钩稽了阿鲁台败亡后其子嗣亲属的降明事迹以及明朝的招抚努力、安置结果。在此基础上讨论了明朝招抚措施的实效，强调了归附人贵族经过身份转化，适应和融入明代社会的历史进程。郑洁西的《万历朝鲜之役明军中的外国兵》② 指出万历朝鲜之役的明朝军队包括了降明的暹罗兵、黑人兵（葡萄牙黑奴）、日本兵，其数量自数十、数百乃至上千不等，他们为朝鲜之役的最终胜利做出了一定的贡献。明朝军队里的外国兵折射出了当时东北亚世界频繁的人员往来和交流情况。

（四）附明回族人研究的新进展

在和龚先生的研究基础上，学术界一方面继续深化对于具体问题的探讨，如马建春的《明代西域回回人马克顺事迹考》③、张文德的《入附明朝的撒马儿罕回回》④。另一方面运用新的研究手段、碑铭资料等

---

① 周松：《明代达官民族身份的保持与变异——以武职回回人昌英与武职蒙古人昌英两家族为例》，《西北民族大学学报》2012 年第 3 期。

② 耿昇、刘凤鸣、张守禄主编：《登州与海上丝绸之路——登州与海上丝绸之路国际学术研讨会论文集》，人民出版社 2009 年版，第 365—376 页。

③ 马建春：《明代西域回回人马克顺事迹考》，《回族研究》2008 年第 2 期。

④ 张文德：《入附明朝的撒马儿罕回回》，《西北民族研究》2003 年第 3 期。

稀见文献，从宗教文化角度另辟蹊径又取得了可喜的成果。王东平先生的《明碑所载官员助修北京清真寺考》① 利用北京明代伊斯兰教碑刻，考察了回族将领、文官、内廷宦官捐资、修缮清真寺和奏请名号等史实。《纱灯巴巴故事：北京回族对于明时与朝廷关系的曲折记忆》② 认为纱灯巴巴故事本身虽史料依据不足，但它反映了明时北京回族与朝廷的密切关系。两篇文章都重在探讨回族形成过程中共同心理素质的形成。而马明达的《北京三里河明刻〈重修清真寺碑记〉初探——略论明代宦官群体中的伊斯兰教徒》③ 也以碑文为线索，考述了明代穆斯林成分的宦官及其活动。丁慧倩的《明代军卫与回回人——以北直隶定州〈重修清真礼拜寺记〉为例》④ 认为定州清真寺的特点就是具有强烈的军卫色彩。对前人注意不多的领域，尤其是南方回族人的研究成果有：张建中的《对明代前中期南京回回迁徙的再探讨》⑤ 对明代回族当时在南京的人口数量、分布情况进行了重新认识和说明。笔者的《明代南京的回回人武官——基于〈南京锦衣卫选簿〉的研究》⑥ 梳理了明代《南京锦衣卫选簿》中记录的归附明朝的"回回"武官史料。经过横向比较附明回族人与其他附明少数民族人士之间的异同，探索内迁回回人与明代回族的内在联系，为更全面地理解和认识明代回族发展史提供了实际依据。马明达的《明代广州的"达官兵"》⑦ 表明，明朝曾于景泰、成化年间，曾将一部分"达官兵"迁入广州，他们成为广州回族的重要来源之一。

---

① 王东平：《明碑所载官员助修北京清真寺考》，《史学史研究》2010 年第 1 期。

② 王东平：《纱灯巴巴故事：北京回族对于明时与朝廷关系的曲折记忆》，《回族研究》2009 年第 4 期。

③ 马明达：《北京三里河明刻〈重修清真寺碑记〉初探——略论明代宦官群体中的伊斯兰教徒》，《回族研究》2011 年第 3 期。

④ 丁慧倩：《明代军卫与回回人——以北直隶定州〈重修清真礼拜寺记〉为例》，《回族研究》2012 年第 3 期。

⑤ 张建中：《对明代前中期南京回回迁徙的再探讨》，《南京晓庄学院学报》2004 年第 1 期。

⑥ 周松：《明代南京的回回人武官——基于〈南京锦衣卫选簿〉的研究》，《中国社会经济史研究》2010 年第 3 期。

⑦ 马明达：《明代广州的"达官兵"》，《回族研究》2005 年第 3 期。

（五）综合研究

进行综合性探讨的论著较少，这也是今后本课题研究的发展方向。美国学者鲁大维的《明代中国的政治，军事和民族：蒙古人与 1461 年的流产政变》① 一文，选取 1461 年的曹钦之变为突破口，详尽分析了附明蒙古人与明朝政府间的互动关系。他认为明廷把多数蒙古人安置在京城和周边地区，并将其纳入世袭军户体系。因此，附明蒙古人的命运是由朝廷的政策塑造的，这是附明蒙古人参与政变的背景。由于土木之变，政府对蒙古人的疑惧加深，促使数以百计的蒙古军官加入未遂政变。虽然如此，附明蒙古人在政治上的持久忠诚、朝廷和华北地方间的密切关系、军队在国家政治中的重要性和明代对武装力量的管理等几个方面都反映出流产政变的意义与附明蒙古人的真实处境。《明朝治下蒙古人臣属的形象》② 一文意在通过明朝对京畿地区蒙古人群体看法的考察，深化对于附明蒙古人的理解。这篇文章的突出特点在于，作者以相当大的篇幅细致入微地阐述了附明蒙古人形象的发展变化，以及此类形象在内地社会中的传递过程。作者认为，对京畿地区蒙古人部众的看法因时代、地域和环境的不同呈现了多样化的改变。奇文瑛的《从归附人视角看明朝民族关系》③ 大量运用档案资料，研究认为明代长城内外的民族关系的表现完全不同。长城以外军事对立、冲突表现为常态；在内地，由于明廷对归附人政策宽松，生活稳定，多民族杂居并存的现状不仅没有改变，民族交融的形势沿着历史的轨迹继续发展，直至清朝建立。奇文瑛多年研究的最新成果——《明代卫所归附人研究：以辽东和京畿地区卫所达官为中心》④ 2011 年获得出版。作者在以往研究的基

① David M. Robinson, Politics, Force and Ethnicity in Ming China: Mongols and the Abortive Coup of 1461, *Harvard Journal of Asiatic Studies*, Vol. 59, No. 1 (1999), pp. 79 – 123.

② David M. Robinson, Images of Subject Mongols Under the Ming Dynasty, *Late Imperial China*, Vol. 25, No. 1 (2004): 59 – 123, by the Society for Qing Studies and The Johns Hopkins University Press.

③ 陈支平、万明主编：《明朝在中国史上的地位》，天津古籍出版社 2011 年版，第 390—404 页。

④ 奇文瑛：《明代卫所归附人研究：以辽东和京畿地区卫所达官为中心》，中央民族大学出版社 2011 年版。

础上比较系统地探讨了北京和辽东地区的内附民族，突出了明朝军事制度的变化对"归附人"的影响，是目前关于该问题最为完整的研究成果。

奇文瑛先生高度关注明代军事制度与归附人安置两者间的密切关系，对明代归附人问题的深化产生了重要影响。

四　问题与展望

近百年来，明代归附人研究肇始于国内，起点较高，但后续研究发展曲折。在国内相关研究的空白期，恰恰有国外学者继之以发扬光大。近三十多年来，走出研究低谷，取得了空前的进步。总的来看，国内学者成果较多，对细节的把握更好，在一些难点领域已经获得突破。西方学者的研究视角独特，高度关注与附明少数民族相关的各类线索，在史料运用上也在尽可能追求广泛性，这些值得我们借鉴和学习。

但是，不可否认，长期坚持以本课题作为专门研究方向的学者很少，仅有和龚、奇文瑛等先生进行了连续研究，其他不少论文尽管水平较高，但明显缺乏持续性，尚属于学术兴趣游移所致[1]，这是本课题研究面临最大的缺憾之一。

从研究对象本身而言，在大多数情况下，明代归附人由于生存环境的根本性改变，他们既没有在内地建立民族区域政权，也没有形成大面积集中分布的居住格局，反而是不断紧密地与内地政治、经济、社会、文化结合在一起，在很大程度上，明代归附人问题更多是明代政治史、军事史和社会史中的独特领域。有些学者已经尝试以制度史的角度分析归附人的历史活动，如奇文瑛先生以"军籍"和"寄籍"区分明代少数民族武官就是今后深化本课题研究的重要突破口。然而真正有意识在

---

[1]　以明代归附人为研究对象的学位论文同样稀缺，目前仅能检索到杨波的《明代的降人问题——明代北方少数民族归附中原研究》（硕士学位论文，陕西师范大学，2008 年）和朱然的《明代保定达官研究》（硕士学位论文，中央民族大学，2011 年）。

学术实践中贯彻这一认识的作品还不多见，此为缺憾之二。

在诸如"达官"概念，达官制度的确立和内涵等理论环节尚存有争议；面向明代归附人的研究仍然呈现明代中后期研究薄弱的前大后小现象；在归附人的发展归宿研究上与清代研究对接不够等方面还有诸多不足。

明代归附人问题的史料极为零散，材料本身缺少内在联系。今后的研究应该对《明实录》《武职选簿》等现有史料进行精细化考证，深入挖掘明人文集、碑铭、家族谱等史料，扩大史料搜索范围，疏通整理出史料间的内在联系，这既有助于摆脱史料自身的时间桎梏，更能在史料线索链条的重建过程中发现新的问题。所以，现阶段的明代归附人问题研究仍然需要进行更加扎实的史料考证工作，这是今后研究需要继续努力的方向。

近年来，随着内亚史、东亚史、明史、历史地理等研究领域的不断深化和拓展，新的研究视角、研究方法、研究资料层出不穷。除了理论更新之外，针对史料中包含大量档案文献的特点，可以尝试建立"明代归附人信息数据库"，加大量化分析力度，并采用可视化（Visualization）表达等新方法，推进这一课题研究的纵深发展。

本文原载《西北民族大学学报》2018 年第 3 期，收入本书时统一了格式。

后　记

　　2017 年我由河南大学来到西北民族大学工作。其间，一直得到才让教授、尹伟先教授、赵学东教授、段小强教授的关心和帮助，希望我能有所发展。历史文化学院的同事们也协助我尽快适应新工作单位，使工作重点从科研教学转入教学为主。

　　才让教授了解到我原来的科研成果和正在承担的国家级、省部级科研项目后，曾提出将研究成果资助出版。但是，教学任务繁重、班主任工作头绪丛杂，时间也被高度碎片化，当然更主要的是生性疏懒，难以达成才让教授的要求，不得已遂将与在研项目关联度不高，且已公开发表的论文结集出版。整理旧作的过程也是一个自我批判的过程，更是敦促自己不忘初心，不致过度迷失的过程，这或许是这本小册子的意义所在吧。为此，要向提供出版资助的才让教授致以诚挚的谢意（当然不可避免的还有歉意）！

　　在文字处理的过程中，我还得到了兰州大学历史文化学院王明江博士、西北民族大学历史文化学院李海宁同学、西北民族大学档案馆朱婷婷老师的帮助，在此一并致谢！特别要感谢张浩博士的帮助，她的细致、耐心和负责使本书减少了大量错误。

　　近年来，能在父母身边略效承欢；小女已升入心仪之高校；虽与内子朱丽霞教授一在黄河头、一在黄河尾，毕竟始终休戚与共，亦足矣！

王维诗云："行到水穷处，坐看云起时"，以此作为心境之写照吧。

周　松

2020 年 10 月